世界史の哲学講義（上）

ベルリン　1822/23年

G・W・F・ヘーゲル
伊坂青司 訳

講談社学術文庫

Georg Wilhelm Friedrich Hegel
Vorlesungen über die Philosophie der Weltgeschichte
Berlin 1822/23, Nachschriften von Karl Gustav Julius von Griesheim,
Heinrich Gustav Hotho und Friedrich Carl Hermann Victor von Kehler
Felix Meiner Verlag, Hamburg, 1996

Japanese translation rights arranged with Felix Meiner Verlag
through Japan UNI Agency, Inc., Tokyo

目次

世界史の哲学講義(上)

〔第一部〕東洋世界

〔下巻　目　次〕

凡例

・本書は、『ヘーゲル講義筆記録選集』(Georg Wilhelm Friedrich Hegel, *Vorlesungen. Ausgewählte Nachschriften und Manuskripte*, Hamburg: Felix Meiner)の第一二巻『世界史の哲学講義――ベルリン 一八二二／二三年』(*Vorlesungen über die Philosophie der Weltgeschichte, Berlin 1822/23*, Nachschriften von Karl Gustav Julius von Griesheim, Heinrich Gustav Hotho und Friedrich Carl Hermann Victor von Kehler, Herausgegeben von Karl Brehmer und Karl-Heinz Ilting und Hoo Nam Seelmann, 1996)を底本とした。「編者まえがき」および本文の全訳である。

・ドイツ語テキスト本文は、三人の聴講者(K・G・J・v・グリースハイム、H・G・ホトー、F・C・H・V・v・ケーラー)のうちホトーの筆記録をベースにして、筆記録相互の異同を踏まえて編者によって構成されたものである。それらの異同は聴講者の名前を付して脚注として明記されているが、脚注は参照するにとどめ、訳出はしていない。また、巻末の原注は適宜参照して、訳注に反映させた。

・訳注については、テキストをより正確に、また深く理解するために、歴史上の人物名や出来事、地理上の固有名などを対象とした。本文中に＊を付し、読者がすぐ参照できるよう当該段落のあとに挿入した。

・講義筆記録を基に編者によって作成された目次については、全体の構成が明確になるように、〔　〕を付して以下のように補足した。

(1)テキスト全体を〔序論〕と〔本論〕に大きく区分した。

(2)〔序論〕内の項目には〔A〕～〔D〕を付した。

(3)〔A〕内の項目には〔一〕～〔三〕を付して区分した。

(4)〔本論〕内の大区分の項目には〔第一部〕～〔第四部〕を付し、各部に付された中区分の見出しは省略し、小区分には〔第○章〕を付した。

(5)テキスト本文の内容をまとまりに従って概観できるよう、まとまりの冒頭に〔　〕の形で小見出しを挿入した。

・訳文中で用いた括弧類については、以下のとおりである。

〔　〕　原文の内容が曖昧な場合に、内容をより明確にするために語句を補足した箇所。

［　］　編者による補足のうち、内容に関わるものについて訳語を示した箇所。

（　）　原文の（　）および語句の言い替え。

〈　〉　内容上まとまりのある語句を前後の語句から際立たせるために付した。

「　」　基本的には原文の引用符に、また必要に応じて適時用いた。

――　原文中の「―」を表すとともに、複雑な構文を分かりやすくするために適時用いた。

傍点　原文でゲシュペルト（隔字体）になっている箇所。

・ドイツ語の単語の訳については、同じ単語であっても内容から判断して、例えばReichを「国」、「王国」、「帝国」、Volkを「民族」、「人民」、「民衆」、Einheitを「一体性」、「統一」、

Vorstellungを「イメージ」、「表象」というように、文脈に応じて訳語を使い分けた。

・テキストはあくまでも聴講者たちの筆記録であることを考慮し、話し言葉ではなく書き言葉として、基本的に「である」調で訳出した。訳文はテキストに即しながらも直訳は避け、日本語としての平明さと明確さを旨とした。長い原文については、関係代名詞や関係副詞で導かれる文章を独立させて句点で区切るなど、日本語として簡潔になるようにした。

・紀元前の年代には「前」を付したが、誤解の余地がない場合にはいちいち付さなかった。

世界史の哲学講義（上）

ベルリン　一八二二／二三年

編者まえがき

一八二二／二三年の冬学期にベルリンで行われた「世界史の哲学」講義は、この対象についてのヘーゲル最初の独立した講義である。ここに至るまでに、世界史は、その体系的な位置が「法の哲学」の最後に、すなわち諸国家相互の関係を扱う「対外国家法」という章のあとに配されていた。

ヘーゲルの世界史の哲学講義は、これまで異なった版で出版されている。エドゥアルト・ガンスが一八三七年に全集版の中で、故人の友人たちの協同によって初めて講義を出版したが、その際に彼は本質的に晩年の講義を基に、ヘーゲルの構想に即して方針を定めた。その三年後、すなわち一八四〇年に、同じ全集版の中で〔息子の〕カール・ヘーゲルによる第二版が出版された。彼は資料の重要度を改めて判定し、ヘーゲルの構想を初期の講義からいっそう際立たせようと試みた。一九一七年にはゲオルク・ラッソンが、それまでで最も広範囲に及ぶテキストを出版し、そのテキストに若干の変更を加えた一九五五年のヨハネス・ホフマイスター版が続くことになる。これらの版すべてに共通するのは、使用可能なすべての草稿から講義テキストを構成する、という原則である。その際、とりわけ二つの事柄に視線が向けられえなかったことは、あまりにも明白である。すなわち、それぞれの講義の構想がどのようなところにあったのか、そしてヘーゲルが一つの講義から別の講義へと〔移行する際に〕どのような変更を加えたのか、ということである。ヘーゲルがいつも同じ構想から出発したわけではなく、これらの構想にその時々に新たな形態を与え、重きを置こうと試みていたことは、カール・ヘーゲルが自身の版の序文で次のように書いた際、すでに以前から認識していたことである。「むしろ、それぞれの講義が彼〔ヘーゲル〕においては思想の新たな行為だったのだから、それぞれの講義も、時に応じて精神を活気づけるその哲学的な力に、ただ表現を与えるものなのである」*。

*〔編者注〕カール・ヘーゲルの「第二版序文」を参照。記念版、第二〇巻、シュトゥットガルト、一九六一年、第一一巻、一八頁から引用。

哲学的な構想の解釈にとって信頼できるテキストの基礎がいかに重要であるかは、この二〇年間に知られるようになった。新たな編集原則の発展にともなって、その重要性が顧慮されるようになったのである。しっかりとしたテキストの基礎は、ヘーゲルの自筆によるわずかばかりの断片が場合によっては存在するとしても、講義筆記録や筆記ノートとしてしか現存していないヘーゲルの講義にとっては、とりわけ重要である。それ以前の編集原則と比べて、それぞれの講義を再構成する試みがいかに実り多いものでありうるかは、カール＝ハインツ・イルティングによる『法の哲学』や『宗教哲学』の編集がすでに示しているところである。

一八二二／二三年冬学期の当該の「世界史の哲学」講義が姿を現したことによって新たなテキストの基礎が提供されたと言うべきである。この講義は同じ学期の三つの講義筆記録から再構成されたものであり、その再構成においては、素材の充実とともに、体系的な叙述もまた同じように十分に顧慮することに留意しなければならなかった。この最初の講義のこうした再構成で初めて明らかになるのは、ヘーゲルが自らの講義に考え抜かれた体系的な輪郭を与えようと、いかに努力したか、ということである。一つの例を挙げれば、この最初の講義において、地理学の扱いが、国家のうちにその第三の側面として体系的にしっかりと根を下ろしていることである。* しかしながら、このような〔地理学の〕体系的な位置は、これまでの版では完全に失われていた。エドゥアルト・ガンスとカール・ヘーゲルは、地理学のための体系上の土台をしっかりと示すことなく、地理学を「序論」と「区分」の間に配置したのだった。ゲオルク・ラッソンとヨハネス・ホフマイスターもまた、地理学のこうした位置をそのままにして、それどころか地理学を「付録」として示した。そのことによって、〔地理学の〕体系的な意味は最終的に消し去られることになってしまったのである。ヘーゲルの考えは、国家が歴史の本来の担い手として、精神的‐文化的な側面だけでなく、国家の形式をその側面からともに規定しうる自然の側面をも有している、ということである。そのように、国家は精神と自然の統一として理解されるべきなのである。

＊〔編者注〕ヘーゲルは国家の三つの側面を区別している。⑴国家のそれ自体で独立して存在している内容：芸術、宗教、そして学問。⑵外面性それ自身、あるいは有限な内容：欲求、習俗、そして祭祀。⑶直接的な自然規定性：地理学。

最初の講義の体系的な構想が明確に際立たせられた時に初めて、その後の〔講義の〕経過の中で、ヘーゲルによる構想のそのつどの変更が精査されうるし、そうして彼の歴史哲学の発展史も追跡されうる。まさに歴史哲学についての講義の諸版において、一人の哲学者の思考過程の発展史的な側面がこれまでなおざりにされえたことは、まさしくパラドクスとも思えるのである。

ヘーゲルは、歴史哲学についての自身の叙述を、きわめて詳細な序論と本論に分けている。彼は序論において、世界史という対象の考察のためのさまざまな概念やカテゴリーを展開し、そしてそれらを本論の歴史的な描写において、具体的な歴史経過の基礎として示そうと試みている。こうして、序論は方法上の装置、つまり理論的な基礎を提供するものであり、それに対して本論は実例に基づいて経験的な証拠を提示するはずのものである。

このような構造によって、ヘーゲルは二つの目的を追求することが可能になる。彼は一方で、歴史哲学の歴史において理論か経験のどちらかに一面的に拠り所を求めるような立場を修正することができるし、それと同時に〔もう一方で〕方法的には理論と経験の関係を原理的に反省することができるのである。

他の歴史哲学的な立場との討論という先に言及した第一の目的は、ヘーゲル自身の構想を歴史哲学の歴史内部で相違する観点の総合として際立たせる可能性をヘーゲルに約束するものである。よく吟味してみると、こうした総合は、その上、さらに二重の総合になっている。彼は一方で、レッシングやカントやフィヒテの、さらにまた初期シェリングの意味で強力に体系化する試みを、モンテスキューやヘルダーの方法のように、むしろ経験的に前に進むやり方と媒介する。同時に、ヘーゲルはまた、そのような立場の異なる実践的な目標設定を結びつけもする。すなわち、彼はモンテスキューやカントやフィヒテによって代表される政治的な関心を、ヘルダーの文化史的な志向と結びつけるのである。

　第二の目的、すなわち理論と経験の関係についての反省に関して、ヘーゲルは確かに理論として、この関係の問題性をその射程範囲全体において取り上げていた。彼は、その前提から次のことを導き出す。すなわち、それぞれの解釈が、したがってまた歴史的連関の解釈もまた、たとえその理論がそのものとして明示的に説明されていないとしても、一つの理論を前提にしている、ということである。同時に彼が見ているのは、他面で理論は抽象的に紡《つむ》がれた網として歴史的事実にかけられていいものではなく、むしろ理論は恣意的であってはならず、こうした歴史的事実から獲得されなければならない、ということである。それゆえ、理論と歴史的事実の理解は相互に前提し合っていることになる。ヘーゲルは、こうしたディレンマから、どのような打開策を示しているのであろうか。彼は歴史的事実を、自然との交互作用における精神の客観化として解釈するのである。ヘーゲルにおいて自由は精神の本質をなすのであるから、自由は必然的に歴史的発展を評価する指導原理として働くことになる。より厳密に言えば、世界史は自由の意識の発展としても、また自由の実現としても解釈されるということである。

「世界史の哲学」の初回講義のこの版は、中国、インド、ペルシアについての章への広範囲にわたる注釈部分を含んでいる。ヘーゲルは、広がりつつあるアジアへの大きな関心を顧慮して、この地域について当時利用できる文献全体をおおよそ活用していた。こうした出典の確認に基づいて、不確かなものは除去したり、さらにまたテキストにある間違いを修正したりすることは可能であった。

まさに今、手許にあるこの版の仕事は、カール＝ハインツ・イルティングのご支援を得て、彼の早い死に至るまで続いた。〔講義筆記録の〕転写にあたっては、グース女史とアンドライス女史にご協力いただいた。印刷版下は、ショーン女史に大変入念に作成していただいた。中国についての注釈の部分は、ゲルハルト・アルトによって執筆された。

われわれは、ベネデット・クローチェの門弟であるアヴォカート・ジェラルド・マロッタに、そして哲学研究のためのイタリア研究所の創設者に特別の感謝をしなければならない。この創設者には、その多大なご助力によって、そもそもこの講義が世に出ることを可能にしていただいた。

〔序　論〕世界史の概念

われわれの講義が対象とするのは普遍的な世界史であり、世界史についての反省ではなく、世界史そのもの——すなわち世界史の生成と進展であって、それらが実例として挙げられるような考察ではない。

われわれは、哲学的な世界史が何であるかについて、そのイメージをあらかじめ述べることにしたい。そして、そのために、これとは異なる、歴史についての通常の取り扱い方をひととおり見ておきたい。この概観は、ただ手短に［しておく］。これらの取り扱いは三様ある。第一は原初的な歴史（「歴史」にはドイツ語で、なされたこととそれについての物語という二つの意味がある）であり、第二は反省的な歴史であり、そして第三が哲学的な歴史である。

〔A〕歴史の取り扱い方

〔一〕原初的な歴史

第一の原初的な歴史に属するのは、ヘロドトス*やトゥキュディデス*のような記述家である。彼らは自分が体験した出来事だけを書き記したり、自分自身で見聞きした事実を記述したりする。そのようにして、時代の精神に属しているこれらの記述家たちは、その時代に生き、この時代を記述した。そのことによって、彼らは生起することを精神的なイメージの領域に移し替え、そして最初はある現存するもの、ある存在するもの、移り変わるものでしかなかったものを、精神的にイメージされるものにしたのである。詩人は自らの素材を、精神的なイメージというよりも、むしろ感覚的なイメージに合わせて彫琢する。詩人において主要な仕事は彼自身の仕事であるが、それは歴史記述家においても同様である。そのような原初的な歴史記述家においては、他人の報告や既存の文書も素材になるが、しかし副次的で低次のものであり、そしてばらばらなものでしかない。というのも、主要な仕事は歴史記述家自身の仕事だからである。彼らはよりはじめのもの、すなわち過ぎ去って記憶の中でばらばらになったものを確固とした持続的なイメージに結びつけ、はかなく過ぎ去っていくものをとりまとめ、それをムネモシュネ〔記憶の女神〕の神殿に据えて、不死のものとするのである。そのような歴史からは、伝説や民謡は排除されなければならない。なぜなら、これらは生起したものを固定するには、まだぼんやりとしたあり方でしかないからである。そのため、これらはぼんやりとした意識をもった民族のイメージに特有のものである。そして、このような民族は、その意識にとどまっているかぎり、世界史からは「なおまだ」締め出されている。世界史の中でわれわれがとりわけ関わり合うのは、自分たちが何であったのか、そして何を望んできたのかをすでに知っていた民族であり、自分のうちで、そして自分を越えて発展してきた民族である。詩には歴史的な真理がないので、詩も今ここでは関係がない。詩は規定された現実を内容とはしていない。詩は原子の堅固さと発達した個体性をそなえるまでに至った民族にはふさわしくない。ここでようやくわれわれの関わる民族は、明確な意識としての人格性を有するようになった民族である。民族の本来の歴史は、民族の意識への発展をもって始まるのである。

＊ヘロドトス　小アジア生まれの古代ギリシアの歴史家（前四八五頃―四二五年頃）。自ら見聞したペルシア帝国とその周辺諸国の歴史、ペルシア帝国によるギリシア遠征とその敗北などを『歴史』全九巻として著した。以下、『歴史』からの出典箇所については、松平千秋訳（全三巻（改版）、岩波文庫、二〇〇七年）に

基づいて、巻数と節番号を漢数字で示す。 ＊トゥキュディデス　古代ギリシアのアテナイの歴史家（前四六〇頃―四〇〇年頃）。ペロポンネソス戦争を実証的かつ客観的に記録した『戦史』を著した。以下、『戦史』からの出典箇所については、久保正彰訳（全三巻、岩波文庫、一九六六―六七年）に基づいて、巻数と節番号を漢数字で示す。

さて、原初的な歴史記述家が現在の出来事を過去の基盤から引き離し、あるよりよい基盤、すなわち確固としたイメージの基盤へともたらすとき、このことが彼らの本来の性格ということになる。したがって、［ある］そのような歴史の範囲は広いものではありえない。なぜなら、その歴史の素材は、歴史記述家が多かれ少なかれ参加し、遭遇し、あるいはともかく身をもって体験したものだからである。歴史記述家が後世の人々のイメージの中に直観的に描いてみせるのは、そのような〔体験の〕直観であり、反省を経ていない事の成り行きである。［ある］そのような歴史のうちでは、起草者の教養と彼の精神、また彼の物語る事実の形態、［したがって］彼の精神と彼によって記述された行動の［形態］、これらは同じ一つのものなのである。それゆえ、起草者が反省を付け加える必要はない。というのも、彼は事柄そのもののうちに立って生きているのであって、事柄そのものを超越しているわけではないからである。

ここで、そのような起草者を後の時代にも適用することについて、より詳しく論じておくべきであろう。ある民族の中で教養が広がっている時代にして初めて、教養の大きな違いが生じるし、また諸身分の違いに起因する状態一般の違いも生じる。それゆえ、原初的な歴史の場合には、歴史記述家は出来事を遂行した人の立場に立たざるをえないし、その人の偉業を記述しようとする。歴史記述家が原初的な歴史の記述家であるはずだとすれば、彼は将帥や政治家〔の立場に立っている〕に違いない。したがって、起草者は事柄と一体なのだから、ここでは反省は排除されている。教養が形成された時代には、事柄について論じる精神は、その著述家が教養を積んだ人物でもあることを必然的にともなっている。教養の形成された時代の著述家は、自らの原理についての意識をもっていなければならない。というのも、彼は自分についての意識をもつ一時代に生きているからである。彼の生きている時代の精神は、自らと自らの目的についての意識を、また自らの行為の証と原則を有している。したがって、著述家が一つの意識をもつ者だということは必須である。そこで一つの新しい側面は、行為がそれ自身、表象に作用することによって、語りとしても現れるということである。そして、そのような語りは行為のようなものであり、それから本質的に歴史の一部分をなすということでもある。ここから、とりわけ個人の語りが民族に属することもあるし、逆に属さないこともある。というのも、そのような語りが生き生きとしたものにならず、行為にもならず、行為と同じものとみなされないとすれば、その語りはただの空虚でどうでもいいような無駄話でしかないからである。こうして、歴史記述家は語りを取り上げなければならない。語りは時代についての反省とその目的を含んでおり、そして時代の原則についての説明を与えもする。そのことによって、歴史記述家は自分自身の反省をしなくとも済ませられる。歴史記述家は、時代の反省であるその反省の中に生きている。彼がそのような語りに手を加えたとしても、それでもその語りは彼の時代の語りなのである。歴史記述家が彼の行為の精神と彼の時代の教養の中に位置することによって、彼が述べることは時代の意識である。こうして歴史記述家は、語りによって時代の規範を叙述することになる。そのような著述家のことを、人は学ばなければならない。われわれはトゥキュディデスの語りにおいて、ペリクレスについて読む。それは異民族の語りではあるが、その中には民族原理の規範とその規範そのものの反省が含まれている。したがって、著述家はそのような叙述をしながら、時代そのものを反省しているのであって、事柄について独りよがりの反省をしているのではない。それゆえ、そのような語りも、何か完全に原初的なものとして考察されなければならない。そのような民族の精神をよく知り、民族そのものの中で生きるとするなら、このような著述家のもとにしっかりととどまり、自らその中に入って生き、そしてまずは時代の像を手にしなければならない。歴史を性急に楽しもうとする者は、〔確かに〕それで満足することもできる。〔しかし〕そのような著述家はもちろん、人が考えるほどたくさんいるわけではない。歴史の創始者であるヘロドトスは、その中の一人である。トゥキュディデスの名前はすでに挙げておいた。『退却』の著者クセノポン*とカエサルの解説〔『ガリア戦記』〕もこれに含まれる。しかし、われわれの時代にも、同じような原初的な歴史記述家は存在する。たとえわれわれの近代的な教養には、出来事を表象の中で取り上げ、報告という形でとりまとめて歴史に改造するということがつきものだとしても、である。彼らもまた原初的であるという性格をもつことはできる。だから、フランス人による特に多くの回想録が存在するし、フランス人はこの点では他のすべての民族を凌いでいる。そのような人々が仕事をする基礎には、多くの些末なこと、陰謀、情念、わずかばかりの関心が［含まれている］。しかし、例外も見出される。レッツ枢機卿*などの精神に富んだ仕事に見られるように、より広い領域を対象にする巨匠もまた常に存在する。しかしながら、時代に生きた人々のそのような仕事は、ドイツにはめったにない。それでも、フリードリヒ二世*の回想録は一つの例外をなしている。人は出来事に居合わせたというだけでは不十分で、世界的な出来事そのものの巨大な政治作用の精神のただなかに立っていたに違いないのである。

*クセノポン　古代ギリシアの軍人で著述家（前四三〇頃―三五五年頃）。ペルシアのクナクサの戦いにギリシア人傭兵として参加し、その傭兵軍の撤退を指揮した時の記録が『アナバシス』（『一万人の退却』）である。　*レッツ枢機卿　フランスの貴族で高位聖職者（一六一三―七九年）。回想録の著述で知られる。　*フリードリヒ二世　ドイツ・プロイセン王国の第三代国王（一七一二―八六年）。自ら関わった七年戦争を記録した『七年戦争史』などの回想録がある。

〔二〕反省された歴史

歴史記述家の第二のあり方は、反省する記述家で、彼らの叙述は現前するものを超えていく。それには〔次のような〕さらに多くのあり方がある。

［1］最初に、そのような歴史記述家には、民族の全体や世界史の概観が求められる。したがって、すでにある歴史記述や他人の報告を編集することが必要になる。言葉も直観の言葉では間に合わない。彼らには、現場に居合わせたという特徴がない。世界史にはすべて、このような仕方が必要である。編集のより綿密な仕方は、その目的による。リウィウス*〔の著作〕やヨハネス・フォン・ミュラー*の『スイス連邦史』は、このような仕方に属している。両者はうまく仕上げられていて、称賛に値するし、不可欠である。ただ、この際に、取り扱う尺度を示すのは非常に難しい。歴史記述家がとかくしがちなのは、出来事の同時代人が語るのをあたかも読者が聴いているかのように叙述する、ということである。しかし、これは、ふつうでは多かれ少なかれ失敗し、不首尾に終わってしまう。というのも、全体が一本調子にならざるをえず、異なる時代の精神と教養は同一ではないからである。なぜなら、人はいつもただ一人の個人のままでありながらも、「その個人のうちに時代の精神が映し出される」からである。実際に記述される時代の精神は、記述されるべき時代の精神とは異なるものになる。リウィウスは自身の描く戦闘場面を戦況のこまごまとした細部にわたって記述しているが、そのような戦況は時代全体にはそぐわないか、あるいはいつの時代にもあてはまるようなものである。リウィウスにおいては、古代の王たちの〔当事者としての〕語りもまた、ただその当時にローマの代弁者たちに見ることのできた類いのものである。こうして、そのような語りは、それが行われるはずの時代そのものとはきわめて対照をなし、また

その時代の無邪気な傾向とも対立している。いくつかの時期には〔語りを〕行うことは数多いが、別の時期にはきわめて少ない。メネニウス・アグリッパ*の寓話〔の語り〕は自然で、それに対して他の語りは驚くほどはっきり異なっている。しかし、〔歴史書の〕著述家と原初的な歴史記述家との違いは一目瞭然で、ポリュビオスとリウィウス*の比較によって最もよく明らかになる。出来事が生じた時代に生きていたかのように見せようと試みながら、うまくいかなかったのがヨハネス・フォン・ミュラーの『スイス連邦史』である。それは作為的で、気取った古代趣味で何かぎこちなく、また衒学的で、原初的な歴史記述家であるチューディ*のように独創的であるわけではない。広範な時代や大きな時期を包括する歴史は、その本性からして抽象的かつ一般的なイメージで、例えば戦いに敗北したのか勝利したのか、ある町を包囲したが無駄であった、等々というような仕方で間に合わせざるをえない。そのことによって歴史が無味乾燥になったり単調になったりするが、しかしこれはそもそも事柄に属することである。具体的な個別事象の広大な全体を抽象的なイメージに還元することは、この反省的な歴史の本性そのもののうちにある。

*リウィウス　ティトゥス・リウィウス（前五九頃―後一七年）。古代ローマ共和政末期から帝政初期の歴史家で、ローマ建国からマケドニア戦争までの歴史を『ローマ建国史』として著した。*ヨハネス・フォン・ミュラー　スイスの歴史家（一七五二―一八〇九年）。『スイス連邦史』全五巻は、一七八六年から一八〇八年に公刊された。*メネニウス・アグリッパ　共和政ローマ初期の政治家（生年不明―前四九三

年）。前五〇三年に執政官になった。　＊ポリュビオス　古代ギリシアの歴史家（前二〇〇頃―一一八年頃）。第三次ポエニ戦争に従軍し、のちに『歴史』全四〇巻を著した。　＊チューディ　アエギディウス・チューディ（一五〇五―七二年）。スイス人最初の歴史家で、主著に『スイス年代史』（一五三四―三六年）がある。

［2］反省的な歴史の第二のあり方は、いわゆる実用的な歴史記述である。すなわち、われわれが過去と関わり、遠く離れた反省された世界を扱う場合には、精神にとっての現在という必要性が開かれる。この現在とは、精神が自分自身の活動に基づいて自らの努力の報いとして得るものであり、このような現在を人は自らの知性のうちに有することになる。出来事はさまざまである。しかし、普遍的で内的なもの、出来事の連関、諸関係の普遍的な精神といったものは、持続するものであり、決して古びないものであり、常に現在的なものである。このことが過去を止揚し、出来事を現在的なものにする。このような実用的な反省は、〔出来事に〕生命を与えるものであり、遠い過去を現在へともたらすものである。その反省が生命を与えるものとなり、そして魅力的なものになるかどうかは、著述家自身の精神にかかっている。状況の普遍的な関係と連鎖は、多かれ少なかれ記述の対象となるし、それ自身が出来事にもなる。現れるのは普遍的なものであって、もはや特殊なものではない。これに対して、際限のない個別的な出来事を一般的な反省のうちに立てようとすれば、それは味気もなく、効果もなく、そして不毛なものになるであろう。しかし、出来事の連関全体が把握

されるように普遍的な状況が論じられれば、それは著述家の感性とそのような歴史記述家の精神を証し立てるものとなる。

ここで特に、歴史から生じ、〔そして〕しばしば歴史を覆うことになる道徳的な反省と教訓に言及しなければならない。道徳的な反省は、歴史研究が堅持すべき本質的な目的とみなされることがしばしばある。手短に述べるなら、善の実例は確かに常に心情を、特に青年の心情を高めるし、そうした実例がしばしば挙げられもする。なぜなら、そのような実例は善をより具体的なイメージへともたらすからである。そのような実例は、道徳の授業において、一般的な道徳原理の具体的なイメージとして利用されうる。しかし、国民の運命や国家の大変動といった分野は、道徳の分野とは異なるもので、より高次でより広範なものである。道徳的な方法はきわめて単純で、このような単純な道徳的方法は何の役にも立たない。聖書の歴史は教訓だけで十分であって、そのためにそれほど広範な分野を必要とはしない。ここで要求されているのは経験である。指導的な立場にある政治家、統治者、総司令官たちは歴史に教えられはするけれども、世界情勢のような世界史上の紛糾においてしばしば見出されるのは、単純な道徳的命令では不十分だということである。歴史と経験が教えるのは、諸国民は総じて歴史から学んではこなかったということである。というのも、国民はすべてそれぞれの個々の状況のうちで生きており、その状況に決定づけられざるをえず、そして実際に決定づけられているからである。ここで正しい措置をとることを知っているのは、まさに偉大な人物だけである。それは時代の人物であって、〔時代によって〕そのつど別の人物になっていく。諸国民がそれぞれ個々の関係のうちにあるというのは、状況がまったく別の状況になることによって、前の関係がその後の関係にそっくりそのままあてはまるということはないからである。道徳的な命令は単純な利害関心と私的な関係に関わっているのであって、私はこうしたことを歴史から学ぶ必要などない。道徳的な命令にあっては、すべての状況において、主たることがそのような命令によって論じ尽くされる、ということである。私はいつもこのことを念頭に置いている。

しかし、世界の出来事が逼迫している場合には、そのような単純な原理では不十分である。なぜなら、状況はいつも同じではないし、記憶からとってこられたものが瞬間の生動性と切り結ぶことはできないからである。記憶は、現在の新しい事態に直面しては、いかなる力ももたない。歴史は形成しつつあり、しかもまったく別のあり方で形成しつつある。歴史の形成は、そこから取り出された反省とは何か違ったものである。演説家には勉強が必要だが、しかし近代の政治的な関係にローマ人やギリシア人の活動や行動を引き合いに出すことは、いつでも何か的外れになる。いかなる場合も、別の場合に完全に類似しているということはなく、個別の一致はあったとしても、それはある場合に最善であるものが別の場合にもそうであるというようなものではない。異なる国民の関係や状況が完全に類似していることはない。道徳的な意図をもっているのが例えばヨハネス・フォン・ミュラーの『スイス連邦史』で、彼はそのような意図のもとに反省の全集を構想し、そのために退屈なものになってしまった。彼の考えは皮相的で、彼は大量の格言を集めた上に、それらを彼の叙述の中に裁量に任せてまきちらしている。そのような反省が示しているのは、確かに著者には善意があるにしても、しかしまた彼の考えは皮相的であるということである。したがって、反省は興味深くなければならないし、［それ自身］具体的でなければならない。出来事の根本的な直観だけが、反省を興味深くすることができる。モンテスキュー*がそうであって、彼は根本的であると同時に深くもある。しかし、誰もがそのように反省することのできる精神を信じてはいるものの、そのような反省的な歴史にはうんざりしている。それゆえ、単に正確かつ真実に報告するという単純さに立ち戻ることになる。正確になされた記述やそのような叙述は、確かに大きな貢献でもある。しかし、それらはせいぜいのところ、他人のために素材を提供するにすぎない。われわれドイツ人はそれで満足し、そして現在を過去のうちに求める。それに対して、フランス人は自ら現在を取り出して、それゆえエスプリに富んだ扱いを追求する。そのため、彼らが根本的な歴史記述家であることはほとんどない。彼らは過去を絶えず現在に関係づけるのである。

＊モンテスキュー　フランス啓蒙思想の代表的思想家（一六八九―一七五五年）。フランスの絶対王政を批判し、『法の精神』（一七四八年）で三権分立論を展開した。

［3］反省の歴史の第三のあり方は批判的な歴史で、それは特にわれわれの時代に形成さ

れた。それは歴史そのものというよりは、むしろ歴史の叙述としての、そしてその叙述の批評としての歴史である。ニーブール*の『ローマ史』は、そのような仕方で記述されている。彼は状況を顧慮して叙述をし、そしてそこから結論を導き出す。その中にある現在は、あらゆる状況から信頼するに足る結論を導き出すこの著述家の洞察力のうちにある。フランス人は、その点で多くの根本的なことと上質の成果をなしてきた。われわれの場合には、歴史のいわゆるより高次の批判にとらわれ、その批判がより慎重な歴史記述を排除しようとしてきた。そこでは歴史の基礎が蔑《ないがし》ろにされ、きわめて恣意的なイメージや逸脱、幻想や連想に場所が与えられてきた。人はこうしたきわめて恣意的なものを歴史のうちに持ち込もうとしてきた。このこともまた、現在を過去に持ち込む一つのやり方である。そのことによって取り出される現在は、主観的な思いつきに依拠している。その思いつきがそのように素晴らしいものとして安易に通用すると、依拠する根拠はそれだけ乏しくなるのである。

*ニーブール　デンマーク生まれのバルトホルト・ゲオルク・ニーブール（一七七六―一八三一年）。一八一〇年からベルリン・フンボルト大学で歴史学を講義するとともに、主著『ローマ史』全三巻（一八一一―三二年）を公刊し、近代歴史学の祖の一人とされる。

〔4〕そのような〔批判的な〕歴史は、最後にただちに、何かを部分的に抽象化するものだと自称する。確かにその歴史は抽象的ではあるが、しかし同時に哲学的な世界史への移行

をなすものでもある。このようなあり方は普遍的な観点から見た特殊な歴史であって、こうしてこの観点は普遍性の連関全体から取り出され、一民族の豊かな生活から際立たせられるものである。そうはいってもまた、この普遍性の連関は何か特殊なものでもある。歴史を扱うこのような仕方は、時代の形成を通じてよりいっそう顧慮され、また強調されるようになっている。形成されたわれわれのイメージは、一民族の像を描く場合のように、古代の諸民族の歴史よりも多くの観点をそなえている。そのような個別の観点は、例えば芸術、学問、憲法、法、所有、そして航海といった、それぞれの歴史である。特殊なものがすべてそのように取り上げられうる。われわれの時代には、特に法と憲法の歴史が好まれ、際立たせられている。両者の歴史がただ意味をもつのは、国家の全体との連関、そして歴史の全体との連関においてである。それらの歴史は根本的で興味深く、またフーゴー*の『ローマ法の歴史』〔一八一〇年〕のように単に外面的な素材を扱っているだけでなければ、卓越したものではある。アイヒホルン*の『ドイツ法制史』〔『ドイツ国家－法制史』〕は、より内容に富んでいると評価される。そのような普遍的な観点と領域は、特殊な歴史の対象にもなりうるし、また実際にそうなってもいて、一民族の歴史全体に関係している。その取り扱いにおいて問題なのは、全体の連関が内部にわたって示されているか、あるいは単に外面的な関係のうちでのみ探し求められ、触れられているにすぎないか、ということである。後者は残念ながら非常にしばしば見られるケースで、そのとき関係は民族のまったく偶然的な個別性としてのみ現れるにすぎない。

＊フーゴー　グスタフ・フーゴー（一七六四―一八四四年）。ドイツの法学者で、一七九二年からゲッティンゲン大学の法学教授に就任。＊アイヒホルン　カール・フリードリヒ・アイヒホルン（一七八一―一八五四年）。ドイツの法学者。一八一一年からベルリン・フンボルト大学で、一八一七年から二九年までゲッティンゲン大学で法学教授を務める。主著は『ドイツ国家‐法制史』全四巻（一八〇八―二三年）。

〔三〕哲学的な世界史

哲学的な世界史は、歴史のこのようなあり方に、より密接に関連している。その観点は、ある特殊な普遍的なものでもないし、多くの普遍的な観点から抽象的に取り出された一つの観点でもない。その場合には、別の観点が無視されてしまう。そうではなく、哲学的な世界史は具体的な普遍的なものであり、諸民族の精神的な原理であり、そしてそのような原理の歴史なのである。このような普遍的なものが偶然的な現象に属することはなく、したがって民族の運命や情熱やエネルギーが最初のものだとしても、それはこのような普遍的なものが生じてくることの特別な場合であろう。むしろ、このような普遍的なものは、出来事を導く魂であり、個人やその行動、そして出来事の魂の導き手としてのメルクリウス＊である。理念は諸民族と世界の導き手なのである。精神は世界を導き、そしてその精神の導きをわれわれは学び知りたいと思う。

＊メルクリウス　古代ローマ神話における商人や旅人の導き手としての守護神。古代ギリシアの神々の伝令使であるヘルメスと同一視される。

哲学的な世界史は、普遍的なものを対象にしている点では、反省的な歴史と共通している。しかし、その普遍的なものは、決して抽象的な普遍ではなく、無限に具体的なものであり、端的に現在的なものである。というのも、精神は永遠に自分自身のもとにあるからである。精神的なものは一つの同じものでありながら、かつてあったか、これからあるかはともかく、常に生き生きと力強く働いている。そして、［その精神的なもの］にとっては、いかなる過去も存在しない。こうして［具体的な］普遍的なものこそが世界史の対象なのである。このような普遍的なものが、より詳しく規定されなければならない。

最初にわれわれは世界史の概念について二つのあり方を考察しなければならない。第一に、精神的な原理がまずもって特殊な観点すべての総体性であるということである。しかし、この総体性は一面的ではない。むしろ第二に、諸民族の精神をなす諸原理そのものが一つの世界精神の総体性をなすということである。この総体性は、世界精神のうちで自己完結しており、必然的な階梯のうちにある。この階梯は精神の階段であり、精神は総体性に向かうこの階段において、自分自身のうちで自己完結している。

一民族の歴史において際立つあらゆる側面と観点は、自らのもとできわめて緊密な連関のうちにある。一民族の学問、芸術、法関係、国家体制、宗教は、その民族の大きな運命や、戦争と平和のうちにあるその隣国への関係ときわめて緊密に関連し合っている。こうしたことは非常にありきたりの命題であり、しばしば正しく言われてきたことでもある。このことについて人が語れば、その人はまったく正当に、そして何か深いことを言ったことにもなる。それでも人は通常、魂そのものという統一を展開したり説明したりすることもなく、また何が重要であるかを示すこともなく、そこに立ち止まっているだけである。そもそも、どのような連関がそこにあるのか、このことこそが決定的なことである。それでも通常は、諸部分そのもの［の連関］の叙述や魂の記述が蔑ろにされてしまう。このような決定的なことが、あまりにもしばしば欠落している。そのような反省の言葉は概してよく使われ、そのような言葉で頁と本が満たされはするが、しかしただ言うだけにとどまって、いっこうに内容にまでは進んでいかないのである。

そのような反省も一般的には正しい。しかし、あらゆるものは関連し合っている、という命題の正しさは、なおより詳しく規定されなければならない。というのも、個別的な事実がそうした命題に矛盾するように思われるからである。中国人やインド人のように、かなりの数の芸術が高い完成度をもって見出される民族がある。例えば中国人は、機械装置においてはよく長《た》けて、火薬を発明はしたけれども、それを使用することは知らなかった。インド人にあっては、詩が素晴らしい花を開かせたけれども、国家の術、自由、権利については、いつまでも遅れたままである。このことから、彼らの教養があらゆる部分において同じように停滞したままであるはずだと表面的に判断しようとするなら、あの命題がいかに誤解されているかを示すことになろう。したがって、諸側面の連関は、あたかも一つの側面が他の側面と同じように作られているに違いないというように理解されてはならないのである。

それぞれの側面は他の側面との関係のうちにあり、それら形成の異なる側面を、民族の精神が自らのうちへととりまとめている。それで、この精神は関係であり、諸側面の統一であり、このような関係へと結合するものである。ところで、この精神は具体的なものであり、そこでわれわれはこの精神をよく知らなければならず、それを認識することによって、ようやくこの関係に通じることができるようになる。というのも、精神的な原理はただ精神的にのみ、すなわちただ思想によってのみ理解されうるのであり、そしてその思想を理解するのはわれわれだからである。しかも、この精神そのものが、自らの思想を理解しようとする傾向を有している。精神にとっては、自分自身を生み出すことこそが重要なのである。精神は自らを考えようとするし、そうすることで精神は生き生きとするし、また活動的にもなる。精神の最高の深さ、その最高の活動性は考えることであり、そうして精神は自分自身を理解しようとする最高度の働きの中で活動的になる。したがって、精神にとって重要なのは、自ら考えることであり、自らの思想のために自らを創出することである。しかし、精神が活動している時に知っているのは、ただある特定の現実の目的であって、自分自身については何も知っておらず、精神がそれ自体として何であるかを知っている［わけではない］。精神がさしあたり知っているのは、ただ有限性の目的だけであって、自分については何も知らず、自らの内面性を何ももたず、むしろある特定の現実を対象にしているだけである。こうして、精神の最高のものであるその真理は、自分自身を知るということであり、自分自身の思想へと自らを成就することである。そして、精神はこのことをなすであろうし、実際になしたのである。

しかし、このような成就は〔個々の〕精神の没落でもあり、このことは〔精神の〕別の段階、別の精神、世界史の別の時代が現れ出ることであって、さらに別の世界史的な民族が登場することにもなる。個々の精神は、別の民族の原理に移行することによって、自分自身の思想を自ら成就する。そうして明らかになるのは、より高い原理が生じ、諸民族の原理が交替し、世界が完成に向けて進行していく、ということである。こうした世界の連関がどこにあるのか［を示すこと］が、世界史の課題ということになる。

哲学的な世界史とは、世界史についての普遍的な思想をともなう世界史、すなわち全体に関係するような思想をともなう世界史であって――個々の情勢や状況、個々の側面についての反省などではない。

最初の普遍的な思想、そこに現れるカテゴリーは、変化という抽象的なもの、すなわち諸個人や諸民族や諸国家の交替といったものである。諸国家は発生してしばらくの間は存在し、われわれの関心を引きつつ、それを得ては失いもし、あるいは別の国家と〔関心を〕分かち合っては、それから消滅もする。

このような側面は、否定的に見られると、悲しみをかき立てることになりうるし、それに加えて、とりわけかつての栄光や過去の偉大さの廃墟といった光景を呼び覚ますことにもなる。あらゆるものは過ぎ去ってしまって、何も残っていないように見える。旅人は誰もがこうした憂愁を感じてきた。これは単に個々の個人のための墓につきまとう憂愁でもないし、知人の墓にまつわる悲しみでもなく、諸民族の、しかもかつて形をなした過去をもつ諸民族の没落についての、利害に関係のない一般的な悲しみなのである。〔世界史の〕それぞれの段階は、過去の廃墟の上に築かれている。

このようなカテゴリーに結びつく次の規定は、変化や没落が同時に新たな生命の生起と出現であり、死から新たな生命が蘇るというもう一つの側面である。これはオリエントの形而上学の徹底した思想であり、おそらくはその形而上学の最大の思想である。同じことは、輪廻というイメージのうちにもある。よりぴったりするのがフェニックスの形象で、フェニックスは自らを燃やす薪《まき》の山を自分自身で築きながら、より美しく若返って、灰の中から輝かしく新たに姿を現すのである。しかし、これはただ自然生命にのみあてはまるもので、純粋に東洋的な形象である。その形象は、ただ身体という「この」自然的なものにだけあてはまるもので、精神にはあてはまらない。精神は、確かに新たな領域に移行するが、しかし自らの灰から同じ姿で「蘇ること」はない。精神が単に若返って現れるだけでなく、復活し、変容するというのは西洋的である。精神は、なるほど自分自身に対立して現れ、そして確かに自らの形態化と自らの形成の形式を消尽してしまう。しかし、精神が形成してきたものは自らの素材となり、そして精神の労働はその素材を新たなより高い形態へと高めるのである。

そのような精神の変化は、同じ形態への単なる後戻りではなく、自分自身の加工であり、精錬であり、鍛錬である。そこにおいて精神は、自らの課題を解決することによって新たな課題を自らに得て、［そして］自らの労働の素材を多重化させていく。そうして、われわれがそこに見るのは、精神が諸側面の無尽蔵の集積に従って歴史の中を経めぐり、自らを享受し、そして自らに充足するということである。しかも、精神の労働は、自分の労働を新たに増加させ、そしてこの労働を新たに消尽する、という一つの結果をもたらすだけである。精神の産物はすべて、精神が加工しなければならない素材として、新たに自分に向かって立ち現れる。こうして精神の労働は、ただ高められた享受を、さらにもたらすことになる。単なる変化という絶対的な思想は、自らの力をあらゆる側面に広げようとする精神の思想へと変えられる。精神がどのような力をもっているかを、われわれは精神のなす形成と産出の多様性から学ぶのである。精神は、このような活動の喜びの中で、ただ自分自身とのみ関わり合っている。精神は確かに外的かつ内的な自然諸条件に巻き込まれ、その諸条件は道を塞《ふさ》ぐ妨害であったり障碍であったりするだけでなく、精神の試みを完全に失敗させるものにもなりうる。精神はこれらに何度も屈するであろうし、［また］屈せざるをえないとしても、しかしこれらを克服しようと試みる。そこでまた精神は、精神的な本質としての自らの使命においては、つまり自らの有効性［においては］没落しながらも、自らを精神的な活動性として示そうと芝居を演じることになる。その活動性とは、成果ではなく、むしろ生き生きとした活動性であろうとすることである。というのも、目的とするのは成果ではなく、むしろ精神固有の活動性だからである。

そのように、われわれは歴史におけるこれらのカテゴリーのもとに、人間のさまざまな活動や出来事、そして運命を見ることになるが、あらゆるところに見るのは、われわれ自身のことである。人間の行いと苦しみは、われわれ自身のこととして、あらゆるところでわれわれの関心を惹きつける。美と自由によって輝く現象が現れることもあれば、エネルギーによって、しかも悪徳のエネルギーによってでも権力と支配力を手に入れる、そのような現象が現れることもある。力を途方もなく結集したことが些細なことしかもたらさないこともあれば、それ自体としては取るに足らない出来事が恐るべき帰結をもたらすこともある。その時にわれわれが見るのは、一部には満足のいく活動もあるが、しかしまた一部には満足のいかない活動もある。大きな力が些細なことしか成し遂げられないことがしばしばあるし、またその逆もある。雑多な群衆が登場しては、一方の人間の利害が他方の人間の利害を押しのける。しかし、人間の利害のうちにあって常にわれわれを動かしているのは、人間の利害の上に絶えず存続するものである。

このような考察はそれ自体としても魅力的ではあるが、それでもそれに続く結果は次のようなものである。すなわち、われわれは群衆が個別的なことにあくせくして押し通そうとするのを見て疲れてしまい、誰もが自分の利害を証し立てるこのような個別性すべての果てがそもそも何であるのか、という問いに行き着いてしまうということである。それらの特殊な目的のうちでは、われわれはその個別性が汲み尽くされるのを見出すことができない。このような〔個別性の〕莫大な犠牲の根底には、最終目的があるに違いない。このような運動すべての最終目的というものは、そもそも考えることができないのであろうか。われわれの心に否応なく浮かぶ問いは、すなわち現象のこうした騒がしい表層の背後には、内的で静かな秘密のからくりがあるのではないか、そしてあらゆる現象の力がそこに蓄えられ、あらゆるものがそのために役立ち、〔それが原因で〕あらゆるものが生起する、そのようなからくりがあるのではないか、という問いである。これが理性という第三のカテゴリーで、それは自分自身のうちの最終目的という思想である。こうして問いは、それ自体としてそれだけで独立して規定された内的なものに向かうことになる。その内的なものは一なるものであり、その永遠の仕事は、知ること、応用すること、そして自分自身を享受することへと自らを駆り立て、突き動かすことである。諸民族の出来事のうちで支配し、ただ成就されるのは、そのような究極の目的であること、そうして理性が世界史のうちに存在することが、まさに一つの真理なのである。問いにこのように肯定的に答えるには、その真理の証明として人が世界史そのものの取り扱いを自分のものにできたかが、ここでは前提となる。なぜなら、世界史は理性の像であり、所行だからである。しかし、哲学的な世界史は、語られたことを証明することよりも、むしろ〔理性を〕示して見せることである。本来の証明は、理性そのものの認識のうちにある。すなわち、証明とは〔理性の〕認識されたものであり、精神的な生命すべての素材をなす理性そのものなのである。世界史のうちで理性が証明するのは、理性自身のことだけである。世界史そのものは、このような理性の現象の一つのあり方にすぎず、理性が自らを啓示する特殊な形態の一つなのである。

こうして、われわれは、われわれの立場からして、ある特殊な領域のうちに現れる一つの原像の［一つの］模像以外には何も見出されない、という命題から出発しなければならない。このような模像にとって素材や領域になるのは、諸民族であり、それらの闘いや労働である。歴史の中に理性を認識するには、あるいは歴史を理性的に認識するには、人はもちろん理性を持ち合わせていなければならない。というのも、人が歴史や世界を評価するように、理性もまた同じように人を評価するからである。近代においては、世界の認識や真理の経験がきわめて難しいということが分かってからというもの、思想を得たいという願望が歴史に向けられるようになった。精神や正義などの本性についてのさまざまな説明が、歴史に期待されてきた。しかし、理性と精神を持ち合わせていなければ、歴史は空虚であり、そこで何も学ぶことはできない。特に、理性そのものがすでにそこに到達しているかもしれないという一般的な抽象の無意味さには反対しなければならない。確かに、理性は多くを与えてくれるし、そのような抽象には対立もする。しかし、何が理性的であるかについては、あらかじめ知っていなければならない。そのことを知ることなしに、われわれが理性を見出すことはないであろう。理性が究極の結果を与えてくれるはずだというのであれば、そのことによって証明されるのは、人はすでに老齢期に入っているということである。老齢期に固有の特徴は、現在のうちではなく、すでにあったこと、すなわち過去の記憶のうちでしか生きていないということであり、そしてこのことこそが、われわれが老齢期にあるという証拠であろう。理性という思想を持ち合わせていないとしても、少なくとも次のような信念は持ち合わせていなければならない。すなわち、現実に原因となって引き起こすものが歴史のうちにはあるということ、そして知性や精神が偶然に委ねられることはないということである。というのも、ここで精神は自分自身を知る理念の光のうちに、したがって自然におけるよりも——理念もまた自然のうちにあるとしても——より高くに現れるからである。精神の世界は神に見捨てられてはいないとか、神の意志と最終目的は歴史のうちに働いているといったことは、確かによく認められることである。神は世界を支配している。しかし、このことに関して、より明確にしようとするや、人はそこで引き下がって、摂理の計画については問わなくなってしまう。では、世界史における摂理の計画とは何なのか。このような計画は理解することができるのであろうか。計画を見通せる時代は到来しているのであろうか。

摂理の計画についてのこのようなより踏み込んだ問いには、周知のように、この計画が神の本性と同じように究めがたく、尽くせないものだとする謙虚さが答えとなる。このような謙虚さには、われわれはとりわけ、キリスト教とは何であるのか、という問いを対置しなければならない。キリスト教は人間に、かつては神が未知のものだったのだから、その神の本性と本質を啓示するものである。それまで覆い隠されてきた神が明らかにされているわけである。そうして、われわれはキリスト教徒として、神が何であるのかを知っている。今や、神はもはや未知のものではない。もしわれわれが神を、その啓示のあとでもなお未知とみなすなら、われわれは宗教を侮辱していることになる。そうであるなら、われわれはキリスト教を有していないことを認めることにもなる。というのも、キリスト教はわれわれに神を認識するという唯一の義務だけを課しているからである。このような恵みをキリスト教は人間に与えてきた。こうして、キリスト教が求めているのは、次のような謙虚さなのである。すなわち、キリスト教によって自分が高められたことを見出すのは、自分からではなく神の精神によって、つまりそのような認識と知によってである、ということである。神が望んでいるのは、狭量な〔宗教的〕心情や空っぽの頭ではなく、神の認識に恵まれ、唯一そこに自らの価値を置く、子供のような人なのである。こうして、キリスト教を介して神の本質が啓示されることによって、キリスト教徒に神の神秘が明かされ、われわれにも世界史への鍵が与えられることになる。というのも、世界史は神の本性の特殊な領域への展開だからである。特殊なものとしてのこうした領域は、ある規定されたものである。そして、ここには規定された摂理、すなわちその計画〔について〕以外の認識は何もない。そうでなければ、いかなる認識も生じることはない。人は、神の摂理が世界を支配するという普遍的な理念のもとに、何の偏見もなくとどまることができる。しかし、人はまた、このような主張に偏見をもって固執することもありうる。また、この普遍的な命題が、その普遍性ゆえに特殊で否定的な意味をもつこともありうる。すなわち、神の絶対的な本質が彼方に遠ざけられたままだったり、人間の事物や認識の彼岸にもたらされたりする、ということである。その本質を彼岸にもたらしたあとは、別の側面から、人は自分の勝手なイメージに浸ったり、真なるものや理性的なものの要請を遠ざけたりする自由を、自らの手許にとどめておくのである。しかし、このような意味で、神のそのイメージは空虚な無駄話にしかならない。神がわれわれの意識の彼岸に立てられるなら、われわれは神を認識したり、神の本性を考えたり、埋性を世界史のうちに見出したりすることから離れて自由になっている。そのとき、自由な仮説には活動の余地があるし、有頂天になった自惚《うぬぼ》れには完全な自由がある。謙虚さは、それが自らを放棄することで何を得るのかを十分に知っている。こうして、われわれが考察しなければならないのは、世界史であり、そしてその最終目的が何であるか、ということである。この最終目的は、神が世界とともに意志して［いた］ものである。世界の祭壇上の生け贄は、すべてこの最終目的に捧げられる。最終目的は、現に活動的で活力を与えるものである。われわれが最終目的について知っているのは、最終目的は最も完全なものであり、［そして］神がその最も完全なものを意志しているということである。そして、神が意志することはただ神そのものでしかありえず、また神の意志こそが神に等しいものである。神の意志は神自身から区別されることはなく、そしてこのことをわれわれは哲学的に理念と名づけるのである。われわれは、ここで宗教の表現を度外視して、概念を思想の形式で把握しなければならない。

〔B〕人間的自由の理念

こうして、われわれが結論として出すことができるのは、人間精神の領域にある理念、あるいはより明確に言えば人間的自由の理念を考察しなければならない、ということである。真なるものには異なる領域がある。真なるものに固有で、そこにおいて理念が啓示される第一の最も純粋な形式は純粋な思想そのものであり、そうして理念が論理的に考察される。もう一つの〔第二の〕形式は、理念が自分自身をそこに沈み込ませている形式、すなわち物理的な自然である。最後に第三の形式は、精神一般の形式である。そこで、精神の諸形式の中でも、理念が人間の自由と人間の意志の領域に現れる一つの形式を特に際立たせることができる。こうして、後者の人間の意志のほうが自由の抽象的な基礎をなすが、その産物は一つの民族の人倫的定在の全体となる。この定在は、〔われわれにとって〕より身近な基盤をなすものである。とはいえ、人倫的世界を抽象的にだけでなく、むしろこの世界が時間のうちでいかに産出されるかを、われわれは考察しなければならない。しかし、自由とは、人倫的世界がその世界の現にある姿をいかに生み出したのか、そして人倫的世界が概念に従ってある姿にまでいかにしてようやく形作られたのかという、まさにその仕方にすぎない。このような産出過程が一連の人倫的な諸形態という形で叙述され、その系列が歴史の行程を構成することになる。

　こうして、われわれはここに人倫的自由の全体性としての理念を手にしている。そこに二つの契機が生じる。一つ目は抽象的なものとしての理念そのものであり、それから一つ目が人間の情熱である。両者が一緒になって絨毯《じゅうたん》の縦糸と横糸をなし、世界史がこの絨毯をわれわれの眼前に繰り広げる。理念は実体的な力ではあるが、しかしそれだけで考察されると、理念も一般的なものにすぎない。理念が自らを実現する助力になるのは、人間の情熱である。これら二つが両項をなすことになる。両項を結びつける中心、両項がそこにおいて生き生きと統合される両項の宥和が、人倫的自由である。これをより詳しく規定するために、われわれはなお別の考察を行わなければならない。

　理念、すなわち主導するものとしての魂に関しては、そのうちで諸契機を展開することができる。理念には主要な契機がある。しかし、ここで完全に抽象的な形では何も述べることはできない。むしろ、われわれは理念を精神の具体的な形態において把握するのであって、論理的な［理念］として把握するのではない。われわれは、このことを顧慮して、精神の本性についてまず形式的に述べた上で、その応用に移っていくことにしたい。

〈精神の本性と自由〉

　精神は一般に考える働きであり、そして存在するものを考えることであり、また存在することといかに存在するのかを考えることである。精神は知ることと一般であり、つまり意識である。知ることは理性的な対象についての意識である。私が意識をもつというのは、私が自己意識であるかぎりでのことである。すなわち、私がある対象について、したがってただ外的なものについて知るとはいっても、それは私がそこにおいて私について知り、他の外的なものを可能なものだと私が規定づけるかぎりでのことである。こうして、私はそこにおいて、私がこれかあれかであるだけでなく、私がそのことについて知っている当のものであるという私の規定づけを〔自ら〕知っているのである。すなわち、私は、私であるものがまた私にとって対象でもあることを知っている、ということである。私が私について知っていることと私が対象について知っていることは切り離すことができない。最初のほうの契機が優位を占めるもの［として］しばしば示されはするけれども、どちらの契機も他方なしにはないのである。

最初にわれわれが知るのは、われわれが感じているということである。われわれが見出すのは、いずれにせよそのように規定されたわれわれである。ここにはそもそも対象性というものは何もなく、あるのは無規定性でしかない。そこからの進展は、自らを規定することであり、自らを分離することであり、何ものかを私に対立させることである。私から分離して対象にする、このような規定性を私は求め、そうして私の感じることが一つの外的な世界かつ［一つの］内的な世界になるのである。

このように感情について述べると、規定性一般が取り上げられることになる。しかし、規定性の次のような特別なあり方が生じてくる。すなわち、それは私が私自身を欠陥のあるものとして、つまり否定的なものとして感じるということ、私の私自身との統一を解体しかねない矛盾を私が私自身のうちに見出してしまうということである。このようにして、最初は規定性があるにはあるが、しかし同時に、私が私自身に欠陥があると感じてしまう、そのような規定性の特別なあり方もまたあるということになる。しかし、私は存在しており、そのことを私は〔しっかりと〕保っている。このことを私は知っており、そして私はこのことを欠陥という否定的なものに対置し、さらに欠陥を止揚するところにまで進んでいって、私自身を保持する。そのように、私は欲求をもっており、私とは欲求なのである。あらゆる生きとし生けるものは、欲求をもっている。私が欲求としてふるまうかぎり、対象には、私の統一という充足を回復する手段という意味がある。（このことが概して理論的なことや実践的なことを決めている。）このような直観としての欲求においては、われわれはさしあたって直接的には外的なもののうちにあり、自然存在はわれわれ自身にとって外的である。直観は個別的なもの、感覚的なものであり、その内容がどのようなものであれ、欲求と同様である。そして、人間はこのことを動物と共有している。そのように欲求はいまだ考えてはいないし、〔それは〕いまだ本来的に自己意識としてあるわけでもないし、欲求のうちにはいかなる自己意識もありはしないからである。というのも、欲求のうちにはいかなる自己意識もありはしないからである。

このような〔欲求の〕直接性を人間から取り除くのは、人間が自分自身を自らの対象とすること、人間が自分自身を知るために自ら内的に自分自身のもとにあることである。このことが、考えるということである。この考えることが、人間を動物から区別する。考えることは普遍的なものを知ることである。人間は内的に自分のもとにある時には、ただ考えている。完全に単一で内的なものとしての私は完全に普遍的なものであり、そして私が内容をこのような単一なもののうちに据える時にのみ、内容そのものが単一化されて、すなわち理念的になる。考えることの無限な欲求は、実在的なものを普遍的かつ理念的なものとして、われわれのうちに据える［こと］である。人間はどんなに実在的であろうとも、理念的でなければならない。人間は実在的なものについて理念的なものとして知り、また自らを理念的なものとして知ることによって、単なる自然的なものであること、また単に直接的な直観のうちで欲求を充足させたり生み出したりすることをやめるのである。人間がこのことを内的に知っているということは、人間が欲求を抑止するということ、人間が表象や思想といった理念的なものを欲求の渇望とその充足の間に差し挟むということ、人間が自ら抱く表象とその実現を分離するということである。動物の場合にこのことが［そのように］ならないのは、欲求と充足の間に間断のない連関があり、そして［この連関が］苦痛や恐怖によってただ外的に破られるだけで、それが内的に破られるのではないからである。動物がこの連関を自分自身で破ることはない。動物が外的なものを内的なものに対立させることはない。動物が自らを分裂させることはないが、しかし人間は自らを分裂させることをなす。すなわち、人間は考えて、そして欲求を抑止する。人間は欲求を抑止したり駆り立てたりすることによって、目的を目指して行動したり、何か普遍的なものに則って自らを決定したりもする。人間はこのような決定を目の前にして、その決定を実行に移すに先立って熟考する。そして、その実行にともなう多くの側面のうち、どの側面が有効であるはずかは、この目的によるのである。

人間が完全に普遍的なものを目的に据えるとすれば、その規定はそれ自身、完全に普遍的なものでありうる。最も制限のない普遍的なものは、人間の制限のない自由である。人間はこうした自由を目的に据えることができる。その目的を決定づけるものが何であるかを、人間は知っている。それは［人間が］自分について、そして自分が意志することについて知っているということである。このことが人間を意志に満ちたものにする。ここには人間の自立性がある。動物には意志がなく、自らの欲求を抑止することができない。なぜなら、動物は自らのイメージを現実的なものとしてもつことはあっても、理念的なものとしてもつことはないからである。人間の記憶のうちには、自らの自由と普遍性の源泉があり、目的に向かう自らの規定がある。その目的は、個別的なものと同じように、最も普遍的なものでもありうるのであり、そうして人間は自らの直接性と自然性を打ち破るのである。人間を自立的なものにするのは、このような内面性である。人間は、自らの運動の源泉を自らのうちにもっているからといって、自立的であるわけではない。というのも、動物もまた生命あるものとして、自らの運動の源泉を自分自身のうちにもっているからである。しかし、動物は内部からそこに駆り立てられる当のものにただ刺激されているだけのことである。動物においては、刺激するものもまた内部に始まり、そして内在的な構造を前提にしている。というのも、刺激がすでに動物のうちになければ、外的なものが動物の内部を刺激することもないからである。動物にとって、その内部に源を発しないものは、ないも同然である。動物は自らを［刺激し］規定づけるものを自らの内部にもっている。動物は欲求とその実現である欲求の充足の間に何も差し挟むことができない。しかし、人間が考えること、すなわち人間が精神として、自我として存在すること、このことが人間の本性一般の抽象的な根源をなし、精神がそれによって精神であることの原理を構成している。この点にこそ、われわれにより密接に関係する規定がある。

さて、具体的なことに進もう。われわれの主要な規定は、精神としての人間は直接的なものではなく、本質的に自分に還帰したものだということである。こうした媒介の運動は、その運動によって人間が自立的で自由になるというように、精神的本性の本質的な契機をなしている。人間の活動性とは、直接性を越え出ていくことであり、直接性を否定することであり、そのことによって自分に還帰することである。したがって、精神は自らの活動性によって、ただ自らをそこへと形作る当のものである。還帰について述べる時にはたいてい、われわれは出発に先立って、それが向かう場所［と］還帰を前の位置に設定する。最初のものが主観であるという考えを、われわれは断たなければならない。なぜなら、自分のうちに還帰した第二のものにして、初めて主観であり、現実的なものであり、真なるものだからである。言い換えれば、精神はただ自らの結果としてのみあるのであって、単に最初のもの、直接的なものとしてあるのではない、ということである。このことが世界史全体にとっての導きとなる。

このことを説明するために、種子のイメージが手助けになる。種子は、植物がそれから始まるものだが、同時にまた植物の全生命の活動全体の結果でもある。植物は種子を生み出すために生長する。種子は本質的に産物である。穀粒が個体の始まりと結果としてはそれぞれ別々で、それでも同じだというなら、それは自然生命の無力というものである。というのも、種子は一面から見ればある植物の結果であり、他面から見れば別の植物の始まりだからである。こうした両方の側面は種子においてばらばらになっているが、それは形式から見ても同様で、ある時は穀粒という単一の種子で、別の時には植物の生長というように、ばらばらになっている。しかし、それ自体として見れば、統一はいつも保持されている。なぜなら、穀粒のうちにはすでに植物全体が含まれているからである。

このことは、感情をもつ人間の生命においても、また諸民族の生命においても、事情は同様である。ある民族の生命は、果実を成熟させる。民族の活動は、自らの原理を遂行し、その原理を生み出すことで充足するところまで進んでいく。精神的な全体としての民族が生み出し、［そして］示して見せるこのような果実は、しかし同時にまた自然生命を発展させはするが、生み出されたその母胎に還帰することはない。民族は果実を享受することができず、むしろ果実は民族にとって苦い飲み物になる。民族とその活動性は、果実を求めるこうした無限の渇望である。しかし、果実を享受することによって、その果実は民族の生存にとって毒の入った飲み物となり、自らの生存を否定することになる。そして、果実は再び種子になりはするものの、しかしそれは別の民族に生命を与え、また成熟へともたらすことによって、別の民族の種子［と］原理になるのである。

　精神がただ結果であるということの別のより身近な例は、誰しもが自分自身にそなえているものである。人間がさしあたって直接的にあるものは、理性的で自由であるという人間の可能性にすぎないし、そうあるはずだという規定にすぎない。しつけや教育や教養によって初めて、人間はそうあるはずのものに、つまり理性的なものになる。人間は生まれた時には人間である可能性であるにすぎない。動物は生まれながらにして、ほとんど完成している。動物の成長とは、むしろ強化である。動物は本能のうちに、それが必要とするあらゆるものをただちにそなえている。このように動物が自らの形成を早々に完成していることを、動物にとっての自然の特別な恩恵とみなす必要はない。それは量的な強化であるにすぎない。人間はあらゆるものを獲得しなければならないし、人間がそうであるはずのものに、かつては人間の可能性でしかなかったものに、まずは自分自身を形成しなければならない。それはまさに人間が精神的なものだからである。人間は自然的なものを払い落とさなければならない。こうして精神は自分自身の〔形成の〕結果なのである。

　その最も崇高な例は、神そのものの本性である。しかし、この本性は例と名づけることのできないもので、［それは］普遍的なもの、真なるものそのものであって、それから見れば、他のあらゆる例は一つの例にすぎない。われわれの宗教にあっては、神は精神である。神は精神として啓示され、そしてその神がキリスト教に固有のものである。きわめて古い宗教は神を確かにヌースと名づけたけれども、しかしながらこれは単なる名前としてあるにすぎず、精神の本性が顕現していると理解されているわけではない。ユダヤ教では、精神はいまだ把握も説明もされておらず、ただ普遍的に表象されているだけである。キリスト教において、神は第一に父として言い表され、それは力であり、いまだ覆い隠されたままの抽象的に普遍的なものである。第二に、神は自ら対象として自分を分裂させるものであり、神自身にとって他なるものを据えるものである。この他なるものが、息子と名づけられる。この第二のことは、次のように規定される。すなわち、神は自分自身にとってのこの他なるものにおいてもそのまま神そのものであり、同様にこの他なるものにおいてのみ自分を直観し、また自分自身を知る。そして、このように自分を把持して自分を知り、統一を保持して、〈他なるものの‐うちで‐自分の‐もとに‐あるもの〉こそが精神だということである。すなわち、その全体こそが精神であって、精神は一方だけでもないし他方だけでもない。そして、神は精神として規定され、こうして初めて精神は真なるものであり、完全なものである。感情の形式で言い表される神は、永遠の愛であり息子であって、自らを他なるものそのもののうちで知り、他なるものを自分自身のものとして保持するものである。こうした規定は、思想の形式では、精神の本質部分を形成するものである。この三位一体によって、キリスト教は啓示されたもの、そしてひとえに真なる宗教となる。このことがキリスト教の優れた特性であり、このことによってキリスト教は他の宗教より高い位置にあり、他のあらゆる宗教から区別される。もしキリスト教に三位一体がなかったなら、この思想はむしろ他の宗教のうちに見つかることがありうるかもしれない。キリスト教は三位一体において思弁的なものであり、そしてこのことが、哲学がキリスト教のうちにも理性という理念を見出し認識する、まさにそのことなのである。

＊ヌース　前五世紀の古代ギリシアの自然哲学者アナクサゴラスが、宇宙の混沌状態に秩序を与えるものとして想定した理性原理。

〔精神の発展としての歴史〕

さて、精神という概念の、より具体的な〔歴史の〕連続に入っていくことにしよう。これが、われわれの対象として関心のあるところである。

この連続の最初は、歴史の始まりに関係している。歴史の始まりは一般に自然状態として、つまり無垢の状態として描かれるのが常である。精神についてのわれわれの概念からすると、精神の最初の直接的で自然な状態は、不自由の状態、すなわち精神そのものがまだ現実的になっていない欲望の状態である。〔一つの〕そのような状態についてよく作為されるのは、空虚な理想であり、「自然」のもとにしばしば事柄の概念や本質が理解される時の、「自然」という言葉についての誤解である。その際に自然状態ということで理解されているのは、人間の概念に従って人間に帰属すべき自由の自然権であり、また精神の概念に従って人間に帰属する自由ということである。しかし、人間が生まれつきもっているものを見るなら、「自然状態から出発した」（スピノザ）と言えるだけである。これは不自由と感性の状態である。しかし、それによって精神が自然な状態にあることを取り違えるなら、それは間違い［である］。というのも、精神は自然状態のうちにとどまるはずもなく、そこではそれが感性的な欲求や欲望の自然状態だからである。自らの感性的な現存の形式を止揚することによって存在し、そしてそのことによって自らを自由なものとして据えることこそが、精神の概念なのである。

かつて歴史は、一部では、人類の原初の状態についての伝承、すなわち人間精神の自然な状態についての物語をもって始められた。モーセ*の伝承はここに属しているが、しかしこの伝承は、その位置が〔歴史の〕始まりのうちにあるわけではまだない。というのも、モーセの伝承は、それが一つの物語としての現存、すなわち民族の存在の内なる現存になった時代に、ようやく帰属するようになったからである。われわれは、そのような伝承をもって始めるのではなく、その伝承については、その中にある約束が実現されるような時代のところで触れることにする。その時に初めて、伝承は歴史的な現存を有することになる。それ以前には、伝承は死んだものだったし、諸民族の形成のうちにまったく取り入れられてもいなかった。

＊モーセ　ユダヤ教の聖典『旧約聖書』に登場する預言者で、ヘブライ人の出エジプトの指導者として伝承された。

近代にあっては、原初的な状態というイメージが非常に際立たせられており、しかも推定上の歴史的な情報で覆われている。原初的な民族とか原民族の現存は、あらゆる学問や芸術や宗教にしても、これらの諸分野におけるわれわれのものもここから受け継がれているにすぎない、と主張されている。シェリング〔『学問論』（一八〇三年）、第八講〕は特にこのような見解を通用させようとしてきたし、フリードリヒ・シュレーゲル*もまたそうである（『インド人の言語と英知』〔一八〇八年〕）。そのような原民族という仮説は太古の世界の高い文化を明らかにするはずだという。この原民族は、われわれが歴史のうちで知っている諸民族に先んじていたはずの、ある別種の人類だったはずだという。そのような原民族は、最古の時代のうちに文化の痕跡を残しているはずだし、古い伝説によって神々の形象のもとに永遠にとどめられているという。原民族の高い文化については、歪められた遺物ではあっても、最古の民族の伝説と一致することのうちに見出されるという。最初期の諸民族の状態は、歴史が示しているように、あの原民族の高い文化の状態から元の状態に逆戻りした存在であるはずだ、というわけである。こうしたことは近代〔の中に〕これまであり続けてきた一つのイメージであり、それは次のような要請をともなっている。つまり、哲学はそのような民族をアプリオリに構成しなければならず、そしてまた歴史的な前兆が現にあるはずだ、という要請である。そこにある考えは、人間は本能や動物の愚鈍さから意識や理性へと高められたわけではないということ、人間はそもそも動物の愚鈍さから始まったはずがないということである。

＊フリードリヒ・シュレーゲル　ドイツの初期ロマン主義の代表的思想家（一七七二―一八二九年）。機関誌『アテネウム』（一七九八―一八〇〇年）で「ロマン的」の概念を主唱し、一九世紀のはじめにはパリでサンスクリット語を研究した。

人間的なものは、動物の愚鈍さから発達することはできなかったけれども、人間の愚鈍さからは発達することができた。しかし、自然的な状態から始めるとすると、これは動物的な人間性であって、動物性でもないし、動物の愚鈍さでもない。動物的な人間性とは、動物性とは何かまったく異なるものである。精神は動物から発達するのでも、動物から始まるのでもなく、精神から始まるのである。精神からとはいっても、しかし、その精神はようやく自体的にあるにすぎず、自然的な精神である。その精神は、すでに動物的なものではなく、人間の性質が刻印されたような精神である。それで、理性的になるという子供の可能性は、発達した動物ともまったく何か異なるものであるし、ずっとより高次のものである。動物には自分自身を意識するようになる可能性がない。〔確かに〕子供に理性性があるとみなすことはできない。しかし、子供の最初の泣き声は、すでにして動物の鳴き声とは異なっていて、そこにはもうすでに人間的な特徴がある。子供の単純な運動のうちに、すでに何か人間的なものがあるのである。

ところが、それどころか最初の原初の状態に次のようなイメージが結びつけられたりもする。すなわち、人間は神の純粋な意識と神的な本性のうちに生きていたのであり、あらゆるもの——それはわれわれが努力して初めて獲得するものであるが——のいわば中心に、すなわちあらゆる学問や芸術の中心点に立ち、そうして神とその本性の深淵を見通す知性だったところでは、すべてが人間にとって開かれてあった、というイメージである。そのようなイメージにこだわり続けようとするなら、人は無知なままであり、考えるということが何なのか、精神の本性が何なのかについて、もはや何も理解していない［ことに］なる。精神がエネルゲイア〔現実態〕とかエンテレケイア〔実現態〕といった無限な運動であることについては知る必要もない、というわけである。というのも、精神は直接的なものにとどまることのないエネルギーだからである。精神は運動と活動であり、それは最初のものから離れて他のものへと進み、最初のものを加工し、克服して、そのような労働そのものの中で自らを見出し［た］のであって、そのようにして初めて、ようやく現実的な精神に還帰して［いる］。精神は、このような労働によって初めて自らに普遍的なものを与え、自らの概念を初めて自らの対象として自らの前に提示する。このように提示することは、ようやく最後のことであって、最初のことではない。古代民族の精神的なもの——その民族の風習、掟、慣行、宗教、象徴——が思弁的な理念の提示であり表現であることを人が引き合いに出すとすれば、それはそれで正しい。というのも、それらは現実的に精神の提示だからである。しかし、それらはまだ本能的な生産であるにすぎない。それでも、理念のこのようないまだ内的な働きは、このような理念が自分自身を認識し、また理念の形式で把握することとは、何かまったく異なることである。内的な働きは、理念の知識によってのみ把握されうる。理念の形式における理念は、風習や宗教や芸術がそこから始まった最初にあったものではなく、むしろそれはようやくにして精神の最終的な労働〔の成果〕である。意識された思弁的な理念は、前もってありうるものではなく、それは精神の最高にして最も観念的な努力の所産なのである。

さらに、人がその他に歴史的な情報を引き合いに出したとしても、そのような情報はほとんど減少してしまっていて、今やついに完全に消滅してしまっている。フランス人のバイイ*は、天文学のきわめて浅薄な知識をもってインド人の英知を指摘した。しかし、近代では、そのようなことではもはや満足できるものではなく、インド人の科学の諸段階が調査されてきた。例えばランベルト*において、インド人は確かに天文学の知識をもっていたし、「しかも」それは広大なものだったことが発見された。次のようなことも明らかにされている。最近のバラモンたちは、とっくの昔に精神の消えてしまっている公式をまったく無思想に、機械的なやり方で用い、こうした方法を受け継いで保持してきたのであり、「それゆえ」月「や」日食についての古い計算の精神をすでにもはや知ってはいないということ、こうして今日のバラモンたちは明らかに堕落してしまっているということ、そして彼らが用いる方法は、確かに博識を示してはいるものの、それでもかつて信じられていたほど卓越したものではない、といったことである。他の歴史的な情報もまた、同じように十分なものではない。

＊バイイ　ジャン＝シルヴァン・バイイ（一七三六―九三年）。フランスの天文学者で、フランス革命でパリ・コミューン初代パリ市長に選ばれたが、のちに反革命分子として処刑された。　＊ランベルト　ヨハン・ハインリヒ・ランベルト（一七二八―七七年）。ドイツの数学者・物理学者・天文学者。

〔歴史的な〕連続の第二は、世界史の進行に関するものである。これは精神の概念からのみ理解されうる。最初に述べることができるのは、歴史は精神の発展として時間に属しているということである。このことは精神の概念に合致している。それ以上の思弁的な議論については、ただ手短に論じるにとどめることにしたい。

精神の形成は時間に属しており、そして精神が歴史を有するのは、精神の現にある姿がただ自らの労働に、すなわち直接的な形式の加工によるからである。そのような加工によって、精神は自らを自分についての意識に、したがってより高次の立場に高めるのである。時間というものは、そもそも、そのうちに否定的なものという規定を含んでいる。それは、われわれにとっては、肯定的なものとしての何か、つまりある出来事である。しかし、その肯定的なものの反対、すなわちこのように〔肯定的に〕存在することのその非存在へのこのような関係もまたありうるということ、このことが時間をなしている。そして、こうした関係が時間をなすのは、われわれがその関係を単に考えるだけでなく、現実にまた直観するかぎりにおいてのことである。存在と非存在の抽象的な直観が時間である。時間は、完全に抽象的に感性的なものである。持続は定在の単調さであり、そこでは非存在がこのような存在を打ち破ることはない。こうして、形成は精神の発展であり、また精神の自分自身に対する否定を含んでいるのであるから、時間に属していることになる。

ここでわれわれは自然の中で起こっているような変化の考察を精神の変化に結びつけることにしよう。精神と自然の変化を比較して分かるのは、個別のものは交替に支配されているということである。物理的な自然においてあらゆるものは過ぎ去っていき、精神においてもまた個別のものはそうである。しかし、このような交替の中でも、自然において類は不変のままにとどまっている。惑星はしかじかの場所から去っていくが、しかし軌道は一定している。そのことは動物の類についても同様である。こうして変化は、ここでは循環であり、常に同じものの反復である。自然のうちでは、あらゆる変化によっても何も新しいものは生じない。このことが自然の単調さをなしている。あらゆるものはそのように円環のうちにあり、そして変化は、その円環そのものの内部でのみ、個別のもののもとに生じる。個々の円環が接触し合ったところで、円環が不変であることに何ら損傷はない。しかし、歴史における精神の形態では、それは異なっている。変化が単に表面上で進んでいくのではなく、概念そのもののうちで進んでいくとすれば、そこには具体的な変化というものがある。歴史における形態の概念は、高められ、また訂正されるものである。自然のうちでは、類はどのような進歩もなさない。しかし、精神のうちでは、変化は新たな段階に進んで、変化はすべて進歩となる。しかし、〔自然の〕個々の段階はすべて現存するままであり続ける。自然のうちでは、それぞれの系列はその形態を並存したままにさせておく。類はそれぞれ、元素や光という抽象的なものから生命の最高の頂点である人間に至るまで、段階の梯子をなしている。連続する〔精神の〕それぞれの段階は、他の段階を前提としつつも、前の段階の止揚や改造や没落によって、新たな、より高い原理として生じている。しかし、自然においては、こうしたことはばらばらになっている。連関があるとしても、このような連関はただ内的なものであるにすぎず、現象にまで至ることはない。移行が現象するとすれば、それはただこのことを把握する、考える精神にとってのことである。自然そのものは自らを知ることもなく、その概念がそのものとして現象のうちに入ってくることもなく、自然が自らを把握することもない。それゆえ、自然の形態化という否定的なことは、自然にとってはまだ現前していない。

精神の領域では、こうしたことは自然のあり方とは違っている。精神が登っていく段階の梯子、そして精神の概念をつかまえる仕事では、次のようなことが現象してくる。すなわち、概念は、前のより低次の段階の止揚と加工によって、自らをさらに先へと駆り立てるのであり、前の段階は時間の中ですでに消費されたものとして過去に属している、ということである。前の段階は存在するのをすでにやめてしまっており、そしてある形態がそれに先立つ低次の原理の変容であることが現象するに至っていることこそ、精神の諸形態の系列が時間に属していることの理由である。

その際に注目しなければならないのは、精神の形態化として一つの側面から見た場合、諸民族は自然存在でもあるということ、したがってまた自然の仕方でも［ふるまう］ということ、そうしてさまざまに異なる〔民族の〕諸形態が、段階のそれぞれの独立性を多年にわたって示しながら、空間のうちに互いに並存して存続しているということである。われわれが現代において諸形態がどのように並存して存続しているかを眺めてみると、旧世界には三つの主要形態があるのを見ることになる。第一の形態は後方アジア*の（モンゴル、中国、インドの）原理で、この原理は世界史でもまた最初のものである。第二の形態はイスラーム世界が占めているもので、この世界は絶対的な対立を原理としている。［したがって］そこには単一にして永遠なる神という抽象的な精神の原理が確かに現存してはいるが、しかしそれには個人の放縦な恣意が向かい合っている。第三の形態はキリスト教の西欧世界であり、その最高のことは精神が自らの深みについて知っていることである。こうして、われわれが見るのは、時間の継起としての世界史のうちに見られる諸形態が空間のうちに多年にわたって並存してもいる、ということである。これら諸形態が並存して存続し、しかもそれら諸形態の必然性が概念のうちにあるということ、こうしたことは本質的に注目されなければならないし、そのことについては納得しなければならない。というのも、哲学的な歴史は、すべて偶然的なものを眺めることは遠ざけて、あらゆるものを概念から生み出されたものとして認識することだけを目的にするからである。偶然とは外的な必然性であって、その必然性が生じるのは、もちろん原因からのことではあるにしても、しかしそれ自身がただ外的な状況にすぎないような原因からのことである。人があらゆるものを偶然とみなすのに慣れているとすれば、概念を考察する哲学的な方法ははじめのうちは奇妙に見えるかもしれないし、人はそのような見かけそのものを、表象の悪い癖で、偶然や一つの思いつきとみなすかもしれない。しかし、そのような人は哲学的な考察を行う立場にはまだ立っていないし、ましてや、そのような考察を評価することもできない。哲学的な方法をまったく評価できない人にとって、そうした考えが唯一真なるものとして、また最高のものとして妥当することはないのである。

＊後方アジア　ヘーゲルは中国、モンゴル、インドといったアジアの東部諸地域を、ヨーロッパから見て後方（奥）にあるという意味で「後方アジア」と呼び、ヨーロッパに近い中近東と呼ばれる地域を「前方アジア」と呼んでいる。

偉大な諸原理は多年にわたってもなお並存して存続している、とわれわれが言ったとき、時間のうちで過ぎ去ったあらゆる形態が現在でも並存して存続しているのをわれわれは見出すはずだ、と人は想像しうるかもしれない。そうして、われわれは、今でもなおギリシア民族がその美しい異教の地で生活を享受するなどして存続しているかもしれないし、また同じようにローマ民族が今でもなお現存しているはずだ、と期待することもできよう。しかし、こうした民族の形象はすでに過去のものであり、そしてまた過去のものになった形象もそれぞれの特殊な民族のうちにしかない。〔例えば〕古代のゲルマン人〔という形象〕は、すでに消滅している。このような形態とその原理がなぜ過去に委ねられ、また空間のうちに生き永らえていないのか、そのことは形象の特殊な本性によってのみ論究されることである。もしわれわれがそのことを論究すべきだとしても、われわれが特殊な形態そのものの考察に取り組まなければ、こうした論究が明確になることはないであろう。そして、それは世界史のうちで初めてなされうることである。同時にここから明らかになるのは、最も普遍的な諸契機や形態だけが多年にわたって並存して存続することができるということ、そしてそれらは不安定な生活をもって現れた時には必然的に消滅せざるをえないということである。したがって、こうしたことが精神の本性からの、そもそもの帰結だった。

〔精神の発展の具体相〕

〔世界史の進行に関する〕第二の点は、民族精神の進行と民族精神の移行の規定づけられたあり方に関するものである。その〔民族精神の〕最初の活動性は、変化というまったく一般的で感性的なあり方、つまり時間一般である。具体的な否定性である運動は精神的な活動性一般であり、そしてわれわれは、この活動性が民族精神それ自身のうちでの進行とその精神の移行にどのように関係しているのか、そのあり方と形式をより詳しく考察することにしたい。われわれがさしあたって、民族というものは自分自身のうちで進歩し、進行し、そして自分を踏み越えて没落する、と言えば、われわれが思いつく次のカテゴリーは、形成一般についてのカテゴリー、つまり発展、形成、過剰形成、異常形成といったカテゴリーである。過剰形成は、国民の堕落の結果でもあれば、原因でもある。

教養〔形成〕ということが一般に言い表しているのは、次のようなことである。教養とはいっても、形式的なことに関係しているだけで、いまだその内容については何も規定されていない。教養を構成しているのは、一般的には普遍的なものという形式的なものでしかない。教養ある人間とは、自らが行い、語り、考えるすべてのものに普遍性の刻印を捺すことを知っており、すでに自らの個別性を放棄して普遍的な原理に則って行動する、そのような人間のことである。こうして教養とは、普遍的なものの活動性であり、考えることの形式である。したがって、教養はあらゆるもののうちに、考えることという普遍的なことを入れ込むのである。さらに綿密に考察してみて分かるのは、次のようなことである。すなわち、形式的な普遍性としての考えることとは、特殊なものを抑制することを心得ているということ、したがって人間は、自らの傾向や欲望や特殊なものに従って行動するだけでなく、自らを抑制して自分のうちに集中し、そしてさらに対象を自分から自由にさせ、そうしてもっと理論的にふるまい、客体にその権利と自由を委ねるということである。こうしたことと結びつけられるのは、対象の諸側面を個別化すること、具体的で手許にある事例をより詳しく考察すること、状況を分析すること、対象の諸側面を分離してみることである。そして、それぞれの側面を抽象化し、それだけで考察することによって、このように個別化することが、そのままそれぞれの側面に普遍的なものという形式を与えることになる。こうして、教養ある人は対象に迫っていって、そのさまざまな側面を考察する。教養ある人の前には、さまざまな側面が現前している。教養ある反省は、それらの側面に普遍的なものという形式をすでに与えており、それらをそれだけで特殊化されたものとして受け入れている。こうして、教養ある人は、その態度において個別の状況にもその権利を認めさせるのに対して、無教養な人は、確かに善意から一つの主要な側面を取り上げはしても、しかしそのことによってたくさんの側面を損傷してしまう。教養ある人は、さまざまな側面を眼前にしてしっかり捉えることによって、より具体的に行動することができる。さらに言えば、本質的にこのことは、教養ある人は普遍的な目的と見地に則って行動することができる、ということのうちにある。こうしたことが、そもそも教養の本性をなしている。それでも教養という言葉が表現しているのは、その普遍的なものという性格が目的と〔その〕考察に刻印されているという、こうした単純な規定なのである。

さて、精神の発展や活動性が、より具体的に把握されなければならない。教養を生み出す〔精神の〕運動が、その諸契機において、より明確に把握されなければならないのである。われわれが精神の行為と概念としてすでに示しておいたのは、精神はその実在的な可能性として自体的にあるものに自らを形作る、ということであった。われわれは、〔第一に〕そのように実在的な可能性を示し、そして第二に、このような単に可能な自体存在の現実的な定在を示した。精神がそれ自体としてもっているこうした規定を定めることは、精神の普遍的なことである。この普遍的なことはまた、主観的な意味に移し替えられうる。そこで、精神が自体的にあることが、「素質」とか「能力」と呼ばれる。それらが現にあるものとして据えられ、創り出されてあるかぎり、それらは「特性」や「熟練」など〔と呼ばれる〕。こうした特性という形式で据えられ、創り出されたものは、それ自身また、ただ主観的な形式で理解されるが、しかし歴史のうちでわれわれは、それを精神によって行為や仕事という対象としての形式で創り出してきた。精神はこのような形式で自らを行為として眼前にしようとするし、自分についての意識をもとうとするのであって、こうして精神は行為として自らに向かい合わなければならないのである。

特性と行為の関係に関しては、人間が内的に何であり、その特性は何であるのかということと、人間の行為が何であるのかということの間に、しばしば区別が設けられる。しかし、こうした区別は、歴史においては何ものでもない。というのも、人間とは自らの行為だからである。つまり、人間の行為の連続が、人間そのものなのである。行為が何の役にも立たないはずだとしても、それでも意図や目論見は何か優れたものでありうる、と人は思い込む。そうして、人は内的なものを行為とは異なっているように考えるのである。人がうわべを装ったり、〔内的な〕自分とは違ったように自らを示してみせたりするということは、もちろん個々の場面ではあるかもしれない。しかし、こうしたことは何かまったく部分的なこと、一時的なこと、制限されたことであって、大きな場面では通用しないこともありうる。真なることは外的なものが内的なものと異なっていないということであり、したがって何か真ならざることは、このような区別を自ら設けてしまうことなのである。行為の連なりが内的なものから区別されることはない。歴史は公になったものであり、［それゆえ］一時的に区別することに頭をひねることなど、とりわけ歴史においては、すべて除外される。歴史の方法とは、諸個人や諸民族の行為を考察することである。歴史は諸民族の何たるかを描き出す。〔諸民族の〕行為が〔精神の〕目的をなすのである。

精神の目的は、次のようなことである。すなわち、精神が自らを定在となして自らを知るために、自らを生み出して対象とすること、これが精神の目的だということである。つまり、精神の存在とは、自らを〔対象として〕知ることである。そのように、精神は自らの自体存在を客体に、つまり仕事や行為になした時にのみ、現実的な精神になる。こうして、ある民族の精神は規定された精神であり、そしてその行為は空間と時間のうちに現前する世界に自らをなすことである。あらゆるものは民族のなした仕事である。すなわち、民族の宗教、掟、言語、習俗、芸術、出来事、所行、他の民族に対する立場は、すべて民族の行為である。そして、こうした仕事だけが、それぞれの民族をなすものである。また、それぞれの民族は、このような意識をもっている。イギリス人は皆、自分たちこそ東インドと世界の海を支配する人々である、等々と言うであろう。こうして、民族たるもの、自分たちの慣行や行為を数え上げる。というのも、こうしたものは民族の存在そのものであり、この存在が民族の実体性や自己感情をなしているからである。たとえ個々人が、こうした民族の存在に何ら関与してこなかったであろうとしても。民族のなしたこうした仕事の成果は存続するものであり、そして個人はこの成果を身につけなければならない。すなわち、個人はこの成果に自らをふさわしくしなければならないし、［そして］個人の側もまた、このような全体のうちにこそあるということ［を知らなければならない］。そこで、個人はその成果を、自らをそこに組み入れなければならない完成された世界として、自らの眼前に見出すのである。

こうして、精神はこのような生み出す働きであり、その成果であり、また行為であることを知ることになる。われわれがこのような生み出す時代を考察してみると、ある民族はこの時代のうちで自らの仕事のために生きており、またある民族は、自らの内的な原理であるもの、自らの精神の内的な意志であるものを実行し、生み出すのであるから、人倫的とも有徳的とも名づけることができる。ここでは、目的が定在にまでもたらされる時代であり、そしてここでは個人が全体からいまだ分離されていないのであって、分離が際立ってくるのは、ようやくのちの反省の時代においてのことである。民族が今やその仕事の成果にまで自らを客観的に成し遂げたとするなら、その民族は自らの充足にまで到達していることになる。精神は、もはや主観的なものではないし、その現存に照応しない単なる内的なものでもない。単なる自体存在というこの欠陥も、自体と現実性の間の分裂も止揚されており、そうして民族は自らを仕上げて充足しており、およそ民族そのものであるものを仕事の成果として、つまり自らの世界として立ち上げたのである。これが精神の活動性に属する第一の契機である。

これに続く第二の契機は、次のようなことである。すなわち、精神はそれが望むことを手にした場合にすでに自らを達成しており、そのことによって自らの活動性をもはや必要としないということである。実体的な魂は、もはや活動性のうちにはない。というのも、魂は今や個別の側面にだけ向けられていて、そこでは生活の最高度の関心が失われているからである。というのも、対立のあるところにのみ関心はあるからである。私が何かあるものにただ関心があるのは、それが私にとってなお隠されているかぎりにおいて、あるいはそれが私の目的でありながら、［しかし］その目的がいまだ実現されていないかぎりにおいてのことである。こうして、民族が自らを達成している場合には、それ以上のより深い関心は消滅し、そして民族は壮年から老年への移行のうちに、達成したものの享受のうちに生きていることになる。民族は、すでに生成した精神のうちに、民族が望み、かつ達成しえたものの［精神のうちに］生きている。その民族は、ことによると、自らの目的のうち、かなりの側面はあきらめて、わずかな範囲で満足するに至っているのかもしれない。こうして、今やその民族は自らの存在の慣習のうちに生きており、そしてこの慣習は自然的な死をもたらすものである。しかし、民族は普遍的なものである類でもあるので、ある別のもの、ある別の規定が入り込んでくる。というのも、慣習はもはや生きているものではないからである。慣習は、すでに達成されているのだから、目的がそこでは［もはや］活動していないようなものである。かつて欲求や必要は際立っていたが、もはや現前することはない。なぜなら、必要は何らかの制度によって、すでに充足されたからである。そのようなかつての制度は今や軽んじられるようになり、またかつてはそれなりの根拠があった制度も余計なものとして廃棄されてしまい、そして欲求を欠いた現在が今や現れている。

しかし、欲求を欠いたままの慣習のそのような継続は、自然的な死に至る。自然的な死は政治的な無であることを示しうるので、そうすると、民族は植物のようになお生き続けるだけとか、単に諸個人の個別の欲求や特殊な関心がうごめくだけで、民族精神の関心の活気はもはやないことになってしまう。もし今、本当の普遍的な関心が生じるはずだとすれば、民族の精神は何か新しいことを望むに違いないだろう。しかし、この新しいことは、その原理が生み出されるにあたって、どこからやって来るはずなのであろうか。この新しいこととは、その原理をただ超え出ることかもしれないし、ある普遍的なものを得ようと努めることかもしれない。そうすると、この普遍的なものはさらにはっきりしたものになるであろうし、それはありうることである。というのも、精神は、民族精神が自然的で個別的なそのままの個人ではなく、本質的に普遍的な生命である精神的なものであることから、ただ自然的な死を引き受けるだけではないからである。それゆえ、自然的な死として現れていたものが、死それ自身の抑止としても現れることになる。すなわち、単に終わってしまうという抽象的に否定的なものとして現れるだけでなく、この否定的な他なるものが、民族精神そのものの普遍性という形で立ち現れてくることにもなるのである。

民族精神は類、つまり普遍的なものとしてそれだけで現存しており、そしてそこには普遍的なものがそのうちで対立したものとして現れうる可能性がある。こうして、民族精神は自らの否定的なものをも出現させることになる。諸民族は、植物のように生きる生命を引きずっていくこともありうるし、精神的には死んでいることもありうる。そうすると、それら諸民族のうちには、自分の否定的なものが分裂や闘いとして現れることはない。――われわれが古代の帝国諸都市のうちに近代になって見ることになったように、それら諸都市は、外から見れば没落しているが、しかしそれがどのようにして自分たちに起こったことなのかを自ら知ることもなく、それ自身のうちでは無邪気に続いている、という具合である。こうして、今や第三の点は、すなわち精神が精神として自らの没落を自分自身によっていかにもたらしたのか、しかしまたこの没落がいかにして新たな生命の出現になるのか、ということである。

精神において、その移行をなすのは単に生活の慣習ではなく、精神としての民族精神が、それが何であるかを自ら知り、また考えるところにまで至るのでなければならない。民族精神は知る働きであり、そして思考のこうした活動性は、民族精神の実在性に［関連して］、その精神が自らのなす仕事をもはや単に主観的なもの［として］ではなく、客観的かつ普遍的なものとして知るということである。このことは、自然的な死が向き合っているのとは別の主要な規定である。このことに鑑みて、われわれは精神が自らの自体存在を仕事として生み出し、自らを人倫的で政治的な組織として形作ることに立ち返りたいと思う。これは、その組織の編成が相互に外的なものでありながら、一つのシステムをなす、というものである。そのような仕事は客観的なもの一般であり、そしてその仕事は普遍性を自らの規定と根拠にしているところにある。民族精神の仕事として見ると、その仕事は決して個別的なものではなく、自らのうちで普遍的なものである。仕事は、持続するもの、確固たるものとして初めて一つの仕事なのである。

民族を行動に駆り立てるのが単なる欲望だとするなら、そのような行為は跡形もなく終わってしまうか、あるいは痕跡があっても、それらは何ら積極的なものではなく、破壊的なものである。熱中とか衝動、そしてそこからの出来事は、仕事などではない。古代の神話にも同じようなことがすでにあって、人倫的な関係がまだなかった無邪気な時代には、最初はクロノスが支配していた。時間〔の神〕であるこのクロノスは、自分が生み出し、〔そして〕ただ時間のうちにあった自らの仕事や行為を、またもや食い尽くしてしまった。政治的な神であるユピテル*にして初めて人倫的な知る仕事をし、その頭からミネルウァ*が生まれ、またアポロンとミューズたちの父親でもあるこのユピテルにして初めて、確固とした仕事である国家の創成によって時間を克服したのである。こうして、仕事には普遍性とかいった規定があり、普遍性には存続するという本性がある。したがって、仕事には必ず客観性と普遍性があるのである。

＊ユピテル　古代ローマ神話の主神。ローマの守護神として崇拝され、古代ギリシア神話のゼウスと同一視される。　＊ミネルウァ　古代ローマ神話の女神。知恵や工芸を司るとされ、古代ギリシア神話のアテナと同一視される。

その第二の点は、民族の形成は民族が自らの普遍的なものを人倫的なものとして知ることを必然的にともなっている、ということである。したがって、仕事において客観的なことは、普遍的なものが知られるということにほかならない。民族の人倫性の基礎をなし、また特殊なものを消滅させる普遍的なものを、民族は知らなければならないのである。こうして、民族は生活と状況についての思想をもたなければならないし、自分たちの掟を心得られた普遍性として知らなければならないし、自分たちの宗教のことをよく知っていなければならないし、単に儀式を有するだけでなく、宗教の教義にまで進んでいかなければならない。精神はこうしたことを知ろうとするし、そのようにして精神は自らの普遍性を知ろうとする。そして、精神は、このように知ることによってのみ、普遍的なものがそれによって存在する自らの客観性の側面と一つになる。精神は、普遍的なものとして、自らの普遍的なものに自分を関係づけようとする。精神の客観性は、同時に個別性の世界でもある。精神は、自らをただこのような個別性に関係づけることで、信仰とか感性的な態度とか外的な直観などのうちにある。しかし、精神は考えることで、自らの最高にして最内奥のものと宗在するものとの統一であるはずだし、そしてこの統一は、精神が自らの仕事と世界の普遍的なことを知っている場合にのみ存立しうるものである。このことが精神の最高の満足であるというのも、考えることが精神の最も内的なことだからである。こうして、ここに、われわれがさらに考察をしなければならない必要性と必然性がある。この点で、精神は自らの原理と現実世界が普遍的なものであることを知り、自らが本質的に何であるのかを知るのである。精神は、今や自らの本質についての意識をもっている。考えることのこうした仕事や世界は、その形式に従って自らの現実性からさしあたって区別され、そのように実在的でありながら理念的にして人倫的な生活があることになる。そして、民族の仕事〔について〕知っている個人は、その民族の中で直接的に生活している〔ような人とは〕別の個人である。そうして、われわれはこのような観点から諸学問が花開くのを見ることになるし、諸学問はここに必ずや花開くことになるに違いない。

われわれはギリシア人が何であったのかを知りたいと思えば、ソポクレス、アリストパネス*、アリストテレス*、プラトン*、そしてトゥキュディデスらのうちに、ギリシア人の生活がどのようなものであったのか、彼らのうちで〔ギリシア人の〕精神が自ら何を考えて意識していたのかを見出すことになる。

＊アリストパネス　古代ギリシアのペロポンネソス戦争期のアテナイで活躍した喜劇作家（前四五〇頃―三八八年頃）。その作品の中で、現実に対する風刺が喜劇的に表現されている。＊アリストテレス　マケドニア出身の古代ギリシアの哲学者（前三八四―三二二年）。「アカデメイア」に入門してプラトン哲学を学び、マケドニア王国の王子アレクサンドロスの家庭教師を務め、のちにアテナイに戻って「リュケイオン」を主宰した。＊プラトン　古代ギリシアのアテナイで活動した哲学者（前四二七―三四七年）。ペロポンネソス戦争後のアテナイの政治に幻滅し、ソクラテスを師として対話篇を執筆して「イデア」論や「理想国家」論を展開した。

確かに、このような〔精神の〕満足は最高のものではあるが、しかし一面では、実在的なものに対立する理念的なものでしかない。そして、ある民族が現実的な徳に対立したり、あるいはそのような徳の代わりに、徳についてのイメージとかおしゃべりで満足したりすることも見受けられる。精神はこうしたことを生み出してきたし、また無反省なことを自分についての反省にもたらすことも知っている。そこには一部に、そのような規定に制限されているという意識がある。そこで自己意識に、かつて直接的にその意識を満たしていた義務や掟から自らを解き放つ理由が提示されることになる。今日では、ある承認されたことが完全に普遍的なものとの連関において把握されたという理由づけを求める傾向が一般にある。そのような理由、すなわち何か完全に普遍的なものが基礎として見出されない場合には、徳についてのイメージが揺らぐことになる。そうして、義務そのものが妥当するようになるのは、絶対的な義務としてのことではなく、ただ義務がそれとして妥当するはずの理由が知られているかぎりでのことである。そのことと関連しているのは、諸個人がお互いに、また全体から切り離されているということである。というのも、意識は主観性であって、そしてその主観性は自らを個別化し、自らを特殊な主観性として、このものという形式で理解しようとする欲求をもっているからである。このような主観的な内的なものは個別性の形式で自らを理解するので、虚栄心とか利己心など、信じることや直接的なことにはそぐわない規定がそこから生じてくる。そうして、自分だけの関心や熱狂が〔全体から〕解き放たれ、破滅するものとして現れることになる。そのようにして、民族の破滅が突発的に生じるのである。このことは自然的な死ではなく、むしろ人倫的な生活の死であって、その死は生活そのもののうちで構成員の分裂として現象する。ゼウス*はクロノス*が飲み込むのを食い止めて、自らのうちで確固としたものを築いたあとになって、そのクロノス自身と彼の生んだ一族全体が「それにもかかわらず」飲み込まれてしまう、ということが生じた。すなわち、理由に基づいた洞察は、まさに考えるという原理を必要とするのである。

*ゼウス　ティタン神族のクロノスとレアの子。のちにクロノスを長とするティタン神族を打ち倒して、オリュンポス一二神の主神となる。　*クロノス　古代ギリシア神話の農耕の神でティタン神族の長。自分の子供に権力を奪われるという予言を恐れて、生まれた子供たちを次々と飲み込んだが、最後に生まれたゼウスと吐き出された兄姉たちによって打ち倒された。

時間が感性的と表現される否定的なものであるのに対して、思想は最も内的な否定性であり、そこにあらゆる規定性が解消され、対象的なものや存在するものも「そこに」止揚される。思想は普遍的なものであり、制限されないものであって、すべて制限されたものとの関係を終えている。客観的なものは確かに制限されたものとして現象することはないとしても、それでもそれは所与のものとして、そしてそのことによって思想に対していかなる制限も加ええないようなものとして現象する。国家は思想を制限するような対象であり、だからこそ思想は国家を乗り越えることができる。国家は、考えて「いる」主観には一つの制限として現象する。こうしたことが、民族精神が最も深いところから自ら没落を準備する道程をなすのである。

人倫的な世界が思想によってこのように解体することは、しかし同時に、新たな原理が新たな規定をともなって立ち現れることでもある。手短に述べれば、思想はかつて健全であった諸形態を解体するものだということである。なぜなら、思想の活動性は普遍的なものの活動性だからである。しかし、普遍的なものがこのように解体したところで、特定のあり方で存在するものは解体されるとしても、先行する原理は実際には保持されている。ここで、この原理は前提条件として把握されなければならない。こうして一面では、精神が普遍的なものを把握するものであることによって、個人は浮遊するもの、没落するものとなる。しかも、普遍的な本質は保持されたままであるが、しかしただ保持されるだけでなく、普遍性の形式のうちで高められもする。その本質の普遍性は高められているのである。こうして、先行する原理は、この普遍性のうちで変容している。それでも、普遍性の現在のあり方は、また以前の普遍性とは異なるものとして考察されなければならない。現在の普遍性は、以前の普遍性のうちでただその内部に現存していたのであり、その外的な現存を、多様な形で定在する諸関係の無限の集積のうちに隠れたものとしてもっていたにすぎない。

このような外面性が思想によって作り替えられる場合、この仕事は、われわれにとって、かつて個別性として具体的な個別性という形でしか存立していなかったものが、今や普遍性の形式に転換されている、ということにすぎない。しかし、この普遍性は、さらに進んだ規定であり、そうして新たなものという別のものとして現象することによって、他の規定に先立って、それとは別の規定をすでに有している。そして、より進んだ自らの本質を今や自分のうちに把握した精神は、さらに別の精神として現れ、〔そして〕今や、より以上の別の関心と目的をもつに至っている。改造というものは確かにそれ自体、形式の改造から「生じて」いるとはいえ、しかしこの新たな形式は、今やさらに進んだ別の規定を原理にも付加し、この規定が内容の規定にもなる。このことをよりイメージしやすくするために、よく知られた現象を思い起こすことができよう。例えば、ある民族の教養ある人は、同じ宗教や人倫のうちに生活し、その実体的な状態がまったく同じ民族でありながら、無教養な人とはまったく異なる要求をする、といったことである。教養は、さしあたって事柄そのものには何の変化も起こすことはなく、ただ何か形式的なものとして現象するにすぎない。教養あるキリスト教徒と無教養なキリスト教徒は、同じ〔宗教上の〕内容をもっていながら、それでもまったく異なる欲求をもっている。贅沢な人も、質素な人と同じように、ただ食べもするし、飲みもするし、そして住み家をもちもする。そのことは、財産の関係でも同様である。農奴は全体として財産ももっているが、しかしその財産は、他者に財産権を譲渡し、そのことによって別の共同所有者になる抵当権と結びつけられうる。ところで、財産とは何かが考えられる場合、財産は自由なものであるとか、ただ一人だけが主人でありうる、ということが同時に言われるし、財産が自由なものであるという財産の規定が思想によって「据えられ」もする。すなわち、財産が同じことを内容にしているわけである。しかし、思想は普遍的なものを際立たせるが、そこから本来の、より高次の原理である別の欲求と関心が生じている。

民族の移行や変化と規定されることは、こうして、現前するものや直接的なものが考えられ、そのことによって普遍性へと高められるということである。というのも、特殊なものは、その特殊性から純化され、自らの本質性に変容されなければならないからである。このような関係だけが、より以上の規定を形作ることになる。こうして、そのかぎりでわれわれが見た精神は、自分とともにあって自らの現実性を理解しようと努め、そして実際にそのことを考えて把握するというものである。そのかぎりで原理がいっそう拡張され、より以上に規定されることになった。このことを理解するために、思想とはいったい何なのか、すなわち思想とは真に［かつ］本質的にあるもの、つまり普遍的なものであること、そのことを知らなければならないのである。そして、精神は普遍的なものを把握することのうちにある。そのようにして、普遍的なものは哲学のうちにある。このことこそが普遍的なものの思弁的意味であり、そしてこのような思弁的意味を有しているのが精神なのである。というのも、精神にとってであるのは、哲学がその思弁的意味をいかに認識するか、という規定だからである。単なる反省的思考は、一般的な観念ももってはいるにしても、しかしそれは現実的な存在から切り離された抽象的な観念でしかない。そのようにして、諸民族とか支配者たち等々といった一般的な観念がありうるが、しかしそれはわれわれが表象するための単なる主観的な観念でしかない。普遍性は――それが真であると理解されるなら――実体であり、本質性であり、真に存在するものなのである。

例えば、アテナイの市民が普遍的なあり方をした市民として理解され、その市民が今、真にあるように妥当している場合、この普遍的なものは、市民が人間であるということにほかならない。そして、このような普遍性を前にすれば、単なるアテナイの市民とか、あれこれの市民であるといった特殊性は溶解してしまう。そのような特殊性は、雪が太陽を前にして解けてしまうように、思想の光を前にして溶解するのである。そのように思想が普遍性をある民族のうちで捉えるとすれば、その民族はそれがかつてあったものにとどまることはもはやできず、新たな、より高い規定を帯びるに違いない。こうして、例えばアテナイのような民族の場合、その特殊性が思想によって止揚され、そしてこの民族の特殊な原理がもはや本質的ではないところにまで思想が発展した時には、この民族はもはや存続することができない。ここには、別のある原理が「現れて」いる。そうして、このある原理のうちに、より高い規定がすでに到来していることによって、民族精神の実体的基礎はすっかり変化してしまっている。かつて目的だったものは、今や別の規定を帯びている。実現されるべき新たな仕事が目前に迫っているのである。

ついでに述べておくべきなのは、民族精神の原理がより高いものになっているかぎり、世界史のうちではこうした民族精神も今や別の民族として現前しているということ、そして世界史はかつて存立していた民族から別の民族に移行するということである。というのも、一つの〔同じ〕民族がそのような諸原理や諸段階をさらに〔繰り返して〕経めぐることはできないからである。一つの民族が自らの発展の中で諸段階をなすことはあったとしても、世界史のうちで二度、画期をなすことはできないのである。

さて、このような段階は、一つの民族のある特定の原理の発展形式であるにすぎない。原理が変われば、より高い原理には別の民族のほうがふさわしい。その根拠は、民族精神としての諸原理は精神の歴史のうちに現前してはいるけれども、しかし同時に自然的な定在する現存でもある、ということにある。なぜなら、われわれはここで純粋な思想を土台にしているのではなく、〔自然的な〕現存を土台にしているからである。精神の段階をなすものは、一つの民族の自然規定性とか自然原理として、あるいはむしろ一つの民族として現前している。というのも、国民とは、ある民族が自然的な形式のうちにあるものだからである。歴史のうちで、精神は空間と時間における自然的な諸形態のあり方として、互いに離れて現象する。そうして、ある特定の原理がより以上の規定を帯びる場合には、確かに新たなものが、宗教とか習俗などとしてそれまで存続してきたものの否定として、したがってかつて存続していたものの没落として民族精神のうちに入り込み、そうしてその精神の規定性の否定として現れることになる。そして、新たなものは、民族が自らの根源的な規定性に従っていた当のものの破壊として現れるのである。肯定的な定在におけるより高い段階は、再びまた自然的なものであり、そのようにして新たな民族が現れることになる。こうしたことが〔民族の〕変化のより詳細な要素である。そこにあるのは、変化の必然性における概念の要素である。こうした要素が〔歴史の〕進行を動かす魂となるのである。

われわれが今、民族精神が一部では自然のままに死に、また一部では思想によって変えられる、という規定をさらになお反省してみると、このことは次のような段階の経過になる。すなわち、それはまさに、無限性への［一つの］過程として、目標に到達することもなく無限に進行する完全性としてあるように見えるものである。われわれはまた、より高い原理は先行するものがそこでただ普遍的に把握されることのうちにある、と述べたが、その場合、この普遍的なものそれ自身が、それでもまたある特定のものでしかなくなる。自然のうちでも、生命あるものの系列の中に確かに一つの進行があり、そうしてより高い段階が普遍的な生命をなしはするが、しかしこうした段階そのものが、またもや特定のものとして現象する。それと同じように、歴史における普遍的なものもまた、ある特定の形態をとり、特定のあり方として現れざるをえない。なぜなら、われわれは定在するものとしての自然的な諸形態という土台の上に立っているからである。いずれにせよ、現実性をともなった歴史こそが重要なのである。しかし、思想や概念に対して特定の形態が確定されず、また思想に対抗できなければ、ただ無規定な〔歴史の〕進行だけが想定されるにすぎないように思える。概念が整理することも、分析することも、理念化することもできないような何かがあるとすれば、そのようなものは概念に対立し、概念と不和になり、そうして究極の分裂や不幸として、そこにそのままあることになろう。そうして、概念はあらゆることを解決し、先へ先へと〔進んでいく〕ことができる。思想に対抗してもちこたえうる何かがあるとすれば、思想が自分自身を把握すべく自ら対象となることによってのみ、何かそのものになるであろう。［というのも］思想は自分自身に制限されないものにほかならないからである。その上、思想は自分に還帰しているであろうし、歴史の審判はすでに終わっているであろう。というのも、概念にふさわしくないものだけが審判を受けるからである。このように、思想が自分に還帰することのうちで、永遠の平和が回復されるであろう。

〔世界史の最終目的〕

ここで、世界〔史〕の最終目的が［詳論されるべき］であろう。ただ新たな原理だけが絶えず現れ出たとすれば、世界史は目標に至るどのような目的ももつことはないであろうし、一つの目的さえ予見することはできないであろう。しかし、宗教と理性がただ関心あるものとして認めるのは、真実のもの、それ自体で独立して存在するもの、どんな制限もないもの、そして単に過ぎ去ってしまうことのないものである。このようなものは、精神が世界史にあらかじめ設定した絶対的な目的の内容、したがって世界史の仕事へとわれわれを導いてくれる。このようなものはまた、最初の両段階のように、精神の概念から現れるに違いない。われわれはこれまで〔世界史の〕始まりのあり方を示し、第二に示したのは進行の契機であった。この進行は一つの目標である最終目的をもっているに違いなく、そしてわれわれが今や考察するのがこの最終目的なのである。この最終目的は、すでに示された精神の概念のうちにある。しかし、この最終目的について手短に述べるとすれば、それは抽象的なままにとどまってしまう。そうして、最終目的は概念にとって生じる、と言ってしまえば、あまりに広範囲に広がってしまうことになろうし、［そしてこうしたことは］ここではふさわしくない。したがって、ここでは、われわれはただ一般的なイメージを示すことができるだけである。より詳しいことは、歴史そのものが示してくれる。

世界〔史〕の最終目的は善である、としばしば耳にする。しかし、この善は不明確であるし、まさに最終目的は何か明確なものを設定するものである。われわれは宗教が提示するものを想起できるし、また想起しなければならない。というのも、われわれは、そもそも哲学において、宗教的なものや〔また〕他の畏敬の念を起こさせるような直観を、物怖じしてあえて比較をしなかったために脇にどけておくような態度をとってはならないからである。宗教的な最終目的は、人間が聖化される永遠の平和に到達することである、と表現されるのを、われわれは見出すことができる。このことは、一面では、個人に関わり合いのある本来の宗教的な目的である。主体それ自身が、このような宗教的な〔最終目的への〕準備に無限の関心をもっている。最終目的は、そのように理解されると、個人が自らの永遠の目標を見出すような内容を前提としており、そこに魂は自分の平安を見出すことになる。われわれが世界を話題にしているここでは、永遠の目標など将来の彼岸の目的であり、あらら側のことなのだから何の関係もない、と人は思い浮かべるかもしれない。しかし、それでも現世、つまりこの世は〔最終目的への〕準備であり、獲得であって、そうしてこの世は、あらゆる仕事にとっての根本規定をなすに違いない。しかも、最終目的が宗教によって、個人的で主観的な側面からのみ述べられもする。そして、そのように個人の関心が究極目的として述べられる時には、救済の対象や内容が手段の規定に堕してしまうことになろう。しかし、事情は決してそのようなものではない。本当に目標に至る道程とは何かといえば、それは単に手段であるのではなく、同時に、諸個人がその個別的な契機であるような絶対的な事柄そのものとしての絶対的な歴史なのである。

われわれが単なる主観的な形式を無視するとすれば、その前提になっている実体的なものが今や、より詳しく把握されなければならない。さて、自然が定在することの目的と同様に、精神的な活動の目的もまた、神とその栄光を称えることである。こうしたことは宗教的な側面から理解される。実際に、こうしたことは精神と歴史にふさわしい目的である。このことはすでに述べたところであり、そしてわれわれはこのことを思想により身近なものにしたいと思う。われわれは精神を、自らを生み出して対象にし、そして自らを把握するものとして見出したのだった。そこからして初めて、精神は結果として生み出されたものとして、自己産出されたものとして現前していることになる。自らを把握するということが意味しているのは、自らを考えて把握するということにほかならない。そのことは、過ぎ去ってしまうだけの恣意的で任意の規定を単に知るということではなく、真なる本質である絶対的なものそのものを把握するということを本質的には意味している。その絶対的なものとは、あらゆるものの絶対的なものであり、神的本質である。その神的本質の目的〔を目指す〕その絶対的な衝動は、本質についての意識を付与することであり、その結果、その神的本質が唯一存在するものにして真なるものとして知られることになる。その神的本質によって、あらゆるものは生起し、また出来《しゅったい》するのであり、その結果、あらゆるものは、その神的本質に方向づけられるに違いないし、また現実に方向づけられてもいる。こうして、その神的本質は、世界史の行程を導いてきたし、また導いてもおり、支配しているし、また支配してもきた力なのである。こうしたことを行為と仕事のうちに認識することは、神に栄光が与えられたり、真理が称えられたりする宗教の正しい表現のもとに服している。このように真理が称えられることは、絶対的な最終目的として理解されなければならないし、そしてこの真理こそ、このように称えられることを生み出し、また成し遂げる唯一の力なのである。個人の精神もまた、自らの栄光を神の栄光のうちにもつとしても、しかしそれは個人の精神の特殊な栄光ではなく、その栄光は、その精神の自己感情が神についての実体的な意識であり、その精神の行為が神、すなわち絶対的なものの栄光のためにあることを知ることによってである、ということである。ここにおいて、個人の精神は自らの真理と自由を獲得しており、しかも純粋な概念や絶対的なものとの関わりがあるとすれば、その精神はもはや他なるもののもとにではなく、自分のもとに、すなわち自らの本質のもとにあり、偶然的なもののもとにではなく、絶対的な自由のうちにあることになる。こうして、このことが世界史の最終目的ということになろう。このような理念のうちでは、制限された精神のうちにある対立は消えてなくなっている。その精神は自らの本質をただ制約のうちで知り、またその制約を思想によって超えるのである。こうして、ここで思想による〔対立の〕消滅は、その思想にとって思想の他に妨げるものは何もないのであるから、もはやそれ以外のことではない。ここには自然的な死はもはやなく、〔精神の〕永遠の循環が完結している。このことが理念の主要契機をなしている。

〔情熱による理念の実現〕

今、われわれは別の側面、つまり情熱とそれの神的な理念への関係に至っている。これが個別性や特殊性、特殊な目的を実現する活動性の契機をなす。これらの契機によって、そしてこれらのうちに、理念による統治、理念の力とその支配を認識することができるのである。

特殊な目的と関心は、こうした情熱のもとに理解することができる。その際、目的という形式は必要ない。何かが実現される場合、その何かは目的とか表象されたものとして考えられる。情熱は最も受動的な表現ではあるが、しかしそれですべてというわけでもない。情熱は、確かにいつも表象されたものを意志する。しかし、情熱が実際になすことは、情熱のうちで規定されもするし、情熱そのものを規定しもする。それは意志の規定と主体一般をなすものとの統一である。情熱とは、人を別の人から分けて区別し、それによって個人がこの個人であって別の個人ではないという、人全体に関わる規定である。人はそれぞれ、ある規定された人であって、ある特殊なものである。人はただそのようにしてのみ現実的である。というのも、人という単に抽象的なものには、いかなる真理もないからである。それで、目的とは選択されたものではなく、まさに情熱の規定性から生じてくるようなものなのである。したがって、情熱はここでは人間の規定性を意味している。性格というのでは、あらゆる特殊性を含んでいるし、〔また〕複合体全体を表現しているので、すでにしてあまりに包括的すぎるであろう。自らを実現する力もないような単に無力な内面や、そのような弱々しい性格がこだわる単なる思い込まれただけの意図には、われわれは関わらない。われわれは、ある特定の意図しかもっていない、ことによるとネズミや蚊〔のようなちっぽけなもの〕しか生み出さないような個人と関わることはせず、情熱の百花繚乱の喧騒を眼前にするのである。

情熱が百花繚乱に駆けめぐることと、絶対的な最終目的を自分のうちにもって遂行する理念の静謐で単純な生命とを比べてみるとき、情熱と理念の連関の本性についての問いが、すぐあとに続いて生じることになる。世界史の理念は、必然的にこの連関を表しており、〔そして〕両者の統一を含んでいる。世界史の理念は、端的にこの統一を基礎にしている。こうした連関は単に信じられたものであるはずがないし、〔情熱に基づいた〕行動は理念が実現されるための単なる材料や、あるいは外的な手段であるはずもない。というのも、諸個人は知り、かつ意志するものではあっても、素晴らしい魔法がなそうとするものを魔法だけで実現する要求などもってはいないからである。諸個人は、単なる手段として奉仕したことなどなかった、という正しい要求をもっている。ここでわれわれは、連関は概念的に把握できないものである、と言うこともできない。むしろ、われわれは哲学的な世界史を眼前にしているのだから、この連関を概念的に把握することこそが課題なのである。それでも、われわれは、このことを議論する全範囲に関わることはできず、問いの答えを見出すことのできる道筋を簡単に示すことができるだけである。それでもなお述べることができるとすれば、それはこのような契機の連関が自由と必然性の統一という周知の形式をとる、ということである。反省された表象のうちでは、通常、人は恣意とか特殊な意志を自由と名づけ、その特殊な意志に対して、それ自体として独立して存在するものや理性的なものを、何かそれ固有のものとして、そして強固な必然性〔として〕対立させる。実際には、それ自体として独立して存在するものへの精神の関係だけが、精神自身のものとして自由なのである。本来の自由とは、理性的なものである。恣意とか関心の特殊性などというものは、自由と必然性の〔対立にとらわれた〕混合にすぎず、ただ思い浮かべられただけの自由〔か、あるいは〕自然諸規定の影響下にある現象に属しているにすぎない。

人間の特殊性とそれ自体で独立して存在するものとのこうした連関には二重の側面がある。最初にこの連関はそれ自体で概念のうちにあって理念そのものであり、そして次に連関は、それが独立してある場合には、人間の鍛錬とその仕事のあり方のうちにある。

述べるべき第一のことは、今しがた示した理念そのものである。この理念そのものには、それ自身のうちに、自らを知るという主観性の規定がある。理念そのものは、それ自身のうちに活動性という規定を含んでいる。というのも、理念そのものが自らを対象的なものとして措定し、そしてそれを理念的に自らのものにするものだからである。このような理念は、いわば世界創造に先立つ神の自分自身の内なる永遠の生命であり、論理的な連関である。理念はさしあたって内的なものである普遍的なものとして表象されており、そしてそうした理念にはなお、外面性とか直接的な個別性という形式を帯びた存在の形式が欠けている。こうして、理念はそれ自身のうちに規定という契機を有してはいるにしても、しかし直接的に生起するという実在性のあり方をいまだ有してはいない。

第二は、このような理念が次のようなところまで進んでいかなければならないということである。それは、さしあたって、ただ形式上それ自身のうちで理念的なものとしてある対立を正当に扱うということ、すなわち区別を、相互に自立性の仮象をともなって独立して存在するものとして措定するということである。これが最初で、それに続く規定は次のようになる。すなわち、普遍的なものが一つの側面としてあるが、直接性という側面から見た他の側面は、形式的な独立存在という形式的な自由として、無限な自己内反省という自己意識の抽象的な統一として、無限の否定性として規定される。その絶対的な否定性がふさわしいのは、ただ精神だけである。あらゆる充溢に対して自らをアトムとして対置する自我は、対立の最尖端をなす。この〔自我の〕抽象的な否定性には、理念の全充実が対立している。神や世界、あるいはそれ以外のどのような形式をもつにしても、具体的なものは〔自我の〕向こう側のものとして、客体として置かれている。しかし、自我はそれ自身にとって他のものが存在するというように規定される。知る当のもので絶対的に他を寄せつけないもの〔自我〕は、それ自身にとって他のものもまた存在するというように〔規定される〕。それが最初の規定である。このことをさらに概念的に把握するなら、そこには例えば有限で自由な精神の世界の生起と呼ばれるものがある。さしあたり指摘できるのは、このような他のものであって同時に数多《あまた》でもあるこのようなアトムは有限なもの一般である、ということである。このようなアトムは、他のものを否定することによって他のものを排除するものとして、ただそれだけで独立してある。こうして、このアトムは、他のものにおいて限界をもち、他のものを否定的なものとして、つまり自らの制限としてもつのであり、そしてそのことによってそれ自身が有限性なのである。

第三に述べなければならないのは次のことである。すなわち、このような有限なものという、それだけで独立してある自由のこのような尖端が、自分のうちの形式的な知であることによって、絶対的な理念としての神の栄光への関係において考察されなければならないということ、〔そして〕この絶対的な理念が〔有限なものによって〕承認されるべきだということである。神の栄光は、〔有限なものによる〕承認のうちにある。こうして、有限性のこのような側面は、知の精神的な契機、つまり知としての知が落ち着く地盤である。したがって、それは絶対者にとっての定在の側面、ただ形式的な実在性をともなった側面である。こうして以上が、上述の連関を通して見出すことのできる主要契機である。

今や、われわれがより具体的な諸形態に移行するにあたって、有限なものにとって他のものがあることについては、すでに述べたところである。自我にとって、この他のものは、神的なものとして、そうしてまた宗教として現前している。しかし、さらにまた、他のものの形態のうちには、有限性の範囲全般としての世界一般が含まれている。この〔自我の〕形式的な自己知には、それ固有の有限性がある。この自己知は、こうした側面そのものから自らを有限なものとして把握し、そのことによって、この知は概して有限な存在、有限な意志、恣意、有限な知、有限な目的といった立場にある。それは現象の立場である。このように、自らを知るものは、一面では、そもそも自分を意志し、あらゆるものの中で自分を意志する。このような自らの主観性は〔他面では〕あらゆる客観性の中にあるはずであり、そのことが自分自身の確信になっている。このような主観性が純粋に、まったく内容を欠いて考えられる場合には、これは認識の衝動でもあれば、あらゆるもののうちに自分を知ろうとする理性でもある。そうして、信心深い個人は、自分が救われており、また祝福されているであろうことを望むのである。こうして、このような確信は道徳的な真理であり、またここで純粋な主観性のうちに含まれている、というわけである。しかし、このようなそれだけで独立してあるものは、それが純化されているためには、一連のことをまずもって走り抜けているのでなければならない。それでも、それは知るものとして自分自身に還帰しようとしているのではなく、自らの直接性に従って、また自らの特殊性のうちで、自ら有限なものとして意志しているのであり、その時には、これは現象の領域のことなのである。それだけで独立してあるものが自ら意志するとはいっても、それに他のものが対立しているという自らの有限性や特殊性の規定に従ってのことである。

以上のことが情熱の向けられる点であり、そこにおいて諸個人は自らの確信をその特殊性のうちに置き、またその確信を実現しようとする。諸個人が自らの有限性の存在を意志するこの点をよく見てみると、諸個人は二重化されていることが分かる。というのも、諸個人は有限であり、かつこの有限性を実現するからである。諸個人がこのようにして和解することによって、このような調和を実現したとするなら、その調和は幸福と称される。というのも、幸福と称されるのは、自らと調和しており、自らの生活のうちで自らを享受しているような人だからである。こうして、幸福はここに落ち着くことになる。歴史のうちでも、幸福を観点にすることはできる。このことを顧慮して指摘できるのは、世界史は幸福の地盤などではない、ということである。というのも、幸福の時期は歴史にとっては空白の頁だからであり、歴史の対象は、少なくとも変化だからである。世界史の中で、満足は幸福と同じようには称されない。というのも、〔世界史には〕ありふれた特殊な好みを満足させるような領域を超え出る、普遍的な目的の満足があるからである。世界史の対象は、世界史の中で意味のある目的であり、その目的はエネルギーとも言うべき抽象的な意欲をもって成し遂げられるものである。その意欲が個人自身や他の個人の幸福に向かうことも、しばしばあるにはある。世界史的な諸個人は幸福になりたいと思わなかったとしても、それでも満足してはいたのである。

さらに進むとすれば、次の規定は形式的な活動性という規定、独立存在という形式的な統一の原理になる。抽象的な活動性という要素は、主要なものとしては、媒辞として考察することができる。こうした活動性の位置は、推論の中項にあたる。理性的なものは、すべて一つの推論である。活動性を中項として見ると、一方の側は思想の空間の中にある抽象的な理念である。他方の側は外面性であり、特殊なものや自立的なアトムが属している質料である。しかし、アトム的なものそのものは、活動性として理念という内的なものを現実化し、内面性から定在の外面性に移し替える中項でもあって、このような中項が普遍性を直接的な定在に個別化する。内的なものは、それだけでは不活発なもの、死せるもの、抽象的な本質でしかないであろう。内的なものは、〔アトムの〕活動性によってこのような側面を失い、定在するものになる。空虚な客観性であるこの外的な素材も、活動性がその素材を普遍性にまで、すなわちそれ自体として独立してある本質の現象にまで高めなければ、それ自身、ただの空虚なものでしかない。個別的な自己意識が、この活動性を、普遍的なものを思考するところにまで、また人倫的なものを意志し知るところにまで高める。こうした活動性は特殊な意志を、普遍的でそれ自体として独立してあるものに適したものにするのである。

〔普遍的なものと個別的なものの〕連関は最初、理念の分離に関係していた。しかし、自ら考える個別性であるアトムは他のアトムに対してもあり、そして他のアトムはこの当のアトムに対してあることになる。こうして、アトムは無限の絶え間ない揺れ動きとして理解されるような活動性なのである。こうしたことが最尖端に据えられる。しかしまた、直接的なものは、質料の中にあるあらゆるものを普遍的なものに埋め込み、またあらゆるものをその普遍的なものから引き出すように課せられたものである。そのことによって、絶対的な意志が知られもするし、また実現されもするのである。分裂一般の統一と取り戻しのこのような〔絶対的な意志の〕無限の衝動は、理念の分離をめぐる第二の側面をなす。したがって、それは個別的な意志の取り戻しであり、普遍化である。個別的な意志を個別的な自己意識として理解すれば、前述のことは個別的な意志を普遍的な人倫へと教育することであり、そしてそのことによってまさに人倫が有効になるのである。

次に、より詳しく問題にしなければならないのは、次のことである。すなわち、活動性が定在という現象にまでもたらす普遍的なものは、どのような形式と規定を有しているのか、ということである。というのも、この普遍的なものは、活動性によって現実化されるはずだからである。これは分離や区別や有限性一般の観点である。このような観点で働いている活動的なものは、現実的なものや有限なものやより高い目的をそれ自身のために必要とするし、またその特殊性の享受を必要とする。もう一つの側面は、このような特殊な目的のうちに、われわれが善とか正しさとか義務などと呼ぶ目的の普遍性が入り込んでくる、ということである。このような普遍性が入り込まないとすれば、われわれは抽象的な恣意や、利己心の満足だけを求める粗野の立場にあることになる。しかし、このような最低の立場が、われわれの背後にはある。

有限性の立場に現象するこのような普遍的なものは、人倫的なものとして現前しているような特殊な善一般である。その善は、すでに人倫的なものとしてある普遍的なものを生み出すものである。このことは、人倫的なものの維持と呼ぶこともできる。このような維持は、最初は習俗であり、実際に通用している法であって、単に善一般という抽象的なものではない。それは善の規定されたものであって、あれやこれやの善ではない。それはこの祖国を守るという義務であって、この祖国はローマであろうがスパルタであろうが、任意のものではない。したがって、人倫的なものは、本質的に特定のものなのである。実際に通用して現にある人倫的なもののうちには、個人にとって義務であるもの、諸個人一般の人倫的活動性にとっての規準、各人が自らの活動性のうちに織り込んでいるべきものがある。こうしたものは、各個人が弁《わきま》えているよく知られた義務や掟であり、自らの位置や祖国という客観的なものである。こうしたことを知るのは、決して難しいことではない。というのも、誰かが自らの義務についてさらに多弁を弄するなら、そこに示されるのは、すでにして病的な意志だからである。こうして、習俗としての普遍的なものは、このような〔客観的な〕規定を帯びている。各人が人倫的なものを自らの活動によって生み出さなければならない場合には、そのような普遍的なものによって、人倫的な領域の維持が実現することになる。このような習俗という普遍的なものに対して、大きな歴史的なもののうちで際立って姿を現す第二の普遍的なものがある。そして、ここに葛藤が生じ、まさにそのことによって、人倫に適合してふるまうこととの困難が引き起こされることになる。人倫的共同体の内部であれば、そのような葛藤が発生することはありえない。なぜなら、その共同体は人倫にとって必要不可欠な世界であって、そこでは個人がただ逸脱することはありえても、しかしそのことによって人倫的なものという普遍的なものが損傷を受けることはないからである。個別的なものは確かに発生しうる。しかし、抑圧されるのは、個別的なものとはいっても、悪徳とか欺瞞などといったものである。それでも、このような普遍的なものに危険が迫るとすれば、その普遍的なものは別種のものである。その普遍的なものがどこに由来するかについては、すでに指摘しておいた。

〔世界史的な個人としての英雄〕

前に理念の進行について述べたところで、次のことを指摘しておいた。すなわち、人倫の全体は、同時にまた制限されたものであり、そしてそのような制限されたものとしてありながら、自らを越えたより高次の普遍的なものを有する、ということである。この普遍的なものが際立つと、自分のうちで分裂した二重化されたものが姿を現してくる。それは、普遍的なものがかつてあったものであり続けながらも、しかしその中でより高次の力が際立ち、また立ち上がってくることによる。このことが一つの精神的な形態から別のより高次の形態への移行をなすのであり、それは先行する特殊なものとしての普遍的なものが、その特殊なものを思考することによって止揚されるということである。すなわち、思考することによって、思想は特殊なものを普遍的なものにするのである。

特殊なものとして規定されるかつての普遍的なものに対して、より高い普遍性であるこのより高次の普遍的なものは、次のような類として言い表すことができる。［このような、より高次の普遍的なものは］すぐ前の普遍的なもののうちにすでに内的に現前してはいるものの、［しかし］現に通用するまでには至っておらず、したがってその現実は、それが現存する姿としてはまだ不確かなものであり、そのうちで不完全なものである。それがまさに歴史的で世界史的な偉大な諸個人というものであって、彼らはそのような普遍的なものを手でつかみ、自らの目的にするのである。そうして、彼らは普遍的なものを創造するという意味で、英雄と呼ばれうる。その普遍的なものは、彼らが心に抱き、知り、求め、そして実現するものであり、そしてそれが普遍的であるがゆえに承認されもする。彼らは普遍的なものを実現したとして、称賛されることにもなる。その普遍的なものは、以前からただそれ自体としてあったもので、彼らによって捏造されたものではなく、永遠に現前していたものであり、彼らによって据えられ、またそのようなものとして彼らとともに崇敬されもするわけである。このような歴史的な諸個人は、そのような普遍的なものをしっかりと把握し、まだその内実が知られた定在にまではなっていなかった源から、その普遍的なものを創造する。それゆえ、歴史的な諸個人は、普遍的なものを自分から、自分のうちから創造するようにも見えるのである。こうして、〔彼らは〕普遍的なものを行為の成果として成し遂げ、新たな世界関係を生み出す。その関係は、最初はただ彼らの目的、彼らの確固とした態度、彼らの生み出す働き、彼らの情熱でしかないように見える。それは彼らのパトスである。彼らはそれを普遍的なものとして希求する。そのような英雄たちの旗印のまわりに、皆が集まってくる。なぜなら、このような英雄たちは時代にかなったことを表明するからである。世界史的な人間の情熱という名称で言われうるのは、こうしたことである。そこでは、ここに情熱という形式で現れる普遍的なものが絶対的なものなのである。

ここで区別しなければならないのは、そのような諸契機は、より高次のものであるとはいえ、しかしそれ自身、普遍的な理念の中の一つの契機にすぎない、ということである。この〔普遍的な理念という〕概念こそ、哲学にとって固有のものである。世界史的な諸個人は、この概念を有しているはずである。こうして、彼らは普遍的なものを知っているし、またそれを希求してもいる。その際には、この普遍的なものこそが重要なものであった。この普遍的なものは時代にかなっており、時代の真理であり、それゆえ彼らは世界史的な人間たちなのである。すでに〔その人間たちの〕うちに準備されているのは、こうした普遍的なものである。それゆえ、彼らは絶対的な正当さを自分たちの側にもっている。というのも、彼らはその正当さを遂行する術を心得ているからである。精神はこのような形態をもって自らを通用させるのであり、そして〔世界史的な〕人間たちはこの精神そのものの先導者であることになる。このことを顧慮して指摘できるのは、世界史的な人間たちは彼らの世界のうちで最も洞察力のある者たちだということである。彼らは何が重要であるかを最もよく理解しているし、彼らが希求し、また行うことは、まさしく正当なことである。たとえそれが彼ら自身の事柄や情熱や恣意として現れるとしても、それは他の人々がそれをまだ知らないからである。それでも、世界史的な人間は〔正当なことに〕従わなければならない。なぜなら、彼らはそれを感じ取っており、またそれは内的にはすでに彼らのものであり、そして今ようやく定在に達したばかりだからである。しかし、すでに述べたように、それは世界史的な人間の情熱として現れるのである。

彼らの言動は、時代にかなったもの、真であり必然的であるものを表している。彼らが世界のうちで力をもつのは、彼らがただ正当なことを希求することによる。しかし、この正当なことは、さしあたっては、ただ彼らの考えでしかない。彼らは、その正当なことが何であるのかについて、正しい考えをもっている。そうして、ユリウス・カエサル*は、ローマが何であるのかについて、正しい考えをもっていた。すなわち、それは共和政はもはや幻（影）でしかなく、威厳と権威のあるべき法は圧殺されており、［しかも］重大な問題はあるべき法が人民には認められず、人民はここでは自らを特殊な意志に服従させるのが必要なことであった、というような考えである。それは時代にとっては正しいことだったし、だからカエサルはそれを成し遂げることができた。ルカヌス*は次のように述べている。カトー*のお気に入りは負けること、しかし神々のお気に入りは勝利すること、と。正しいことは、理念がそれ自体として、それだけで独立してもたらすような規定である。このような正しいことは、さしあたっては、そこで自分たちの概念を満足させるような諸個人の情熱として現れる。これは偉大な人間たちが、他の人間たちではなく自分たちを満足させるために行動するような行為である。彼らがこのことを望んだとすれば、彼らは多くのことをしなければならなかったであろう。というのも、他の人間たちは、時代にかなっているのが何なのか、彼ら自身が何を欲しているのかを知りはしないからである。こうして、偉大な諸個人は時代が必要としていることを知っているし、それを希求もしているし、そしてそこにのみ自分たちの満足を見出しもする。そのように、彼らはそこで自分たち自身の概念を満たし、そしてこの概念が彼らの情熱として現れるのである。しかし、それゆえにこそ彼らのまわりには諸民族が集まってくるのであり、それに抵抗し、古いものに忠実なままにとどまる諸民族は滅亡することになる。このような〔偉大な〕諸個人に抗うようなことでは、〔人は〕無力である。

＊ユリウス・カエサル　共和政ローマ末期の政治家にして軍人（前一〇〇―四四年）。前五九年に執政官に選ばれてガリアに遠征し、前四六年にはポンペイウスを破ってローマに帰還し、ディクタトル（独裁官）に就任。インペラトル（軍の最高司令官）として独裁権力を握ったが、ブルートゥスら共和政派に暗殺された。＊ルカヌス　コルドバ出身のローマの詩人（三九―六五年）。＊カトー　共和政ローマ期の政治家で哲学者（前九五―四六年）。小カトー。元老院派のポンペイウスについてカエサルと戦ったが敗北し、降伏を拒否して自害した。

こうしたことが、情熱と理念の真の連関である。理念の必然性は、ただ歴史的な人間の情熱によってのみ人倫的になるし、〔また情熱と〕関連し合っている。こうして、理念の目的〔と〕情熱の内容は、このような仕方で一つになっている。情熱とは、人格と普遍的なものとの絶対的な統一である。情熱は、偉大な諸個人の中で、いわば動物的なものとして現れる。すなわち、それは彼らの存在が精神と自然的なものとして端的に一なるもののうちにあり、またそのような統一が彼らの強みをなしているということである。彼らは、こうしたことをなすべく抗いがたく駆り立てられながら、自らに満足している。そのように、彼らは自分の情熱を満足させる。〔それでも〕彼らは幸福になっているわけではない。というのも、彼らにとっては、ひょっとするとつらいことになっているかもしれないし、彼らに求められたことを成し遂げたところで、彼らはその時にはすでに死んでいたり、殺されていたり、追放されたりしているかもしれないからである。彼らの人格は自らを犠牲にし、彼らの生活全体が一つの犠牲とも言うべきものであった。そして、彼らが幸福ではなかったということが、そのような慰めを必要とする人々にとっては、一つの慰めになる。というのも、追随者たちは、そのような偉大さに依存しているからである。そして、嫉妬が彼らの不道徳であったことを証し立てもするし、またそのような者たちが幸福ではなかったことが自ら分かった時には、〔彼らは〕そのことをただ耐え忍ぶだけのことである。しかし、自由に眺めてみれば、偉大さによって何が生じて〔いる〕かが明らかになるし、そして〔彼らは〕偉大なことを認め、また偉大なことが実際にあり、またあったことを喜びもする。そこに卑俗に結びついているのが心理学的考察法であって、それはそのような偉大な人間の情熱を引きずり下ろしし、そしてそのような人物が道徳的ではなかったであろうことを実証しようとする。そうして、アレクサンドロス大王は征服中毒症とみなされ、彼は善を善のためになしたわけではないとされる。アレクサンドロス大王のそのような征服中毒は一種の主観的なものであり、それゆえ善などではない、というわけである。しかし、このような考察法はすべて、われわれには何の関係もないことである。

われわれが連関ということで考察した二つの側面とは、一方は理念であり、他方は情熱、あるいは主観的な意志であった。そのかぎりで、その連関は理念を働かせるものであり、また現にある人倫的全体を維持する原理でもある。こうして、その連関は個別性の側面や単なる変化をただもたらさなければならないだけでなく、それはまた実体的なものを維持するものでもある。というのも、変化はあらゆる変化がそこから始まるある何かを前提としているからである。このように前提されたものは、理念とそれを現実化する主観的な意志との絶対的な統一である。このような変化は、主観的な意志によって引き起こされる。自らの考えの中にある意志としての理念と主観的な意志との合一こそが、実体的なものであり、理性的なものであり、人倫的全体である。その全体は、意志をその規定としてもつかぎり、意志するものとしての理念であり、こうして国家一般、すなわち人間的な自由としての理念である。このような理念こそが、世界史の対象をなす。そうして、国家そのものが、世界史一般の、より詳しく規定されるべき対象となる。

〔C〕国家の本性

人倫的な生活は、自由に客観性が与えられて維持され、そしてその自由を享受して生活することとの中心点をなしている。このような人倫的全体は、かの〔理念と主観的意志〕両項の統一である。国家がその両側面の中心点をなしており、その両側面は国家にも現れる。そうして、国家は、芸術、法、習俗、生活の快適さといった、別のより具体的な側面の中心点でもある。このような中心を普遍的な意志と主観的な意志の統一として、より詳しく規定したあとで、われわれはそのことによって、われわれの対象について、また宗教や芸術や学問〔と〕国家との連関について、何かより明確なことを語る立場に置かれることになる。歴史〔の行程〕に取りかかる前に本質的に知っておく必要があるのは、国家において何が問題であるのか、国家とは何であるのか、そしてまた芸術、宗教、そして学問は国家にどのように関係しているのか、ということである。

〔国家の本性と自由〕

こうして国家の本性を考察することが、今や最初のことである。国家の本性は、「法の哲学」の中で、より明確に、またより詳しく展開されなければならない。まさに哲学の関心は、国家そのものの本性を直接的に知ることができると考える最近好まれているやり方に対して、〔国家の〕概念をしっかりと把握することである。こうして、ここでわれわれは、このような認識をむしろ前提として、そしてただその結果を言い表さなければならない。

国家の本性に関しては、国家において自由が対象となり、国家のうちで自由が肯定的に実現される、という考えを国家についてもたなければならない。――その考えは、次のような考えに対立するものである。すなわち、それは、国家とは万人の自由が制限される人間の集合体「であり」、したがって国家は自由の否定であって、その結果、個々人にとっては自分の自由を表現できるちっぽけな場所だけが自由として残っている、といった考えである。しかし、国家とはその客観性のうちにある自由であって、それ以外に自由を知ったとしても、そのちっぽけな場所はただの恣意でしかなく、したがって自由の反対である。こうして、哲学がどのように国家を把握するのか、というそのやり方は、国家が自由の実現である、というようなことである。このことが、国家の第一の規定である。このことと関連しているのは、人間は人間がそこにおいて理性的である立脚地をただ国家のうちにのみ有している、ということである。アリストテレスが、すでに「国家の外にある人間は、動物であるか神であるかのどちらかである」〔『政治学』第一巻第二章〕と述べている。すでに前に指摘しておいたことだが、諸個人の存在、法、芸術、学問といったものは、民族のなした成果である。各人がその時代とその民族の息子であり、代弁者である。各人が真に何であるかといえば、それは国家のうちにあるものとしての、その民族である。この民族だけが、各人の存在と呼ばれるにふさわしい。各人は良きにつけ悪しきにつけ、その時代の代弁者である。このような存在を、われわれは以前、一つの民族のなした客観的な仕事と呼んでおいたが、このことが各個人の客観性をなすものである。このような客観性だけが各個人をなすものであり、このこととは別のもの〔主観性〕は、ただ客観性の形式的な活動性であるにすぎない。あらゆる教育が目指すのは、個人が主観的なものにとどまるのではなく、客観的になるということである。

個人は国家を、確かに自分の目的の充足のための手段とみなすことがありうる。しかし、このような見方は、個人についての一面的な思い違いである。というのも、国家こそが目的であって、民族の実体的なものが自らのうちで活動している場合にのみ、個人は意味があるからである。真なる意志は〔客観的な〕事柄を求めているのであり、そのことが実体的なものをなしている。真なる芸術家は、事柄をそれだけで独立してあるように表現しようとするが、その際、その芸術家自身の主観性は消滅するに違いない。そうして、個人は自らの属する民族の事柄を自分のうちで現実的なものにしているに違いないし、また個人の主観的意志とそれ自体で独立してある普遍的なものとが主観のうちでもまた一つになっている。個人は、その個人をなすあらゆるものを国家に負っていて、自らの本質を国家のうちにのみ有している。国家は人倫的全体であり、個人が対峙するような抽象的なものではない。国家に対立して抗い続けるのは、ただ犯罪人だけである。しかし、犯罪人でも、国家のうちにとどまり、また国家のうちに自らの権利を有している。個人が生きるのは、ただ〔国家という〕全体のうちだけなのである。

理性の関心は、国家というこの人倫的全体が現前しているということ、個別的な意志がこの絶対的なものと統合されているということにある。このような絶対的な関心のうらには、国家を創設した英雄たちの正当性も含まれている。国家の創設は〔英雄たちの〕最高の権限である。国家は市民のためにあるのではなく、むしろそれ自体で独立してある目的であって、諸個人の手段などではなく、諸個人は国家そのものの契機なのである。諸個人が目的なのではないし、国家が手段であるわけでもない。目的と手段の関係は、ぴったり合致しているわけではない。というのも、国家は市民に対立する抽象概念ではなく、むしろ市民が全体そのものの本質的な契機であり、その意識だからである。また、有機体においては、あらゆるものが同時に目的でもあれば手段でもあって、そこではどのような部分も目的ではないし手段でもない。こうして、国家は地上に現存する理念なのである。

より詳しく考察してみると、国家の関係は家族関係として、家父長的な関係として現れうる。世界のうちには確かにそのような状態が見られるし、また国家が一部には家族のつながりから発生することもある。そのような関係は、家族の国家への移行をなすことになる。しかし、国家はまた、非家父長的にも形成されうる。国家の規定は、国家を家族と比較する時に、より明確になる。家族は同じように人倫的全体であるが、しかしそのうちでは愛そのものが、精神としての一体性がそこに現前しているようなあり方をしている。家族の個々の成員は、愛によってつながった全体の部分として自らを知っている。成員の仕事や目的は、それだけで独立したものではなく、むしろ家族全体のためにあり、そして成員各人はこうした全体を自分自身の個別性に先立つものにしようとする。こうして、ここにはまた人倫という現に存在する精神である家の守り神の精神も現前している。しかし、国家の精神は、このような家の守り神とは異なっている。

国家は［意図され、また知られた］統一である。というのも、国家は愛や感情という形式のうちにあるのではなく、普遍的なものを意図し、また知るという形式のうちにあるからである。そこにあるのは、国家の構成員が普遍的なものを自然の力として眼前にしている、ということである。それは、習俗とか慣習が人倫的なものの直接的なあり方［として］、また個人にとっての直接的なあり方で現前していることによる。しかし、第二に、国家には法が属しており、すなわちそれは人倫が単に直接的な形式のうちにあるだけでなく、普遍的なものでもあり、知られたものとしての普遍的なものという形式のうちにもある、ということである。このことは、普遍的なものが、知るという形式のうちにあるということにほかならない。すなわち、このことは、家族においては感情が支配的なものだったのに対して、国家を精神的に存在する共同体にまで高めるものである。国家において個人は法に服従し、また個人はそうした服従のうちに自らの自由と客観性を有することを知っている。というのも、法は理性的なものだからである。こうして、個人は法のうちで、自分自身の本質である自分自身の意志に関わっている。こうして、それは知られ、かつ意図された統一である。したがって、国家のうちには諸個人の自立性が現前していることになる。というのも、諸個人は知るものであり、そして知ることが個人の独立存在を形作るからである。すなわち、諸個人は自らの自我を普遍的なものに向かい合わせる。そうして、そこに人格が立ち現れることになる。このような人格は、家族のうちにはいまだ現前しておらず、ただ〔家族の〕成員を結びつける自然衝動を、むしろ精神的なものに、そうして人倫にまで高めるのである。諸個人が普遍的なものを知るものになるのはようやく国家においてであり、諸個人はそこで自らへと反省し、自立性をもつことになる。国家のうちにある諸個人にとって対象的になり、諸個人に向き合うことになるのが、普遍的なものとしての法である。諸個人は、法からは区別され、個別的なものとしては普遍的なものに対立している。諸個人の自立性は、国家のうちにある分離や対立を形作るのであり、そのことが理性性の契機にもなるし、〔また〕国家を具体的な全体にもするのである。

こうして、国家のうちに入り込んでくるのは、知ることと考えること、という契機である。そのことに結びついているのは、まさに宗教とか芸術とか学問といったすべてのこと、したがって教養一般がただ国家のうちで際立つことができるということである。というのも、それらすべては、考えることをそれらの原理にしているからである。宗教においては、絶対的な本質が表象される。その本質も、国家のうちでは特定の民族精神として、いまだ制限されている。——アテナイの人々のもとではパラス・アテナとして、彼らはその民族精神を神性として崇拝していた。しかし、絶対的な本質は、こうした外面性からは、なお区別されるる。同様に、芸術もまた実体的なものを表現しなければならない。こうして、これらの側面はすべて、普遍的なものを考えることや知ることを対象にしており、そしてこの普遍的なものは国家のうちで初めて現実性に到達することができるのである。

より詳しい連関は次のようなことである。すなわち、いずれの国家のうちにも、もちろん主人と奴隷といったいずれの関係のうちにも、主観的な意志が他の意志に服従するということが、すでにまた現前しているということである。素朴な国家のうちでも、意志が他の意志に服従することが生じる。意志の服従ということが意味するのは、特殊な意志は〔それだけでは〕通用しない、ということである。しかし、そのことは個人が意志をまったくもっていないということを意味しない。思いつきや快楽は通用しない。したがって、特殊な意志や自然的な欲望を取り除くことが現にある。他人の意志に従う習慣などは、そのことと関連している。そのようにして国家のうちで通用しているのは、普遍的な意志に従って行動したり、普遍的なものを知ってそれを自らの目的にしたりする習慣である。こうして、国家は普遍的なものについての知であり、その知はこのような外面的なあり方で（そして、われわれは歴史のうちでは外面的なものを土台にして立っているのであるが）成り立っている。このような素朴な状態のうちでも、すでに意志の特殊性は断念されている。こうして、少なくともそこにあるのは、特殊な意志は抑制されている、ということである。そのようにして、特殊な意志は自分のうちへと還帰している。内的に自分のもとにあろうとする、このような〈自己－内－還帰〉は、単に感覚的で自然的な意志に生じてくる力を前提にしている。そして、このような意志が生じてくる時にのみ、芸術や学問、そして宗教が形成されうるのである。とはいえ、そのようなものが一つの島におけるように、あるいは一般に単に孤立状態の中に生じうるというようにイメージする必要はない。偉大な人間はすべて、確かに孤独のうちに自らを形成した。しかし、それはただ、国家がすでに生み出したものを彼らが自力で加工したことによる。それでも、このように形成することが、社会としての国家を前提としている。こうして、一つのことは普遍的なものが内的なものとして自分のうちに押し戻されているということであり、もう一つのことは普遍的なものが現にそこになければならないということである。普遍的なものは、存在するものとして、内的に普遍的なものとして私のうちに据えられなければならない。普遍的なものは、単に思いつかれたもの、表象されたものといった内的なものではなく、存在するものであるような普遍的なものとして「据えられ」なければならない。存在している普遍的なものは、国家のうちに現前しているものである。こうして、このような国家に対応するのが内面性であって、その内面性は自らにとって存在するはずのものが定在であり、またその定在を自分のものにしなければならない、という予感をもっている。ここには、内面性と同時に現実性がある。この後者の現実性は、外的な多様性ではあるが、しかし普遍性のうちで理解される。このような存在する普遍的なものは把握されなければならないし、それが存在し、また、ただ国家のうちで存在するかぎりでのみ把握されうる。こうして、宗教や芸術、そして学問は、国家のうちでのみ現存することができるのである。これらは抽象的にではあるが、重要な諸側面をなすものである。

今や国家の本性を論じたあとでも、なお次のような問いが残っている。すなわち、国家体制の本質的な規定は何であるのか、何が進歩としてみなされるべきで何がそうではないのか、といった問いである。

〔自由と国家体制の区分〕

その際に重要な国家体制の本質的な規定は、諸側面の多様性にもかかわらず、確かに次のように言い表される。すなわち、国家は自由の実現であるのだから、最善にして最も完全な国家は最大の自由が支配しているような国家である、ということである。しかし、そのことによってもなお十分には語られておらず、理性的な自由はどこに存するのかが規定されなければならない。ここに、自由はその実在性をどこに有するのか、という問いが続くことになる。

次に示されるのは、自由が主観的な意志や恣意としてイメージされたり、国家における自由が個人の恣意や主観的な意志であるように考えられたりすること、またそのような主観的な意志が国家の最重要案件に関与するといったことである。その際には、主観的な意志がそのように意味するものは、究極の決定的なものとみなされている。しかし、恣意というこのような原理については、国家の本性がまさに主観的な意志と普遍的な意志の統一であり、したがって諸個人は普遍性にまで高められていると述べて、すでに退けておいた。主観的な意志は、普遍性にまで高められ、自らの特殊性を断念するに至っている。そのことによって、個人の恣意こそが原理であるべきだとする考えは、すでに片づけられているのである。

国家とその繁栄を考えてみるとき、人はしばしば次のようなイメージをもつ。すなわち、それは一方では政府が国家の集権化された個体性として普遍的なものの活動をなし、他方ではこうした政府に対して人民が多数の個別的で主観的な意志としてある、といったものである。その際にイメージされているのは、両方の側面が、一方に有効に機能している政府、他方に主観的な意志をもつ人民、というように設定されて、安全が確保されている、そのような最善の国家体制である。その時には、両方が相互に制限されているはずである。人はこのようなきわめてありふれたイメージをもっているし、そしてそのようなイメージがしばしば歴史のうちに現れもするが、しかし人はまた国家の概念とは何かを問いもする。そうすると、概念の中では、まさに政府――すなわち普遍的な意志の自己‐活動である普遍的なもの――の主観的意志に対する対立は、すでに止揚されて消滅している。人民と政府の対立があるとすれば、そのうちには何か悪意がある。こうした対立がなおも続くかぎり、国家は本来的に現前していないし、国家の［単なる］現存が問題になる。国家の理念とは普遍的な意志と特殊な意志の統一であり、そしてわれわれが抱いていた対立は抽象的な対立であることになる。このような対立は、国家のうちでは消滅していなければならない。こうして、国家の理性的な概念は、そのような抽象的な対立をすでに終えている。そして、このような対立について必然的なものであるかのように語り、またこのような対立を立てる人々は、国家の本性についてまったく何も知ってはいないし、国家の概念をいまだ認識してもいない。国家は、かの両側面の統一そのものを基礎にしている。その統一こそ、国家の存在一般であり、国家国家の実体をなすものである。しかし、だからといって国家が自らのうちで展開した実体になっているわけではまだない。

それゆえ、国家はいまだ理性的にはなっていない。しかし、国家は生命あるものとして、本質的には展開したものとして、有機的なシステムとして考えることができる。そのようなシステムとしての国家は、それぞれが自立してある集団の特殊な普遍性から成り立ってはいるが、しかし、それらの集団の自立性の活動はこうした〔国家という〕全体を生み出すものであり、つまりそれぞれの集団の自立性を止揚するものである。有機体においては、普遍的なものと個別的なものの対立は、もはやまったく問題にならない。例えば、動物的なものにおいては、動物的なもの一般と動物の特殊な小部分〔の対立〕は問題にはならない。むしろ、動物的なものにおいては、生命の普遍的なものが小部分のそれぞれのうちに現前しており、そして〔小部分が〕この普遍的なものから取り出されれば、それは何か非有機的なものになってしまう。動物的なもののうちには、すでに普遍的なものと特殊なものの〔直接的な〕統一がある、ということである。その統一が破壊されれば、もはやいかなる有機体も現存していないことになる。そうして、国家もまたこのような総体性として理解されなければならず、また国家体制の〔動物からの〕区別は、このような総体性の形式に関わっている。

第一の形式は、そこでは総体性がまだ包み込まれていて、また集団がまだ自立的な存立という自立性にまでは至っていないような形式である。第二の形式は、そこでは集団と、それゆえまた諸個人が自由になる形式である。第一の形式が強いられた統一であるのに対して、第二の形式は統一が解き放たれて集団が自由になるもので、そこでは統一が新たな統一になっている。第三の形式は、最終的に、集団がそこで自立的に存在しつつ、普遍的なものを生み出すことのうちにのみ集団の活動性を見出すような形式である。

具体的なイメージを想起してみれば、われわれは、あらゆる国家、あらゆる国々が、これらの諸形式を経めぐるのを見ることになる。そして、世界史の全体が、これらの諸形式に従って区分される。われわれがそれぞれの国家のうちに最初に見るのは、一種の家父長的な王国であり、家父長的に、あるいは軍事的にまだ自分のうちで強いられた統一である。それから個別性や特殊性が際立ってきて、そうして個別の集団や諸個人が支配的になるに従って、貴族制や民主制が生じることになる。民主制のうちに――才能やそれ以外の偶然性［によって］、偶然的な貴族制が結晶化する。これが第二の王国である君主制への移行をなす。この君主制がようやく国家の最後にして真なる［形式］である。世界史は、これらの状態を経めぐってきた。そうして、ドイツにはいつも国王たちが存在していたのであり、その国王たちが最初は家父長的に支配していた。のちの王制は〔家父長的な〕王国の没落とみなすことができる。そのような没落のうちには、オランダなどのような個々の部分が完全に分離へと移行したものもあった。そのように、［王国は］空虚な決まり文句でしかなかったし、またいまだ第二の王国でもなかった。

世界史において、そのものの全体のうちに進行がある。世界史のうちには最初にオリエントの国々があり、そこでは普遍性が堅固で分離のない実体的な統一をもって現れる。ギリシアとローマの国々は、全盛期のそれらの世界史的意義の発展の頂点で、貴族制と民主制に分かれた。それに対して、より新しいヨーロッパ世界であるゲルマン的なものは［第二の］君主体制を表しており、そこでは特殊な集団が全体の脅威もなく自由になって、むしろ特殊性の活動が全体を生み出している。そして、このことは理念の現出であり、その理念は特殊性の区別に自らを際立たせる自由を与え、またその区別を理念の統一へと取り戻すのである。

歴史を顧慮して指摘できるのは、国家体制については歴史から何も学びえない、ということである。なぜなら、国家は世俗的な理性性であり、定在する理性性だからである。異なる体制は、それゆえ、それらの諸原理の区別のうちを相次いで連続していき、そしてそれらの体制はいつも、先行する原理が後続する原理によって廃棄されてしまう、というものである。国家の理性性とは国家自身の内なる統一の原理であって、その統一には、かの抽象的な諸側面が対抗している。学問においては、そのことはまったく別である。学問で一度生み出されたものは、あらゆる時代に役立つ。ここでは、先行する諸原理が後続するものの絶対的な基礎になる。国家体制にあっては、別である。すなわち、国家体制においては、先行する諸原理のうちには後続する原理はまだ現存していない。われわれは、そのために古い歴史から何も学ぶことができない。というのも、古い歴史のうちには、結局のところ、それだけで独立して不変のものであった固有の原理があるからである。そのような原理は究極のものではなく、全体のうちで没落するというのが、まさに理性的な国家の原理なのである。道徳的な諸原理は、体制のために確かに歴史から引き出されはするが、しかし真の国家体制において重要になる自由概念にとっては何にもならない。国家において重要なのは自由の理性性であって、それは全体がそれだけで独立して、しっかりと建ち、また個別性と普遍性の統一をその基礎と素材にしているゴシック建築のようなものである。自由の理性性の真理は、諸個人が全体を生み出すためにのみ存在している、ということである。真の国家体制という概念もまたそこに基づいているが、古い諸国家はその概念を知ってはいなかったし、むしろより新しいキリスト教世界がその概念をようやく考え出したのである。

〈国家と宗教・芸術・学問との連関〉

ここにつながる第二のことは、宗教や芸術、そして学問の領域と国家との連関である。国家は、世俗性や人間的自由の境位のうちにある理念である。国家は、精神的かつ現実的な現実性の全体である。このような具体的な全体は特殊な諸形態を有しており、全体はそれら諸形態のうちで把握されるし、また把握されなければならない。その時に諸形態は特殊な内容を形作ることになる。それら諸形態は三重のあり方をしている。第一は、内容がそれ自体で独立した普遍的なもの、無限なものであり、これが宗教や芸術、そして学問の内容をなしている。第二は、欲求に関わる有限性の内容である。そして第三は、風土や土地など、国家の自然的側面〔である〕。こうして、これら三つの側面が、国家の諸形態として、国家に即した外面性のシステムをなす。第一がそれ自体で独立した、その存在のうちにある国家であり、第二がそれだけで独立した外面性であり、第三が直接的な自然規定性の全体である。これら三つの側面が〔国家の〕豊富な一章をなすのである。

第一に――このことだけは、ここでより詳しく〔述べておきたい〕。国家のそれ自体で独立して存在する内容は民族そのものの精神であって、そしてそれ自体で独立して理解されるなら、国家は次のような形態のうちにあることになる。すなわち、現実の国家は、この民族の精神によって魂を与えられる、ということである。このような精神に関わる定在のうちには、もちろん個別性が生じることになる。〔というのも〕現実の国家のうちでは、特定の関心が問題だからである。しかし、考えるものとしての人間は、普遍的なものとしての本質について知らなければならず、その本質を思い描かなければならない。しかしまた、人間は、その本質について単に知るだけでなく、そこにおいてまた自分自身についても知らなければならない。こうして、個別的な意識は、精神のそれ自体で独立した存在についての知と、精神の個人との統一〔について〕の知をもたなければならない。

このような知の中心点であるこの意識の現実的な精神は、宗教一般である。芸術と学問は、同じものの形態および側面とみなすことができる。芸術は宗教と同じ内容を共有しており、ただ芸術の境位が感覚的な直観であるだけのことである。芸術は宗教を感覚的にし、またイメージにとって対象的にする。学問もまた同じ内容をもっていて、もっぱら学問である学問は棟梁的な学問、すなわち哲学である。哲学は、同じ対象を扱うにしても、思想の形式で扱うのである。有限な学問は、絶対的な内容をもっているわけではなく、それゆえ第二の形態で「有限なものへの関係として」現れる。

国家の実体は、アテナイでそうだったように、宗教のうちで意識化される。そうして、家の守り神は、家族の精神として表される。こうして、われわれが考察しなければならないのは、まずは宗教である。宗教において何が問題であるかについて、われわれはただ哲学によって示されうる主要契機だけを述べることができるにすぎない。宗教の本質的な規定、すなわち宗教そのものの理念は、「宗教哲学」からすでに前提にされているはずである。

国家の本性は普遍性の意志と主観的な意志をそのうちに統一した人倫的な生命性である、ということから、われわれは出発した。このことが国家の本質をなすものである。それに続く次のことは、われわれが意志を国家の基礎として把握し、またこの〔意志という〕規定をそれだけで取り出してみると、この規定がより以上の規定を受け取る、ということである。すなわち、意志の原理はそれだけで独立して存在する、ということである。意志は活動性であり、外的な世界一般に対立している。「そのかぎりで、意志は」制限されており、その原理は有限であって、それゆえにまた、その原理には排除することが結びついている。人間は認識することでは無限であるが、意志することでは制限されている。それは、人間が意志することでは制限されておらず、考えることで制限されているというのとは、まさに逆である。知性がようやく意志をその制限から解放し、そして考える自由な意志が普遍的であることになる。まさに本質的にそれ自体で独立したものとしての意志が、外界への対立から解放されたものとして考えられなければならない。意志は、このような側面から、完全に普遍的なものとしても考えることができる。狡知は自らの目的を成就するための手段を確かにいつも見出しはするが、しかし、より普遍的なものとしての意志は、対立によって規定されながらも、それ自体で独立して存在し、自分自身に力をそなえていて、そしてその本質はそのように普遍的な力として考えることができるのである。

このような〔意志の〕普遍的な力は、自然と精神世界の主人として考えられうる。「主人」は、力を主観性の形式で表明する。しかし、こうした主観である「主人」は、それ自身、何か形式的なものであるにすぎない。というのも、この主人には他なるものが対立しているからである。主人は他なるものに対して活動的に働く。主人は、しかし精神的な力として、他なるものの上に立つ主人である［だけ］でなく、自分自身の上に立つ主人で［も］あり、自分自身のうちに反省している。そうして力は、他なるものに対する一般的な否定性［として］ではなく、自分のうちに静止して存在するもの［として］考えられなければならない。力は普遍的なものの一つの側面であるわけではない。このような自分への反省は、自分への単一な関係であり、そのようにして一つの存在するものであり、つまりは個体性であり、主観性である。自分への反省は、こうしてようやく人格性である。そのように自分に反省して、力は現実性になっている。確かに〔いまだ〕直接的な現実性ではあるが。このような反省の直接的な現実性は、それでもその高められた形態では知であり、より厳密に言えば、知るものである。これは自己意識であり、人間の個体性である。普遍的な精神は、本質的に人間の意識として現前している。人間とは、知のこのような定在であり、また知の独立した存在である。こうして、今やわれわれは［一つの］普遍的な精神を、自分を知り、また自分へと反省する精神として捉えており、そのような精神として、精神は自らを主観として、直接的なものとして、つまり存在するものとして措定することになる。その存在する精神が、人間の意識なのである。

こうした〔精神の〕諸契機は、神的な理念が普遍的な精神と存在する精神の統一であるというように、神的な理念のうちで理解されなければならない。このことが抽象的に意味しているのは、精神は有限性と無限性の統一として理解されなければならない、ということにほかならない。この両者が切り離されているところでは、悟性の無限性が支配することになる。別のあり方から見れば、神が人間の本性と神の本性との統一であるということは、キリスト教が明らかにし、啓示してきた神秘だということである。このことは、宗教が何であるか、ということの真の理念である。宗教にはなお祭祀がつきものであって、すなわちそれは個別的な意識が自分自身と神的なものとのこうした統一を獲得することにほかならない。こうして、神的なものと人間的なものとのこのような統一が、宗教の真の理念をなすのである。近代の悟性は、神的な理念を抽象概念に、すなわち人間的なものの彼岸にある本質にし、その本質を鉄の壁にしてしまった。その壁は登ろうとしてもつるつるしていて、近づこうとする人間にとっては〔落ちて〕その頭を粉砕するようなものである。理性は悟性の抽象とはまったく別の形式をもっている。われわれがかの統一を理性的なものとして前提されたものとみなすことによって、宗教の考察において何が重要であるかが、すぐさま明らかになる。宗教の対象は、真理そのものであり、主観的なものと客観的なものの統一なのである。

一般的に見て、宗教のうちには二つのケースが生じる。〔その一つは〕宗教が分離の宗教であって、そこでは一方の側に神が抽象的な本質として遠くに離れてあり、したがってその側には意識の個別性は据えられていない。その結果、かの本質はあるいは精神と呼ばれるかもしれないが、しかしそれが意味するのは――空虚な名前でしかない。そのようにして、宗教は、かつてはユダヤ教としてあったし、そして今でもなおイスラーム教*があり、「そうしてこの宗教は」現今の悟性の宗教でもあって、こうした関係でトルコ的な表象に移行している。これは分離の宗教であって、この宗教は、普遍的なものが自然存在として自然的かつ元素的なあり方で空気や火などとしてイメージされ、そのことによって、またもやさまざまな諸形式をとりうる。しかしまた、自然存在は、ユダヤ教などにおけるように普遍的なものや思想としても考えられうる。（人々が普遍的なものを自然としてイメージする場合、それは汎神論ということになるが、しかしそこには何もない。主体としての神は、もはや〔自然から〕区別されることはないので、消滅することになる。そのとき人々は、こうした普遍的なもののうちで自らを肯定的に認識することはなく、それに対して否定的にふるまうことになる。）

*イスラーム教　アラビア半島のメッカに生まれた預言者ムハンマド（五七〇頃―六三二年）によってユダヤ教の影響のもとに開かれた一神教。唯一絶対の神アッラーを信仰し、クルアーン（コーラン）の教えに従う。メッカを聖地にしてアラビア半島からオリエント、西アジア、北アフリカなどに広がり、広大なイス

ラーム国家を形成した。

宗教のもう一つのあり方は、無限なものと有限なものの統一、つまり神と世界の統一である。このような宗教はまた、それ以上の諸形式を有している。例えば、そのうちには、インド人に見られる化身や、同じように神的なものを人間的な形姿で表現するギリシア芸術が属している。この神的なものは、より純粋には、キリスト教のうちにある。キリスト教では、神の本性と人間の本性の統一がキリストのうちに現れるのであり、そうしてその統一が神をその息子のうちに現出させて、その統一について人々にそのように気づかせることになる。しかし、このような擬人観的な本性は、品位を落とすような仕方でではなく、その本性が神の真の理念へと導いていくように表されるのである。神の真の理念にふさわしいのは、神とはそれに対して意識がその外に、またそれを超えてあるような彼岸ではない、ということである。このように、宗教において問題になるのは、以上のような諸形式である。

芸術の現存は、こうした〔宗教の〕諸形式と、そのまま関連し合っている。悟性は、いかなる芸術ももちえないか、あるいはせいぜいのところ崇高の芸術をもちうるだけである。そこでは形態が歪曲されており、〔また〕形態が無際限になることによって、主観性が消滅してしまうように見えるほどにまで、ばらばらになる。しかし、芸術は本質的に美的な芸術であって、ギリシア人のもとで生じなければならなかった。〔芸術は〕神的なものの感覚的な直観として表象されなければならず、そこには主観性の形式が属している。キリスト教には芸術もあるが、それはその芸術のうちには神的なものも現象しているからである。また、その神的なものが悟性の抽象ではないがゆえに、キリスト教は〔芸術から〕遠く離れたままにあるわけではなく、芸術を超えたままにとどまっているわけでもない。

哲学がある民族のうちに生じうるかどうかもまた、同じように宗教と関連している。それゆえ、真に具体的な哲学はギリシア人とキリスト教徒のもとにのみ生じえたのである。しかし、東洋人のもとにもある「一つの」抽象的な哲学は、有限なものと神的なものの統一としては現前していない。こうしたことが〔東洋人の〕宗教の主要な観点である。

ところで、宗教と国家原理の連関に関しては、国家原理が必要となる。というのも、宗教は、その真理のうちにある国家の原理を、制約されることのない普遍性において表象するからである。しかし、それは現実的な精神がそこにおいて外的な偶然性を自ら削ぎ落としたかのようにしてのことである。意識された自由は、個体性が神的なものにとって肯定的なものとして知られるところにのみありうる。すなわち、それは主観性が神的な本質のうちでのみ直観される、ということである。こうして知られた自由は、ギリシア人のもとに、また、より発展した形ではキリスト教世界のうちにある。なぜなら、その世界では、主観性の規定が神的なものの規定として知られるということがあるからである。

ところで、このことを顧慮してみると、国家は宗教に基づいているということが正しく語られてきた。国家の原理は絶対的に正当化されていなければならず、有限な関心は何か相対的なものでしかない。〔国家の〕普遍的な原理の絶対的な正当性は、その原理が神の本性そのものの契機や規定として知られる、ということである。国家の求める普遍的なものである国家の原理は、絶対的なものとして、すなわち神的な本質そのものの規定として知られるのである。国家の原理が意味するこのことは、より厳密には、国家が宗教に基づいている、ということにほかならない。こうしたことが近年ではいろいろと語られるのを耳にしてきた。しかし、そのことを国家が現にあって宗教を利用するかのように、そしてそこには〔本来の〕宗教などないかのように、そのために宗教を鉢や手桶でもってやっと国家のうちに取り込まざるをえないかのようにイメージしてはならない。人間はただ現にあるものへと教育されるだけであって、何もないものへと教育されることはないのである。

したがって、国家があらかじめあり、そして宗教を自分のうちに取り入れたに違いないかのように思ってはならず、むしろ国家は宗教そのものから生じるものなのである。ただ特定の国家は特定の宗教から生じたにすぎず、そのような［ある］国家は、ただキリスト教から、すなわちカトリックやプロテスタントの宗教から生じたにすぎない。そのように国家は永遠に宗教から生じるのである。国家の原理や神聖なものの意識は宗教のうちにある。

〔国家の諸契機〕

さらになお考察しなければならないのは、国家には、外面的な現象や生活といった外的な素材一般の側面に対して、理念的な側面がある、ということである。ここでは内容は特殊なものそのものであり、そのようなものとして有限ではあるが、しかしそのような特殊なものを通して普遍的なものが透けて見えてくる。とはいえ、その特殊性は、われわれがここで立ち入ることができないほど多種多様であり、また内容豊かである。［こうしたことが、今や］国家において問題となる諸契機［である］。

　こうした種類の第一の素材は、諸民族の習俗とか風習などに属するものである。とりわけここに属するのは、自然的な人倫としての家族関係である。この関係の規定は、きわめて重要である。〔次に挙げる家族関係の〕両者は、国家の本性によって規定されている。ここで第一の関係は、国家の本性がどのような種類の夫婦関係のうちにあるか、ということであり、その夫婦関係は例えば一夫多妻制であるべきか、あるいは一夫一婦制という一人の夫と一人の妻の夫婦関係であるべきか、といったものである。近代世界には後者の夫婦関係だけがあって、したがってまた一妻多夫制もない。というのも、近代国家は〔夫婦の〕それぞれの側がその完全な権利を保持している、というものだからである。夫婦は、その概念に従って、夫と妻の関係として、今やその完全な権利を保持している。第二の関係は、子供と両親の関係である。同じように、ここで第三に、家族の中の財産が重要である。こうして、相続権の規定は、家族が奴隷である場合や、あるいは家族が自由な財産をもちうる場合には、国家の原理と関連することになる。さらにより広い関係は、礼儀作法として現れるところにまで及ぶ諸個人間のふるまい方である。風習におけるより広い関係は、諸個人にとって不可避な時期に、すなわち誕生や結婚や死に際して関わり合ってくるようなものである。そのような風習は、ある民族がこうした諸対象についてもつ考え方を表現するものである。そこには、その民族が精神についてどのような表象の規定をもっているかが示される。そのような考え方は、偶然的なことや特定の表現でもある何か象徴的なこととしての風習のうちに現れるのである。そして、風習においては、しばしば偶然が大きな役割を演じることがある。したがって、個別の部分すべてに意味を求めることはできない。そうした部分は、国家の普遍的なものと関連する諸側面をなして、礼儀作法の関係や、例えばヨーロッパ人やアジア人が目上の人に対してとるふるまい方もまたそこに属している。例えば、アジア人は支配者の前で跪《ひざまず》くが、ヨーロッパ人はただ彼に挨拶するだけである。したがって、そのような違いは特徴的でもあるが、［しかし］ただわずかばかりの違いは単に偶然的なだけである。

現象の面で問題になる第二の点は、自然への関係における人間の実践的な関わりとしての文化や、また人間が手段への関係において自らの欲求の満足のためにふるまう仕方である。したがって、ここには贅沢があてはまるし、さらには人間が動物に対して、また人間が互いに使用する武器が含まれる。武器は、もちろん重要な要素ではある。アジアの古い言い伝えにあるように、鉄の発見は今でもなお余韻を残しているように見える。火薬の発明は、もはや［もう］偶然のこととして見られてはならず、まさにこの時代だからこそ、こうした教養のもとで発明され、そして使用されえたのである。同じように重要な要素は、活字や印刷業などである。そのような要素は影響力の大きな水準にあって、こうした諸対象の量全体は何ものにも左右されるものではない。例えば贅沢の量がそうであって、その量はどんな時代でも、またどんな条件下でも生じえたものである。しかし、他の諸対象は、ある特定の立場に結びついている。

第三の重要な点は、法である。しかし、法とはいっても、有限な要求を顧慮すると、それは私法であって、国家の法はそれとは区別される。この私法は一部には人格的な自由を要求し、したがって奴隷制度が生じないことを要求する。さらに私法は、所有とその所有が自由であることを要求する。完全な人格の自由と完全に自由な所有とは、ただ一定の原理をそなえた国家のうちに生じうるものである。

最後に第四の対象は、法や自由、そして有限な諸対象への関係といった有限なものの学問ということになろう。有限なものについての知が、哲学ではない数学や自然史や自然学といった諸学問の内容をなすことになる。このような諸学問は、教養の特定の立場や、また理論的な関心も要求し、［そして］ただ感性的な衝動の時期のあとに現れることができる。個人が自分のうちで自由であり、内的な自由を自分だけで獲得した場合には、その個人はまた客体を自由なままにさせておいて、客体にもはや単に欲望に従って関わるのではなく、むしろ理論的に関わる。個人の自由は、好奇心が旺盛であるために必要である。自然の諸対象をよく知ること、自然の有限な諸対象を観察すること、自然とその法則にわれわれがもっているように関心をもつこと、こうしたことは、いまだ古い世界の知るところではなかった。ここでもまた、古い世界と新しい世界は区別される。というのも、諸対象を生き生きとした連関に取り込み、その空虚さと有限性に応じて諸対象に取り組むには、より高く、より具体的な確実性と、精神のより大きなエネルギーが必要だからである。精神がこのような抽象にまで到達するには、精神のより高い集中力が必要なのである。そのことこそが、今や精神の普遍的諸形態との［一つの］連関をもつ側面ということになろう。

〔国家の地理的土台〕

今や語るべき第三のことは、国家と現前する外的な自然との連関に関することである。すでに述べておいたように、世界史は精神の諸形態の系列であり、この系列が国家の諸原理の実現に導き、そして国家が自分自身を把握するようにして終わる、ということである。世界史的な民族のそれぞれに、必然的な原理が割り当てられている。これら諸原理は、時間における必然的な連続と、そしてまた具体的な空間の規定性である地理的な位置を有している。こうして、ここに世界史における地理学が問題になる。その際、まず指摘しておかなければならないのは、風土が精神の諸形態に関係する完全に抽象的で一般的な要素だということである。歴史は確かに自然性の土台の上に生きている。しかし、この自然性は〔歴史の〕ただ一側面であって、より高いのは精神の側面である。それゆえ、自然は影響力のきわめて小さな要素であって、風土という自然側面は諸個人にまで及ぶことはない。したがって、ホメロス*に関してイオニアの温和な空のことを聞かされるのは退屈なことである。［というのも］空がそれほど温和であってもなお、トルコ人の中にホメロスは誰一人としていないからである。

＊ホメロス　前八世紀頃のギリシアの叙事詩人。トロイア戦争を主題にした英雄叙事詩『イリアス』と『オデュッセイア』の作者とされる。

指摘しなければならない第二のことは、寒帯も熱帯も世界史的な民族を生み出しはしない、ということである。というのも、そのような両極は、人間がより高い精神的な関心をもって活動的になる手段の富を手にすることで自由な運動をすることができるまでには、あまりに強烈な自然の威力だからである。そのような両極に属する諸民族は鈍感さのうちに保たれたままである。人間は〔両極の〕自然によって活動が低下させられ、それゆえ自然から自らを引き離すことができない。自然の威力はそれほど大きいので、精神的なものが自然の威力と同一なままにとどまり、したがって自然的なものを自らに対置するまでに至らない。それでも〔自然的なものを〕このように分離し、またそこから自分のうちに自ら集中することが、より高い精神的な発展の最初の条件になる。自然の威力に縛りつけられることのより少ない、自然に恵まれた別の諸民族は、より精神に開かれてはいる。それでも、それら諸民族は、精神的な活動にまで高められたことはなかったし、〔そして〕まだそれほど自然から自由〔である〕わけでもない。それで、それら諸民族は、主人のパンくずによって養われる以上のところに至ることもなかったし、諸民族のより広範な系統に刺激を与え、より高い現存を獲得するに至ることもなかったのである。

第三に、全体として次のことが指摘されなければならない。すなわち、世界劇場の舞台をなしているのは温帯であり、しかも北方の温帯である、ということである。そこでは大地が大陸をなし、幅の広い胸部を形作っている一方、南に向かっては形態が先の尖った形になっている。こうして、大地では人間と動物が種としてそれぞれに異なって現存しており、そして南方では一般に〔人間よりも〕動物と植物が優勢である。ここにはまた、必然性の要素がある。考え方の一般的な区別が、ここでもまた有効になるし、〔また〕目に見えるようにもなる。多くの動物の種類への分割とともに、土地もまたそれと並行して分割されることになる。

第四の必然的な分離は新世界と旧世界への分離であるが、しかしそれはわれわれがなすことではなく、世界そのものがなすことである。

新世界は〔旧世界への関係を考慮して〔もまた〕新しい。相対的にのみ新しいだけでなく、その自然的かつ精神的な性質を考慮して〕新しい。新世界の地質的年代はわれわれには何の関係もなく、いわゆる天地創造の時に同時に生じていたという栄誉を否認するまでもない。もっとも、南洋の島々は、新オランダ〔オーストラリア〕と同じように、その起源からしても新しく、また未成熟であることが示されるのではあるが。アメリカがヨーロッパとつながっていたのかどうかについては、何も述べられるべきではないし、何も述べることはできない。メキシコとペルーがかつて著しく開墾されていたということも、それでもこの両者はより脆弱な性質からして完全に過ぎ去ってしまっているのだから、重要ではない。

新世界は旧世界よりずっと脆弱であることが示されており、また鉄と馬という二つの手段が不足している。アメリカは新しく、脆弱で力を欠いた世界である。ライオン、トラ、ワニはアフリカのものよりも弱く、そのことは人間に関しても同様である。西インド〔諸島〕の先住民は絶えてしまっている。北アメリカの諸部族は一部では消滅しており、また一部では退いてしまって、概して衰退している。その結果として見られるのは、これら諸部族は北アメリカを自由国家につなげる強さをもってはいない、ということである。メキシコと南アメリカについても、多かれ少なかれ事情は同じである。そこで努力し、独立の要求を抱く人たちはクレオール*で、自由国家のうちにいる人たちと同様である。クレオールの人々が主役であることは、ヨーロッパ人がやって来る以前の時代の記述を読むと容易に分かる。ブラジル人は、まったく脆弱な本性で、狭い精神をしている。それゆえまた、東インドのイギリス人は、アジアを故郷としながらヨーロッパの血を引く民族であるクレオールが形成されることを妨げる政策を必要とするのである。イギリス人は、そこでは彼らの好きなように取引をすることもできないし、土着的になることもできない。イギリス人と現地人の間の子供たちも職を得ることはなく、〔また〕その子供たちは土着の人たちから徹底的に差別されるのである。

＊クレオール　「植民地生まれ」を意味する語で、中南米などで生まれ育ったヨーロッパ人から、さらに植民地での混血をも含意することになった。

新しい国としてのアメリカは、未来の国［のように］見えるかもしれない。ナポレオンは、旧世界は彼を退屈させる、と言ったそうである。アメリカへの移民には一面では利点がある。なぜなら、彼らはヨーロッパ的な教養と自己感情という宝をすべて携えていって、しかもヨーロッパの諸国家が諸個人に課す負担を免れ、逃れた苦難――例えば、土地の前‐占有や取得物の分配と超過のような――にアメリカでまたもや遭遇したり、取得物もないままにとどまったりすることもないからである。しかし、こうしたことは何らアメリカに固有のことではない。大きな国家であっても自由に共和国として存立しうる例として、北アメリカの新しい自由国家を挙げる場合がたびたび見られる。しかし、一般的に言って、特定の状況下で、そもそも国家を別の国家と比較することほど不手際なことはない。自由国家が存立しうる例として、確かにハンブルクとスイスを挙げることができるが、しかしそれらを大きな国家と比較することの不手際が、すぐさまはっきりする。しかし、北アメリカはようやく自己形成しつつある国家、生成途上にある国家であり、この国家はまだそれほど広範囲に形成されていないので、君主制の要求をまだもっていない。この国家は、連邦国家〔アメリカ合衆国〕である。この国家は、外国への関係に関して、きわめて不完全な国家である。このような状況が国家にとって完全な没落にまで至ることがなかったとすれば、それを防いだのは、ただその国家に固有の位置である。もしその国家の近くに大きな諸国家があったなら、こうした不利な状況が本質的な形で姿を現すことになったであろう。この不利な状況は、イギリスとの最近の戦争〔米英戦争〕ですでに示された。きわめて不完全な〔連邦〕国家はカナダを制圧することができず、そしてイギリス人はまもなくワシントンを砲撃した。民兵は到着しなかったり、逃げ去ったりした。また、この〔連邦〕国家の南北間には、戦争が長引いて続いていたら国家としての完全な分裂にまで至ったであろう緊張があったのである。

概して国家は、最初は生成のうちにある。沿岸は中国とヨーロッパの間の中間貿易を促したし、それ以外にも次のような状況がある。すなわち、沿岸地域から人々の波が次々とミシシッピ川の低地に押し寄せ、そしてそこで土地を耕作する。また、このような階級は、苦境にある時には、新たな土地を開墾することによって自力で何とかする。しかし、あらゆる土地がようやく占有されるようになると、その結果、社会がそのうちでひしめきあい、そして商売の要求が生じることになる。そこで国家は、別の体制を受け入れざるをえない範囲で、必要に応じて組織されなければならない。そこに現存することになる初期段階は、ヨーロッパ的な本性をしている。そうして、今やこの国〔アメリカ〕は生成途上の未来の国であり、それゆえこの国はわれわれにはまだ関わりのないものである。

われわれは今や旧世界に立ち戻ることにしよう。というのも、われわれにより密接に関わりがあるのは旧世界であり、われわれはその状態をより詳細に考察しなければならないからである。旧世界は〔アフリカ、アジア、ヨーロッパの〕三大陸に区分されるが、「その区分はすでに」古代の人たちの自然感覚によって認識［されていた］。このような区別が必然的であるのも、その区別が思想の概念にかなっているからである。こうして、これら三つの部分は本質的な関係のうちにあって、合理的な全体性を構成している。

三つの部分は、容易につながりがもてるほどにまで互いに隣接して横たわっている。地中海が旧世界を分け隔てているが、しかしそのことが交流のためになっている。水が交流を［可能に］することが、水のもつ恩恵の一側面である。川と水が自然の境界であるというのは、フランス人の偏見である。というのも、川と水は最大限に〔相互を〕結びつけるものだからである。川の両岸に面した地帯は必然的に一つになっており、またそれらの地帯は住民そのものに関しても、川がないところより、はるかに多くのものを結びつけるのである。こうしたことは、海に関してもまた生じる。ブリタニア*とブルターニュ*は〔海を介して〕互いに帰属し合っていたし、ノルウェーとデンマークも同様だが、しかしスウェーデンはそうではない。同様にまた、リヴォニア*とアクトランドとフィンランドはスウェーデンに帰属していた。こうして、何よりも海には、このように結びつけるものという側面がある。地中海には、多様な湾を有するという特性がある。したがって、地中海は大洋というものではない。大洋はさしあたり無規定なものへの空虚で際限のない超出として現出するのであって、そうした無規定なものに人間は単に否定的に関係するしかない。海と関わり合う民族と海から切り離された民族の間には、大きな違いがある。地中海は至る所で人間にとってそのように肯定的な関係があるので、自ら姿を現して人間にそれと関わり合うように促すのである。

＊ブリタニア　グレートブリテン島のラテン語による古称。この島の南部に住んでいたブリトン人（ケルト系の土着民族）の名に由来する。　＊ブルターニュ　フランス北西部の半島でイギリス海峡に面する地域。

古代ローマの支配下にあったブリタニアに対して用いられた名称。　＊リヴォニア　バルト海を挟んでスウェーデンの対岸にある、現在のラトビア東北部からエストニア南部にかけての地域。

こうして三大陸は、それらが相互に結びつき合うには都合よく横たわっている。それらの地理的状態に関しては、手短に以下のことを指摘できる。われわれにとって、この指摘が容易になったのは、これらの部分の自然的な性状を初めて根本的に考察したリッター＊の素晴らしい著書のおかげである。重要なのは、以下の三つの主要点である。

＊リッター　カール・リッター（一七七九－一八五九年）。ドイツの地理学者で、一八二〇年にベルリン大学に招聘され、ヘーゲルとも親交があった。『自然と人類史との関わりにおける地理学』（一八一七－一八二二－五九年）は彼のライフワークである。

第一の要素は、堅固な連関をなす高地であり、海よりも高く聳《そび》え、山岳地帯に囲まれた土地である。もう一つは、こうした堅固な塊が引き裂かれていることである。この塊は引き裂かれていなければ、人間の欲求にとって好ましい姿を見せることはない。それから次に、第二の要素は、このような山岳から川が急流となって流れ落ちることである。そして、重要なのは、このような急流が海に近いか、あるいはそうでないか、このような急流にとって狭い縁や抵抗があって、その抵抗が急流を長い川の流れに形作るように強いるのかどうか、といったことである。アメリカにはチリ西部やペルーに狭い沿岸地域があり、そこには文化がない。ブラジル［に向かう］別の側には、アマゾン川や［あるいはまた］ラプラタ川*のように、山岳に阻《はば》まれて、とてつもない大河が流れている。ノイホーラント*は未成熟な土地で、東側には狭い沿岸地域があり、ブルー山脈*の背後には川があるが、しかしその川は沼地に源を発していて、それゆえそれには何も抵抗するものがない。高地に発する川が第二のもので、しかもその川が海に流れ込む前に滞留する場合には、長い流れとなって谷間の平地の中を流れることになる。第三の要素は、高地が多かれ少なかれ失われており、したがってただ山々の連なりがそこに残っているだけのことである。その連なりにはもちろん平地がありうるとしても多くはなく、［そして］そこからはただ小川が流れているだけで草原となり、谷はあるがそこでの主たるものは山と谷の交錯である。

*ラプラタ川　無数の支流を集めてアルゼンチンとウルグアイの間を流れる川。*ノイホーラント　アメリカ東岸のニュージャージーやデラウェアにあったオランダの植民地。サスケハナ川がブルー山脈の渓谷を流れて大西洋岸に達する。*ブルー山脈　サスケハナ川がこの山脈の北から取り巻くように流れて大西洋岸湾内に達する。

こうした三つの要点に従って、三大陸もまた区別される。本来のアフリカでは高地が主で、アジアでは実り豊かで草木の繁茂した平原や泥の堆積した山間の平地が主である。ヨーロッパでは、谷と交錯する山々の連なりや丘や平地があって、したがってそこでは、どの要素もそれぞれが個別に独立して現れることはない。同様に、三大陸の精神の特性も異なっている。本来のアフリカでは、その特性は感性であり、人はそこにとどまったまま感性的な享楽、労働に耐える高い筋力、子供のような人のよさをなすが、しかしまた思想と感情を欠いた残忍さもなす。それに対して、アジアは精神的な対立の土地である。この対立は人倫にまで至るけれども、しかし自然的で実体的な人倫にとどまっており、精神的な対立そのものが人倫の別の側面に残ったままになっている。すなわち、それは個別的な利己心や欲望の際限のなさ、そして自由の節度のない拡張という、まったく抽象的な自由である。ヨーロッパは、抽象的な自由から自己内への、このような節度のない自由から特殊なものへの下降であるとともに、精神の自己内とその多様性への深化であり、そして特殊なものから普遍的なものへの上昇である。

より詳細なことに関して、〔三〕大陸が簡潔に順次考察されなければならない。それぞれの大陸が、自然から見てまた三つの部分に分かれる。――分かれるとはいっても、それでも区別されたものは相互に関係し合うところに多かれ少なかれとどまりうる。したがって、諸形式の区別が現れるのは相互の関係に即してのことであって、そのことによって、その関係は新たな区別の基礎にもなるのである。

［1］アフリカは、次のように三つの部分に分かれるものとして考察でき、その三つの部分は、精神的な特性が次のような自然的な規定にも結びついたまま区別される。つまり、三

つの部分は次のようになる。〔第一に〕それ自体としてあるようなアフリカである。〔第二に〕区分することによって、各部分がまずは核として独立していながら、さらに他の部分への関係のうちにあるというように、規定がより綿密になる。〔第三に〕独立してある部分については、通過せざるをえない。

こうして、アフリカの第一の部分は、本来のアフリカである。われわれはこれを通過することもできるが、それは〔相互の〕接点がそれほど前面には出てこないからである。〔むしろ〕境界線こそが本質的である。すなわち、西にはギニア湾*があり、東側はまったく直線的ではなく、〔むしろ〕アラビア湾*があり、北にはニジェール*の南部分がある。このような土地は、われわれがその土地を第一の特性をもって特徴づけたような性質をもっている。すなわち、その土地は高地であり、その山々が狭い縁を内側に形作っている。このような縁のほうへ内側に向かってまったく素晴らしい植物帯が続いているが、しかしそれは毒素を発散している。この縁に沿って、高地の山々が連なっている。本来の台地は、平らな土地の狭い帯状の沿岸地帯で円状に取り囲まれており、その土地には沼地の帯があって、その大気はほとんど毒性を帯びている。また、北には何よりもサハラ砂漠*がある。海に囲まれた他の三方周辺にはヨーロッパ人が入植地のコロニーを置いていたが、しかし彼らは高地にはいまだまったく至っていない。そこは最も閉鎖的な状態にある領域である。ここの黒人には最高の身体能力や最大の感性が見出されるが、しかし人のよさと並んで、途方もない不可解な残忍さもまた見出される。

＊ギニア湾　アフリカ西部のガーナやコートジボワールなどが面する湾。沿岸部ではヨーロッパ人が交易活動を行った。＊アラビア湾　紅海の古代における呼称で、アラビア半島とアフリカに挟まれた湾。＊ニジェール　アフリカの北西部にあり、サハラ砂漠の南縁部に位置する。＊サハラ砂漠　アフリカ北部に広がる世界最大の砂漠で、多くの部分は台地状をなす。

これらの諸民族は、自ら外に出てきたことがなく、歴史のうちにどのような地歩も占めたことがない。一六世紀に、まったく未知の諸民族が、確かにこの内部から姿を現しはした。しかし、それら諸民族はただ破壊するだけで、それらの群れが教養のさらなる結果を生むことはなかった。これら諸民族が群れることによって、きわめて恐ろしい野生と野蛮さが現れた。彼らが平穏な状態で知られたとすれば、他の民族と同じような人のよさが見出されたことであろう。このようなアフリカは、平穏で衝動もなく、自ら駆り立てることもないような感性のうちにとどまっており、そしていまだ歴史上に登場していないし、住民がより貧困な時代に奴隷として使われた以上に、歴史との関連は何もないのである。

〔奴隷制〕――奴隷制の状態に一般的なのは、よく言われるように、奴隷制は事柄の概念からして、それ自体それだけでも不法なのだから存在するべきではない、ということである。しかし、こうした〈べき〉は、主観性を表現しているのであって、何ら歴史的なものではない。というのも、〔主観性においては〕そこに存在するべきものは、〔また〕存在するものであるべきだからである。それでもなお奴隷制を不適切とする〈べき〉に欠けているのは、実体的な人倫であり、国家の理性性である。〈べき〉は国家のうちにこそ実在性をもちうる。理性的な国家のうちには、いかなる奴隷制もありはしない。それゆえ、奴隷制が見出されるのは、精神がこのような点をまだ措定していないところ、すなわち真の理念がただあるべきであるという側面をまだ残しているようなところだけである。こうして、奴隷制は国家がまだ理性性にまで到達していない段階では必然的である。奴隷制は、より高い段階に至る〔国家の〕移行の一つの契機なのである。

アフリカの第二の部分はニジェールの北で、また海から隔たった乾燥して燃えるような海とも言うべき〔サハラ〕砂漠の北にある。この部分は西にアトラス山脈*があり、地中海沿岸から〔東の〕ナイル川に至るまで延びている。そこには山の連なりと個々の砂漠があるが、しかし一部には、例えばモロッコ*やフェズ*のように、最も実り豊かで多彩な地帯が含まれている。こうした部分は全体のうちで沿岸域をなしており、世界史のうちでは脇役でしかなく、それだけで自立してあるわけでもなく、またその背後に確固とした基盤もない。スペインはアフリカに属していると言われてきたが、それと同じように、〔アフリカの〕この部分はヨーロッパに属していると言うことができる。アフリカの第三の部分はエジプトであり、世界史にとって、まったく固有の興味深い部分である。エジプトはその現存を大河に負っている大河流域であり、その流域は西部と南部に分かれる。最初の直接的な大陸であるアフリカは、〔以上のように〕概して三つの区分から成る。エジプトはアジアにつながっている。

＊アトラス山脈　アフリカ北西部のモロッコからチュニジアにかけて東西に延びる山脈。＊モロッコ　アフリカ北西部のスペインの対岸にあり、地中海と大西洋の沿岸地域をなす。＊フェズ　アトラス山脈の北にあって地中海沿岸にも近いモロッコの都市。

［2］第二の土地はアジアであり、日出ずるところの世界である。われわれは、これまで自然諸条件を、世界史にとってはむしろ否定的で制約するものとしてみなしてきた。アジアでは、自然諸条件は肯定的なもので、それゆえ偉大な自然観となる。自然諸条件は、歴史にとって自然的な基礎であるように、われわれの直観にとってもまた、そうでなければならない。世界史は世界性の境位のうちにある精神である。こうして、われわれは自然的なものや身体的なものもそうした境位のうちで知らなければならない。自然的なものと精神的なものが一つの形態を形作り、そしてこのことが歴史をなすのである。アジアは始まりをなす。それぞれの土地が東であるのは、〔西の〕他の土地に対してのことである。しかし、アジアはそれだけで独立して東の大陸であり、他方でヨーロッパは一部では〔われわれにとっての〕中心であるが、一部では世界史の終点である。アジアでは自己意識の光が国家として立ち上った。そこでは自然的な地域性がまず考察されなければならないが、それは直接に現れるように歴史にとってまだ区別をなすものではない。アジアはむしろ〔高地と平野の〕対立の土地である。ここでは区別が、対立し合うものの関係として、具体的に立てられなければなら

ない。最初の差異は抽象的であるが、それはアフリカにおけるように個別化されて、ばらばらに現れるのではない。その関係は、具体的な差異という形で、ようやく歴史のうちに入ってくる。

ここアジアでは、区別されたものの関係が必然的である。最初にアルタイ地方*とその山々から切り離されるシベリアに関しては、北側の〔西シベリア平原の〕斜面全体をなす。大河が海に流れ込むという、そこに生じる利点も、気候によってまたもや縮減される。それゆえ、［シベリアは］世界史にとっては関心がないことになる。残りの土地は三つの地域に区分される。

＊アルタイ地方　西シベリア南部の地域で、アルタイ山脈を源流とするオビ川が北に向かって西シベリア平原を流れる。

第一の地域は、アフリカにあるような堅牢な高地で、とてつもない山岳地帯である世界最高峰のヒマラヤ山脈*に囲まれている。この山脈には最高の頂〔エベレスト〕がある。しかし、この高地はアフリカにおけるようにそのうちに閉ざされたままあるのではなく、［それは］開かれていて、第二の地域との相互関係のうちにある。この第二の地域は大河流域であり、それは高地の外に［あって］、ヨーロッパにおけるのとは別様に［考察されるべき］である。それは谷ではなく、泥でできた途方もない谷間の平地であり河川域である。高地に発して、このような谷間を貫流する川は、両地域を結びつける動脈であるが、しかしそれはようやく山岳地帯を突き抜けたあとに結びつくことになる。山岳地帯の中では川の流れは荒々しく、しかもそこには急流があって、その急流によって山岳地帯と渓谷に流れの道筋が切り開かれる。そのような急流は、滝などとなって結合を妨げもする。アフリカにもザイール川があって、そこでは川が山岳地帯を突き抜けもするし、滝によって中断されたりもする。山岳は、それ自体で概して分水嶺をなしており、いわば独立して形成されている。しかし、川はそのような山脈を突き抜けていく。それゆえ、山脈を分水嶺として理解しようと思っても、それほど厳密に理解することはできない。川は〔平地を〕肥沃にするものである。谷間の平地に見られる肥沃さは、山の多い土地とはまったく異なっている。そのような谷間の平地の低地は、泥土などの肥沃さに恵まれることになる。広大な平野は、とりわけアジアとエジプトに特有のものである。そのような平野は、確かにヨーロッパにも認められるが、それでもヴィスワ川*沿いやロンバルディア地方*の低地のように従属的なものでしかない。アジアにあるこのような平野は、文化の中心地をなす。このような大河流域の第一は、黄河と揚子江〔長江〕という黄色と青色の川がある中国である。南方部分は、一つの山脈によってこれらの川から切り離されている。第二の谷を形作っているのが、ガンジス川*とインダス川*である。〔しかし〕インダス川には、それほど特徴的な谷はない。その上流部分は山々を貫流していて肥沃であり、そしてインダス川はその下流域では砂の平原を通って流れている。第三の谷の地帯はティグリス川*とユーフラテス川の一帯で、そこはまた牧畜地帯をも包括している。第四の地帯をなしているのはカスピ海で、そこに流れ込む大河をともなっている。東にはアムダリヤ川、さらにヤクサルテス川ともいう、今ではアラル海に流れ込んでいるが、かつてはカスピ海にも流れ込んでいたシルダリヤ川、さらに西に越えれば、クラ川とアラス川がある。〔カスピ海の〕西方には谷間の平野もあるが、考察するには及ばない。注目に値するのは、今日のアラス川によって形成された平野である。

＊ヒマラヤ山脈　チベットとインドを分けて東西に延びる巨大な山脈で、中国側では揚子江の、インド側ではガンジス川などの水源となっている。　**＊ヴィスワ川**　ポーランドの平原を蛇行してバルト海に注ぐ川。**＊ロンバルディア地方**　イタリア北西部の地域で、アルプス山脈の山岳地帯から丘陵地帯、そして平野部へと広がる。　**＊ガンジス川**　ヒマラヤ山脈中部に源を発してベンガル湾に注ぐインド最大の河川。ヒンドゥー教徒によって「聖なる川」とされる。　**＊インダス川**　ヒマラヤ山脈北西部に源を発してアラビア海に注ぐ河川。その流域はインダス文明発祥の地となった。　**＊ティグリス川**　トルコを源流としてイフクを南下し、ペルシア湾に注ぐ。西側を並行して流れるユーフラテス川と河口付近で合流する。「肥沃な三日月地帯」と呼ばれる両川の下流域に古代メソポタミア文明が形成された。　**＊アムダリヤ川**　ギリシア語文献で「オクソス川」と記されている川で、パミール高原のヒンドゥークシュ山脈に源を発し、ウズベキスタンの平原を通ってアラル海に注ぐ。　**＊シルダリヤ川**　ギリシア語文献で「ヤクサルテス川」と記されている川で、天山山脈に源を発し、タジキスタンからウズベキスタンの平原を通ってアラル海に注ぐ。　**＊クラ川**　ヨーロッパの古い記録ではペルシア語の「キュロス川」として記される。トルコ北東部に源を発してカスピ海に注ぐ。　**＊アラス川**　トルコに源を発し、アルメニアを通ってアゼルバイジャンでクラ川に合流してカスピ海に注ぐ。

　こうして、ここアジアでは、高地と途方もなく広い平野が主要な対立をなしている。こうした二つの地域性は必然的なもので、完全に対立し合う人間の素質や対立し合う人間の行為にとって、原因でもあり、［また］基礎でもある。そこにおいて固有のものは、自分のうちで不断に活動している山岳住民と、自分のうちにしっかりと根を下ろしている谷の住民、その両方の本質的な相互作用であり、そして［この両方は］エジプト［において］見られるように互いに分離していない。特徴的なのは、まさにこのような完全に対立し合っている素質相互の関係なのである。

　アジアの第三の地域性は、沿岸に向かって混交する規定である。ここで、われわれはアラビア、そしてシリア*と小アジアの沿岸地帯に出会うことになる。

＊シリア　西アジアの東地中海に面した地域で、歴史的にアッシリア帝国、ペルシア帝国、マケドニア王国の統治下に入り、前三一二年にセレウコス朝シリアを建国するも、その後、ローマ帝国、さらにイスラーム帝国に併合されるなどした。

　以上はアジアの三つの主要な地域である。これらの区別は抽象的に捉えられてはならず、それらは相互作用のうちにあって、そしてそれらの根底にあるのは具体的なものである。ここで二つに区別することができる。一つは人間が平野に根を下ろして定住することであり、もう一つは住民が高原を移動することである。こうしたことが、二つの支配的な区別である。

その第一は、大河流域の平野の原理である。ここでは実体的な人倫の静かな形成が支配的で、その形成は精神の自己内での成長が確かにあるにはあるが、しかしいまだ内的な対立にまでは至っておらず、それは家父長的な王制をなす。また、西方の山岳地帯の土地がつながっているのは主に後方アジアの地方だが、それでも平野の原理が高地の住民にとっても支配的なままである。その住民はモンゴル人と名づけることができる。後方アジアは、これにも属している。中国は満州－モンゴル人に制圧されたけれども、かつてあったままであり続けている。カルムイク人[*]や他の諸種族も中国に属している。インド人もまた、その〔後方アジア〕全体に属している。

*カルムイク人　北アジアのモンゴル系遊牧民族の一つであるオイラート族のヨーロッパ人による呼称。

第二の〔地域〕部分は中央アジアで、そこは山岳民族が優勢である。いわば平原の高地として見ると、われわれはそこにアラブ人[*]も数え入れなければならない。それは高地という性質をもってはいるが、しかし平原のうちにある。これは対立の領域であり、〔そして〕ここでは対立が光と闇として、その最大の自由にまで到達している。それはオリエンタリズムという華麗さで、そこではそもそも純粋な精神的直観にとってのこの一なるもの〔神〕という抽象、すなわちイスラーム教が生起する。とりわけペルシアは完全にここ〔中央アジア〕に属している。

*アラブ人　アラビア語を母語としてアラビア半島で部族社会をなしていたが、七世紀に成立したイスラーム教を共有して、中東から中央アジア、北アフリカへと支配地域を拡大させた。

第三の部分については、〔ここでは詳しいことは〕何も述べることができない。この第三の部分は、前方アジアである。前方アジアは多様な沿岸側としてのアジアの側面で、そこで前方アジアは他の側面と関係している。この部分は地中海とつながっている。ここにはシリアの沿岸、すなわちパレスチナ、ユダヤ〔地方〕、ティルス*、シドン*が属している。ファシス川*の貫流するコルキス*は〔こうした〕イオニアの植民地であり、〔そして〕ドン川*とボルガ川*の平原はウラル山脈*にまで至っていて、これらの地方はヨーロッパに向き合っている。

*ティルス　レバノン南西部の地中海に面した古代フェニキアの都市国家。貝から採れる紫色の染料を特産とした。　*シドン　レバノン南部の地中海に面した古代フェニキアの都市国家。　*ファシス川　コーカサス山脈に源を発して黒海に注ぐ川で、河口に古代都市ファシスがあった。現在ではリオニ川と呼ばれる。　*コルキス　黒海沿岸の古代都市でギリシア人が地中海交易の拠点とし、その中央部をファシス川が貫流していた。　*ドン川　モスクワの南東から始まってアゾフ海に注ぐ川で、その流域の平原には遊牧民族スキ

タイが発祥した。　＊ボルガ川　モスクワ北西部の丘陵に源を発してカスピ海に注ぐヨーロッパ最長の大河。下流域は肥沃な黒土地帯を形成する。　＊ウラル山脈　ロシアを南北に縦断して、西をヨーロッパ側に、東をアジア側に分け、その南部から流れるウラル川がカスピ海に注ぐ。

〔3〕ヨーロッパに関しては、われわれは簡潔に済ますことができる。ここでは、高地の堅固さは従属的である。スペインでは確かに高地は今でも現存してはいるが、しかし深い谷を取り囲んでいる山脈の連なりが主たるものであり、そして丘、小川、平原、河川などが多様に入り組んでいる。山岳は高原の中のそれとはまったく異なっている。アジアでは高原と広大な平野の対立が見られたが、ヨーロッパではどの原理も際立つことがなく、すべてがそれぞれに個別化されている。スペインがアフリカに面して高地になっているように、ロシアは高地の〔河川〕とともに谷の平原になっている、という具合である。

ヨーロッパのうちでは、次のように区別されなければならない。最初に外に向かっていながら、他の部分である地中海に対して折り返して存在している。——他の部分は、それだけで独立したヨーロッパである。その最初の部分は、アルプスの南側である。アルプス山脈がイタリアをフランス、スイス、ドイツから隔離しているのと同じように、ドナウ川＊の南にある山脈、さらにはアルプス山脈から東に向かって連なっているバルカン山脈＊がギリシアを切り離している。他の部分はこうした山脈の連なりの北の斜面で、それは完全に固有のヨーロッパをなす部分である。ここで、その東と西に区別されなければならない。西部はドイツ、フランス、そしてイギリス連合王国である。東部と北東部は、ロシア、ポーランド、ハンガリーなどである。ここで支配的なのは、アジアとの連関である。ヨーロッパの心臓部はこの西部であって、とりわけ*ユリウス・カエサルがこの西部を開発し、アルプスを突破して、ブリタニアとゲルマニアに踏み込んで、この新しい世界を古い「ローマ」世界と結びつけた。このことは本来、オリエントを開発しようとするアレクサンドロス*という青年の行為に対して、大人の行為であった。アレクサンドロスのそれは、オリエントをギリシア風の生活にまで高めようという夢のような理想であったにすぎず、夢として実現されることはなかった。古い世界の中心点は、地中海である。地中海の周囲には、イェルサレム*とイスマーイール派*の中心地メッカ*があり、また大地の中心であるデルポイ*、ローマ、そしてアレクサンドリア*がある。そのアレクサンドリアには大きな価値があり、アジアとヨーロッパを結合する役割によってコンスタンティノープル*より大きな意味がある。それは東と西の精神的な結合点である。こうした地中海は、きわめて特徴的である。もし古い世界の中心が海でなかったら、世界史は無力だったであろう。［というのも］海としてのこうした中心点は、活力を与え、すべてを包括するものであって、それなくしてはそもそも世界史が存在しえなかっただろうからである。広場や街路のないローマやアテナイが世界史に思い浮かべられないように、海のない古い世界は何ものでもないであろう。

*ドナウ川　ドイツの「黒い森」に源を発し、オーストリアからハンガリーなどを流れて黒海に注ぐ。

＊バルカン山脈　バルカン半島東部に横たわる山脈で、かつてはハイモス山と呼ばれていた。

＊ゲルマニア　ライン川の東、ドナウ川の北でゲルマン人が居住していた地域の古代ローマ時代の名称。カェサルが侵攻したが、ローマ帝国から独立性を保った。＊アレクサンドロス　マケドニア王国のアレクサンドロス三世（前三五六―三二三年）。通称アレクサンドロス大王。父ピリッポス二世による全ギリシアの覇権を受け継いでペルシア帝国を征服し、さらにインド北部にまで東方遠征した。その結果、オリエントにギリシア文化が広がって、ヘレニズム世界が形成された。＊イェルサレム　中東パレスチナの城塞都市で、ヘブライ王国のダヴィデ王が都を創建したユダヤ教の聖地であるとともに、イエス・キリストが十字架で磔にされて復活したキリスト教の聖地であり、またイスラーム教の聖地でもある。＊イスマーイール派　イスラーム教シーア派の一分派で、神秘主義的な傾向が強い。＊メッカ　アラビア半島西部の紅海に近い都市で、預言者ムハンマドの生地としてイスラーム教最大の聖地とされる。＊デルポイ　パルナッソス山の麓にあった古代ギリシアの都市国家。「世界の臍」とされ、アポロン神殿で下される「デルポイの神託」で広く知られていた。＊アレクサンドリア　エジプトのナイル川の西北端に位置する都市。アレクサンドロス大王が建設し、その後プトレマイオス朝（前三〇五―前三〇年）の首都として「世界の結び目」とも呼ばれた。＊コンスタンティノープル　東ローマ帝国の城塞首都として繁栄したが、一二〇四年の第四回十字軍の攻撃で陥落し、その略奪によって衰退した。

こうして、われわれは今や世界史の地理上の三区分を東から西へ、南東から北西へ、上昇から下降へと特徴づけたことになる。世界史は南東に立ち上り、そして北西に向かって自らのうちへと下降してきている。精神は自らを自分の世界として自ら創造するものである。

このような地理的な土台は、歴史にとって外的な場所として受け取られてはならない。むしろ地理的な土台には、その特性によってその土台の上に現れる諸民族の性格に対応する、さまざまな類型がある。諸民族は、そのような土台の上に現れることによって、地域性と結びついた特定の性質を帯びている。諸民族の場は精神的なものではあるが、しかしその原理の規定性は、この原理が現れる土台の自然側面に対応している。

自然と人間の性質との連関は、さしあたっては人間の意志の自由に矛盾するように見える。なぜなら、人間は自然規定性を超えて自らを高めなければならないからである。われわれは自然規定性を感性的なものと名づけるし、そして人は確かに思考作用が独立してあり、人間は真理を自らのうちに有するというように、〔しかも〕人間はそれを自然からではなく自分自身から獲得するというように考えることもできよう。〔しかし〕人は、民族の精神的な規定性が土台の自然規定性に依存しないかのように考えてはならないし、したがって精神を抽象的なものとして考え、その精神が自らの内容を自然から受け取ったかのように考えてもならない。そうではなく、連関は次のようなものである。すなわち、歴史における諸民族は特殊かつ特定の精神であって、人がそうした精神の本性から知らなければならないのは、特殊性が普遍性を濁らせるのではなく、普遍的なものが真なるものになるために自らを特殊化せざるをえない、ということである。諸民族の精神は類の特殊な種であることによって、その規定性はまずは精神的な規定性でありながら、他面でその規定性に自然規定性が対応し、したがって〔両規定性の〕関係は相互的である。精神はそれ自体でこうした特殊性であって、そしてただそれ自体でしかないものが、ようやく自然的なあり方で現存するようになり、そしてそのようにして自然側面をなすことになる。というのも、特殊なものはまた現存しなければならず、そしてこうした現存を自然側面のうちにもっているからである。単なる自体としての、〔精神の〕可能性として内的である子供は、単なる自然存在であり、単に素質をもつ、ようやくにして自然的な人間である。

〈自然と精神のあり方の連関〉

自然の性質と精神的な存在のより詳しい連関に関しては、われわれは主要な形態をただ手短に検討することにしたい。

［1］谷の平野に関しては、それが肥沃な土地［として］農業への移行をなすことが注目されなければならない。精神的なこととして、備蓄の知恵がそのことに関連している。農業は季節に従わなければならない。それは欲求の個別的で直接的な満足では立ちいかず、満足のためには備蓄という普遍的な方法が前提となる。さらに、そのことによって［一つの］足場が成立し、そこに道具とか保存といった足場が生じるが、こうした特定の基盤には、ある制限がともなうことになる。こうした基盤は、形式化され、［また］外的なものであることによって、そこには所有と財産権といった規定が含まれている。このような個体の排他的な自立性とともに、多かれ少なかれ自然的な個別性である家族が生じることになる。そして、さらにある普遍的なものが現れるが、その一つの状態は排他的な個別性の外で、この個別性をまずは保護などする普遍的なものを必要とする。そのことによって、支配者の、そして本

質的には法律の可能性が［生じることになる］。すなわち、それは一つの自己の必然性が、さらにその後に精神の必然性が生じる、ということである。そのような自然条件のうちには、そもそも前進することとの反対、つまり有限化とか有限な形で規定されたものへの制限が含まれている。それは普遍的なものにおける固定化である。

［2］第二に、高地の地域性は次のことを必然的にともなう。すなわち、ここには大河のない平原があって、その平原は大地の自然に何らの性質も与えることはないし、あるいは流れ［があって］も影響力はなく、部分的には消滅したり、それぞれの季節によってわずかに影響を受けたりするだけである。ここでは〔流れは〕絶えず円を描きながら単調に蛇行しはするが、ただ形式的にぐるぐるまわるだけで、そのように制限されたままにとどまるようなものである。しかも、その制限はただ事実上、存在するだけのものであって、この土地を放棄する可能性を妨げるものではない。なぜなら、ここには耕地もなければ所有もなく、あるのは自然によって作られたものだけで、そのようなものはどこか別の場所にでも見つけることができるからである。自らを〔ここから〕引き離す可能性は現にある。土地は耕されておらず、また私はそうした土地を至る所に見出すことができる。したがって、そのような諸民族を駆り立てることができるのは、外的かつ内的な種類の刺激である。それでも、それらのうちに本来あるのは不安定さの精神ではなく、典型的なのは温和の精神である。個人としては、そのようにうろつきまわることが掠奪になりうる。そのような民族が一部には掠奪に駆り立てられはするが、しかしそれはただ低地の高原にあって、平穏な土地と境をなしている

場合のことである。というのも、高地は高い山々に制限され、そのうちには強くて野蛮な民族が住んでいるからである。しかし、穏やかな住民たちも低地の部族に接すると、そうした部族と衝突することになる。このような遊牧民はそうして他の部族との敵対関係に入り、そしてその規定は外に向けての戦争状態となる。そして、この戦争状態が彼らを自らのうちで分散させ、個別化をもたらすことになる。この個別化は否定的な人格性と抑制できない不毛な自立性となるが、しかもこのような抽象的な自由にとどまったままである。

［3］第三の地域性は、山岳地帯のそれである。ここには遊牧活動はなく、むしろ牧人生活がある。土地の多様性は農耕や狩猟なども許容する。気候は冬と夏が、あらゆる季節と同じように交替する。ここには危険があり、したがって戦闘力と勇敢さが根づいてはいるが、しかし生活のすべてがその地域性によって閉ざされたものとなっている。この生活があまりに狭くなる場合には、閉鎖的なものとなり、また閉鎖的なままにとどまるだけである。山岳地帯のそうした民族にとって、その地域性があまりに狭くなりすぎると、谷の平野の民族のような軍隊ではないにしても、ある統率者を必要とし、そして山岳地帯の民族は、そのような実り豊かな谷の平野に身を投ずることになる。その越境は抽象的なものでも不断の越境でもなく、むしろ代償として、より快適な生活を選び取る、という明確なものである。こうして、アジアの自然衝突は、こうした規定に基づくものであり、［かつ］そのような対立のうちにとどまるものなのである。

［4］ヨーロッパの自然では個別化した自然型が突出することはなく、ここでは一つの自

然形式が別の自然形式によって弱められる。ここでは土地が自然威力からの自由を必然的にともなうので、その結果、ここでは全般的な人間が際立ちうる。人間はあらゆる地帯で生活できるが、しかしいくつかの地帯には人間を超える自然威力がある。その一つの自然威力は、人間の全般的な本性と比して、人間の内なる一つの威力として現れる。それゆえ、ヨーロッパの人間は、自然の側面からして、すでに〔一つの〕自由な存在である。なぜなら、ここでは、そのような〔自然威力の〕原理が支配的なものとして展開することはないからである。ここヨーロッパでは、本質的な主要対立は、ただ内陸部と〔海の〕沿岸部の対立にすぎない。

〔5〕反対に、アジアにとって、海は何ら意味を有していない。アジアの諸民族は、海に対して自らを閉ざしてきた。本来の中国には航海がない。山脈によって大きな河川域から遮断されているような地方にだけ、わずかばかりの航行があるのみである。インドでは、海を航行することが宗教によって積極的に禁じられている。エジプトでもまた、河川の航行は活発ではあったけれども、最盛期の時代にも航海はなかった。それゆえ、航海はアジアの原理からは締め出されている。他方、ヨーロッパでは、航海は一つの大きな要素であり続けている。

〔6〕ヨーロッパでは、まさに海との関係が重要である。この違いは今でもなお続いている。河川の河口にまで及ぶ領土のない国家は、河口を領土にしているような国家とは本質的に異なっている。例えば、オランダはドイツと異なっているし、ヴェネツィアはロンバルデ

ィアと異なっている。そのように、海に注ぐ河川の両側には、内陸部の河川とは異なる諸民族が住んでいる。ヨーロッパの国家は、海との結びつきがあってこそ大きくありうる。海は確かに国を分けるが、しかし人間を結びつける。海にはまったく固有な越境作用があるが、アジアの生活にはそれが欠けている。

このことは、自分自身を超えようとする生活の越境作用である。主体の目的の特殊性は、われわれが欲求と名づけるものと関わっている。欲求の満足のための労働は、諸個人がこのような制限に、すなわち生業《なりわい》のこのような範囲内に埋没することを必然的にともなうものである。海には、人間が海の結びつける作用によって獲得もする、という側面がある。しかしながら、ここ〔海〕では満足の媒介に反対のものが含まれる。すなわち、財産と生命が危険にさらされ、そうして媒介がその逆のことをまさにそのまま内包している、ということである。そのことによって、このような〔海での〕生業やそれと関わることが、何か勇敢なことや高貴なことになる。そこから、諸個人の自立性やより大きな自由という固有の意識が、生業の束縛と対照的に生じることになる。勇敢さは、航海に際して目的そのものの中心にある。〔ここでは〕勇敢さが本質的に知恵や最大の策略と結びついている。というのも、海は無邪気に見えるほどの広さがあるからである。しかし、まさにこうした〔海の水の〕要素である弱さやたわみや柔和さこそが危険性をなすものの、人間はその危険性に自らの手段を対置し、その手段によって海とそれを動かす大気を自らの目的へと導き、自分の世界を手にするのである。そのように軽々と運動する、このような白鳥としての〔帆〕船は、知恵の大胆さに最高の栄誉を与える道具である。アジアの人倫的生活の豪華建築に欠けているのは、こうした知恵の大胆さである。海には生業もあるが、それでも個々の人格はここでは自らを解放しており、自らの生活の中で自由である。そのことによって、個々の人格の自由という原理は、ヨーロッパの国家生命の〔基礎に〕なっている。

以上のことが、自然的なものの根本的な区別であり、またそれに対する自己意識的な生活の関係ということになろう。しかし、ここではまだ一般的な特徴にとどまっていると言わざるをえない。というのも、自然の土台は、同時に偶然性の土台でもあるからである。自然の土台が規定づけるものであり、精神の原理に対応するものだとはいっても、その一般的な特徴においてのことでしかない。しかし、関係づけは、なおもより特殊な形で追跡されることになる。〔例えば〕ギリシア的な生活の特質は、個性的な個別化をもたらす沿岸地帯という土台から生じる。そのように、ギリシアの国土は、ギリシア的な〔都市国家の〕生活に見られる分散化の似姿である。ローマ帝国もまた陸地の中央に生じえたのではなく、〔むしろ〕ローマの世界支配はただ海に面して、そしてもちろん古代世界の中心域である地中海に面して成り立ちえたのである。しかし、これらのことは、それでもなお連関のおおざっぱな特徴にすぎず、歴史にとってのその連関の主要な場所を知らなければならないように、この連関を知らなければならない。これまで述べたことは、世界史の根底にある諸原理の近くにわれわれを導いてきた。われわれは、これら世界史そのものの諸原理に取りかかることにしたい。こうして、今や全体としての絵画がわれわれの眼前にある。

〔D〕世界史の区分

〔世界史の〕区分に関して、（そして、すでに指摘しておいたように、まさに自らを駆り立てるのは理念そのものであり、理念は自分自身の道程において自らを創造し、把握する。）われわれがそこから出発しなければならないのは、普遍的で精神的な生命としての国家一般である。諸個人は、そこにおいて自分の意志や自分の目的や自分の本質と向き合い、それと同時に、国家によって特殊なものとして維持され、そのために活動し、そしてそこにおいて価値を与えられるのである。

さしあたって問題になるのは、国家がどのような形式を有するか、ということである。すなわち、それはまさにこの人倫的な生活が普遍的な目的としてただ反省以前の慣習としての習俗をもつにすぎないのかどうか、この習俗が諸個人にとっての権威として諸個人の規定をなす一体性を形作るのかどうか、現実の生活が習俗であるのかどうか、信仰や信頼のうちにある現実の生活が慣習のうちに現にあるのかどうか、といったことである。このような直接的な一体性のうちにあるもう一つの原理が、人格の反省作用であり、すなわち自分だけで存在する主観性の原理である。この主観性は、抽象的に見れば、そもそも無限な形式であり、自らを区別するものと区別されたものの活動性であり、そして一体性の発展した活動性である。実体は根底にあり続けている。主観性という形式は、ただこの実体そのものの一体性を、その区別のうちで発展させるだけである。

〈国家の諸形態と歴史の行程〉

われわれがそれをもって始めなければならないのは、その概念からして、そもそもまだ自らのうちに対立のない国家である。そこでは、主観性はまだ独立していないし、主観は自らの権利を獲得するにはまだ至っていない。こうして、最初の国家は、むしろ直接的な人倫［であり］、歴史の幼年期であり、主観性の個別化にまでは進んでいない法を欠いた人倫である。歴史の幼年時代は、さらに二つの側面に分かれる。というのも、そこには対立があり、対立が欠けることはありえないからである。ここで対立がこうした形態でまだ発展していないかぎり、対立はその形態の外に落ちて、それゆえ対立の戯れのままに委ねられている。

〔対立の〕第一の側面は、国家である。その国家は、どのように家族関係を基礎にしているのか。ここでわれわれは［国家を］、父親的な配慮に基づいて、罰や忠告や懲らしめによって全体を保持する――一つの有機組織を考察しなければならない。それは持続する国という散文的な国で、この対立という観念性を自分のうちにまだもたない非歴史的な歴史である。したがって、そのような状態が自分のうちで自らを変化させることはなく、〔変化があるとすれば〕それは［ただ］外部からのことである。［しかし］真の変化は、ただ内部にのみある。内部が変化する時にのみ、外部が侵入してくる。後方アジアがそのような国家の形態であって、本質的には中国的な国の形態である。ここには、さしあたって空間の相互の没交渉がある。

しかし、第二に、国家の客観性は時間の形式のうちにもあり〔ながら〕、そのため国家は自らのうちで変化することなく、ただ外に向けた衝突のうちにあるだけである。したがって、また同じ原理の上に立つ国家は、本質的に〔自分と〕関わりつつ、またそうして絶え間ない没落のうちにある。すでに没落したものの代わりに登場する新たなものもまた、没落するものへと、つまり同じ滅亡へと沈み込んでいく。こうした不断の変化の中には真の発展は何もなく、それは永遠に同じものにとどまるということである。こうした絶え間ない動きが、非歴史的な歴史というものである。

何も生み出すことのない不断の変化というこの第二の形態、こうした時間の形態は中央アジアに属している。第一のものを幼年期と名づけたように、われわれはこの第二の形態を世界の少年期と名づけることができる。この少年期には、諸国家は周囲と喧嘩し合う。それでも、国家が外に向けられることによって、個人の原理の予感が生じる。戦いと争いによって、個人は自己に集中し、自らに収斂することになる。しかし、こうした予感も、最初は無力な諸個人の一般的な無意識の原理〔として〕、光であるような自然的なもの〔として〕現れる。しかし、この光はまだ自らを知る人格的な魂の光ではない。こうした光は自らを青年期へと広げていく。それから、ここにギリシア的な国が現れることになる。

国と国家は、ここでは異なっている。というのも、ギリシア的な本質は、はじめは国家ではなかったからである。むしろ、ここでは〔都市〕国家の集合が特徴的である。これは美しい自由の国である。こうした形態の原理は純朴な人倫的統一であり、しかも個人の人格としてある。個々のものは、個人と普遍的な実体との統一として自分を自由に感じる。そのように、それは美の国であり、最高に明朗で優美な国ではあるが、しかしそれゆえにまた、その美の国は、美が反省によってその堅固さを逆さまにせざるをえないために、絶対にはかない国、急速に沈んでいく繁栄、自分のうちで最も不安定な形態となる。というのも、美のうちでは対立し合う原理が一つになっており、そして個人の自由は純朴な人倫のまさに反対だからである。それゆえ、ここには絶えざる不安定な状態がある。直接的な人倫との統一のうちにある人格の反省は、ただ一つの契機だけを保持し、反省がその統一を引き裂くことになる。ここでは、実体はただ美しい個人としてのみ〔現前して〕いる。人格の反省は、主観性が純朴な普遍性に対して行使する力によって、直接性を考えられたものとしての普遍性へと高めなければならない。

ギリシア人はその〔人倫的〕統一を直観し、ローマ人はその統一を反省した。

そうして、われわれは厳しい労働の壮年期とも言うべきローマ世界に入ることになる。その労働は、義務に従い、普遍的な目的、すなわち法という普遍的な原理で成り立つ国家に奉仕することであり、支配者の恣意や支配者自身の好都合な恣意のうちで動くものではない。ここには個体性の普遍性への献身があって、個人はこの普遍性のうちに没する。諸個人は、自らの目的を、ただ普遍的なもののうちでのみ達成するのである。そのような国は永遠のために存在するように思えるが、それは特にこの国が満足という主観的な原理をその真のあり方で労働と結びつける場合のことであり、［この国が］実体である宗教と和解した主観性となり、あるいは神聖ローマ帝国*となった［場合のことである］。しかし、われわれは、この帝国が二〇年前に没落したのをすでに見ている。ローマ世界のなした仕事は、抽象的な普遍性として見ると、個々の諸民族をわがものにし、自らの抽象的な普遍性のうちで抑圧するというものである。

***神聖ローマ帝国**　ドイツ王オットー一世が九六二年にローマ教皇によって戴冠され、四七六年に滅亡した西ローマ帝国を継承したことから始まる。一八〇六年にフランツ二世が退位するまで続いた。

次の原理への移行は、特殊な主観性の原理に対する抽象的な普遍性のそれ自身のうちでの闘いとみなすことができる。この闘いは、主観的な個別性が勝利するという形で終わらざるをえない。というのも、抽象的な普遍性は、自分自身のうちで合法則性［として］自らを個別化することはなかったし、単に恣意的で主観的な個別性を自らの動力にせざるをえなかったからである。［こうして］この合法則性は、抽象的なものとして、完全な主観性のうちで没落せざるをえない。無限な形式の原理である主観は、自らを実体化することさえなく、そうして恣意的な支配として現れざるをえない。そのようにして、それからこの国には対立の廃棄が世俗的な和解という形で生じる。そうこうするうちに、個人の人格がそれ自体で独立して存在する普遍性として、神的な人格とも言うべき、それ自体で独立した普遍的な主観性として美化されるような精神的な和解さえ生み出されることになる。それから、このような神的な人格が世界のうちに出現する。その人格が世界のうちに出現しなかったとすれば、それはそれ自体で独立して存在する普遍的なものではないだろう。というのも、その普遍的なもののうちには、定在する現実性もまた含まれているからである。ここから、世俗的な世界に精神的な世界が対立するようになる。そうして、自らを知る主観性の国、すなわち自らの本質を知る主観性の国が、現実的な精神の原理となるのである。

それとともに第四の国に到達しており、われわれはそれを老年期に類比することができよう。この老年期は自然の状態のうちでのことであるが、言葉の上での老齢という意味では、その完全な円熟の精神のうちにある。自然の年齢は、その発達段階を跡にとどめている。しかし、精神は、それ以前の発展の諸契機を自分のうちに保持しつつ、そしてそのようにして自らを〔発展の〕総体性のうちで知る、という無限の力なのである。こうした第四の国が、ゲルマンの国である。というのも、ゲルマン人は、このような変化の尖端に位置していたからである。この国は、それ自体としてようやく実現されたばかりの和解をもって始まる。しかし、そうした和解もようやく始まったばかりなので、最初のうちはとてつもない対立を見せることになる。しかし、それからあとは、この対立も不当で廃棄されるべきものとして現れ、それゆえまさに〔精神的なものと〕現実的なものとの最高の闘いに歩み入ることになる。

この国の原理は、独立して存在する自由な精神である。独立して存在する精神の原理は、［もちろん］その精神の特性において自由である。［その原理は］一方では主観性であり――主観である自分の心情は、その主観が〔客観的に〕承認されるべきもののもとに一度はあるはずである。他方では、ここでどのような任意のものも通用するはずはなく、通用するはずのものは自らの本質に従って自らの真理のうちにある心情である。精神のこのような真の姿は、キリストとして、その宗教の中で、われわれに啓示される。心情の真理である精神固有の真理とは、このような客観的なものとの統一のうちに自らを据えることである。心情がようやく通用するようになるのは、真なるものがこの心情のうちに生き、また心情からその直接性を奪い取ることによる。こうしたことが、この国の原理をなしている。ここには和解がすでにあり、和解はそれ自体で独立した形で実現されている。精神は〔この国で〕自らを見出したのである。

しかし、このような和解も最初はそれ自体としてあるだけなので、この段階はその直接性のために、原理の対立を自分自身に帯びて始まることになる。精神的な〔宗教の〕原理をもって始まるとはいっても、その原理には同時に世俗の国が対立している。しかし、このような世俗の国は、すでに〔それだけで〕先行しているものではなく、むしろ〔同時に〕キリスト教の国で〔も〕ある。このキリスト教の国は、真理を世俗的なものとして承認し、そうして世俗的なものとして真理にふさわしくあろうとするものである。別の側面から見れば、精神的な原理は〔世俗〕世界のうちで実現されていることを自ら知ろうとするものでもある。両者が区別されたものとして現れる時には、世俗の国はまだ主観性を振り捨ててもいないし、また他方で、世俗の国は精神的な原理をまだ承認してもいない。というのも、両者はまだ始まったばかりで、その直接性をいまだ片づけていないし、精神はようやく主観性を自ら取り除き、世俗性は自分との闘いを片づけていなければならないからである。

こうした行程はいまだ完結していないのであるから、〔宗教の〕精神と〔世俗の〕世界はなおも対立し合っている。それゆえ、進行は平穏で障碍のない発展などというものではなく、むしろまさに両側面の途方もない闘いなのである。精神は自らの実現に向けて平穏に進行していくわけではなく、精神は自らの現実性の中で自分自身に向けて自らを生み出そうとする。しかし、その進行は、両側面がそれぞれ〔相手の〕一面性のこうした真ならざる形式を取り払い、片づける、といったものである。こうして精神にとってふさわしくあるはずのものは空虚な世俗性であるが、しかし「そのことが」まだあるわけではなく、結局のところ〔世俗性は〕精神的な力によって押し潰されてしまう。それゆえ、世俗性は没落せざるをえない。大きな形態のうちにある世俗性の力は、はじめのうちは、まだ精神と一つではありえない。別の側面から見れば、精神的な国は外的な世俗性のうちに埋没して、ただ宗教上、直接的な世俗性の形をとって現れるにすぎない。世俗的な力が外から押さえつけられるのと同じように、宗教的な力は自分自身のうちで破滅し、その意味を失ってしまう。両方の力のこのような破滅が野蛮の立場を消滅させ、そこでは世俗性がそのまま直接的な世俗性の精神であるにすぎない。両方の力の破滅から生じるのは野蛮の消滅であり、そしてこのような立場から精神は自分のうちへと反省して、その精神にふさわしい和解という、より高次の形式を見出すことになる。この形式は、理性性という思想である。

精神的な原理はその主観的な直接性のうちにとどまっていることはできず、その客観的な形式である思考の普遍的な形態を獲得した場合にだけ、その原理は外的な現実性を真に包摂することができる。そして、この現実性がようやく思考するものとなって、精神の理念という真の目的が生成しうる。そうして、精神的なものの目的が世俗性において実現されうるのである。そのとき、精神的なものの思想は、根本的な和解を実現させるという思想の形式のうちにある。思想の深淵は、ただこの和解の原理でありうる。思想の深淵は、そのように現れ、世俗性の側面にも現象するようになる。主観性そのものも、ここに自分の場所を得ている。個別的なもの一般の主観性が、その現象の側面をなす。この側面にこうした主観性の形をとって知そのものが現れ出て、現象が現存するようになる。そうして、思考が現象のうちでこのような現存の形式をとるようになり、そしてここに、より高次の和解の原理、すなわち教会と国家の和解の原理があることになる。世俗性において自由である聖職者が、その自由の概念と理性性をもち、そして実際にそれらを見出す場合には、〔教会と国家の〕対立はそれ自体で、また独立した形としては消滅することになる。

以上のことが主要な諸契機である。対立をこのように克服する行程が、歴史への関心をなすものである。それ自体で存在する和解が独立して存在する段階が、その時に知と思想のうちにある。ここで現実に手が加えられ、再構成されることになる。このような［段階］が和解の定在として見出される場合に、こうした和解の条件と抽象的な契機がそこにあることになる。

こうして、今や次のことが考察されるべき諸契機となる。第一は実体的で直接的な人倫であり、第二は主観性と抽象的な普遍性の対立であり、第三は主観的なものと普遍性の統一である。

〔本　論〕世界史の行程

〔第一部〕東洋世界*

＊東洋世界　原語は「オリエント世界」であるが、ここでは西洋から見て広く東方アジア全体を指す「東洋」の訳語をあてる。ただし、中近東に地域が限定される場合には「オリエント」（「太陽の昇る方角」）の訳語をあてる。

それでは、東方から始めることにする。精神の黎明は東方に、すなわち〔太陽の〕昇る方向にある。〔しかし〕精神はただ、その〔太陽が〕西に沈むことになる。こうして、われわれはアジア的な原理をもって始める。この生活地域は、谷の平原であって、山岳地帯や峡谷ではない。谷の平原へと至る山の斜面には、部族のより初期の生活が歴史的に示されうることがあるかもしれない。しかしながら、人倫的な生活は歴史的なことにすぎず、人倫的な民族なるものは、われわれの関心をそのように引くだけのことである。そのような民族は、谷から大河にかけての平原にようやく見出される。

われわれは最初に中国の大河の谷間へと赴き、そこから〔第二に〕インドのガンジス川とインダス川の一対の大河に向かうことにする。われわれは、それと結びつけて、チベット人とモンゴル人に言及することにする。第三はティグリス川とユーフラテス川の大河の谷間における中央アジアの生活で、その大河の谷間で谷と山がぶつかり合う。他方では、カスピ海に面した東側の大河の平原が山岳地帯とぶつかっている。以上で、東洋世界を閉じることになる。

〔第一章〕中国

〔概観〕

こうして、第一は後方アジアにおける東洋世界で、中国の歴史、〔そして〕インド人、チベット人、モンゴル人の歴史である。そこから始めるべき第一のものは、中国ということになる。中国は、知られるようになって以来、ヨーロッパ人を驚かせてきたし、またこれからも驚かせることになるだろう驚嘆すべき特異な国である。中国は自分のうちに落ち着きながら、外国との関わりなしでこれほどの文化にまで自らを高めたのである。中国の他の諸民族との関わりは、ようやく最近のことで、この国にとってはまったく何の意味もない。最古の時代から今日に至るまで自らを保持してきたのは、世界で唯一、この国である。境界から見たこの国本来の大きさについては、すでに指摘しておいた。本来の中国帝国の人口は、現在のところ、中間的な見積もりからして二億人、最少の見積もりで一億五〇〇〇万人、最大で三億人になる。二、三年ごとに人口の確認が行われており、それに基づいて、きわめて正確な租税リストが作成されている。したがって、データは正しいものである。右で示された数字は、なおも中国のタタール人*や周辺の多くの領主を除外している。その領主たちは自分の領土を中国の間接支配のもとで治めている。本来の中国のこうした途方もない人口は最高度に整備された［一つの］統治のもとにあって、その統治は最高に公正かつ寛大であり、最高に思慮深いものである。法はよく発達して［おり、また］、農業、交易、産業、そして諸学問もよく栄えている。数百万人の住民を擁する都市もある。

＊タタール人　東モンゴル高原で遊牧生活をしていたモンゴル系の部族。中国では「韃靼人」と呼ばれ、広くはモンゴル高原から東欧に至る地域に広がる諸部族の総称としても使われた。

さらになお驚くべきは、この民族が、まとまりがあってよく整理され、完全に信憑性のある歴史を有していることである。その歴史は最古の時代から少なくとも五〇〇〇年に及ぶもので、最高度の厳密さと確かさをもっており、それはギリシアやローマの歴史の比ではなく、なおより高い信憑性のあるものである。世界のどの国も、これほどまでにまとまりがあって信憑性の高い古い歴史を有していない。この帝国は常にそれだけで独立を保ってきたし、またかつてあった状態を常に保ち続けている。この帝国は一度は一三世紀にチンギス・ハン＊によって、また［ヨーロッパの］三〇年戦争の時代のあと、満州族＊‐タタール人によって征服されはしたが、そのことで変化することはなかった。この帝国は、あらゆる関係のもとでも、その性格を常に維持してきた。というのも、それは完全に自立した帝国であり続けたからである。また、そのようにして非歴史的な帝国でもある。というのも、この帝国は、それ自身のうちで平穏に発展しており、外から破壊されることなどなかったからである。どのような外来の原理も古い原理に取って代わることはなかった。そのかぎりで、この帝国には歴史がないことになる。こうして、この帝国の最古の歴史について語る場合、われわれは過去について語っているのではなく、現在の最新の形態について語っていることになる。（このことはインドにおいても同様である。）この帝国の原理は、その概念を超え出ることがなく、一般的に述べることができるだけである。しかも、驚くべきことに、この原理は国家の自然的な概念でしかなく、また同時に、こうした初期の子供段階の原理を変えることもなく発達している。それでも、われわれはここに最高度の文化を見出すのである。

＊チンギス・ハン　モンゴル帝国の初代皇帝（在位一二〇六―一二二七年）。金朝の中国と一二一一年に開戦し、一二一五年には首都・燕京（現在の北京）を陥落させ、中国北半から中央アジアに及ぶ大帝国を築いた。

＊満州族　もともとは中国東北地方の民族で、「女真族」とも呼ばれる。一一一五年には金王朝を開いて中国北半を支配し、また一六四四年には清朝を開いて中国全土を支配した。

　したがって、〔ここでは〕本来の歴史を問題にすることはできない。われわれは、なされたこととともに、またなされたことの物語の側面を手短に「考察する」ことにしたい。

　時代はキリスト誕生の二四〇〇年前のことである。この時代には、通常の年代の数え方に従って、ノアの洪水の時代があてられる。この時代以降、歴史上の人物が現れるが、それ以前のものは神話的である。洪水はこの時代に想定されるべきであるとする通常のこうした考えに対して、ヨハネス・フォン・ミュラーは何人かの新旧の歴史家とともに紀元前三四七三年説を、また他の歴史家は別の年数を採用している。ミュラーの説は、彼の著作の第一書および第八部にもあるように、『旧約聖書』の記述とギリシア語へのヨーセフ訳『七十人訳聖書』*から採られている。その想定によれば洪水はアブラハム*の一〇〇〇年前ということになり、別の想定によれば三〇〇〔年〕前に設定される。この違いは、一方の伝承ではアブラハムとノアの間で三〇〇年しか経っていないが、他方の伝承では両者の時代の間は一〇〇〇年あるはずだ、とする点にある。後者の想定にとって注目すべきなのは、アブラハムの時代に至る世界がどう見られようと、ノアの洪水から三〇〇年しか経っていないはずだということはありえない、という理由である。あれほどの洪水のあとに世界が三〇〇年のうちに発展したに違いないということが不可能だというのは、もっともなことであろう。

＊『七十人訳聖書』　ヘブライ語の『旧約聖書』をギリシア語に翻訳した最古のもので、その名称は七二人の訳者が七二日で翻訳した、という伝説に基づく。　＊アブラハム　ユーフラテス川南方の古代メソポタミア都市ウルに生まれ、ノアの洪水後のイスラエル人最初の預言者とされる。

われわれは今日では中国人そのものにより近しくなっており、それで彼らの五〇〇〇年にわたる歴史について、いくつかのことを手短に論じ、それからこの形態そのものの特徴を見ることにしたい。それぞれの民族には、原初的な歴史記述家の他に原初的な書物がある。それらの書物は、それぞれの民族の神話や彼らの直観の古い要素をある感じ方で書き記して含んでいて、その感じ方の発展から現在ある関係が生じている。われわれにおいては聖書のような原初的な書物は、ギリシア人においてはホメロス〔のもの〕である。中国人は、そうした書物を「経」と名づけてきた。最初の書物は『易経』*といい、もう一つの書物は『書経』*という。これらは中国人の原初的な直観を記した根本経典である。われわれは古代人の表象の仕方について情報を得るために、そうした原書のことを知らなければならない。われわれが中国についての情報を、すべて概して宣教師に、特にフランスの宣教師に負っているように、この『書経』もフランス語に翻訳されている。以前は、こうしたことは神父たちによって、精神を欠いたやり方で行われていた。一八世紀以来、中国についての知識をもったきわめて教養の高い人々が携わるようになっており、彼らは中国の話し言葉と書き言葉に通じ、〔また〕同時に中国に派遣されたヨーロッパの暦法の管理責任者でもある。この一〇〇年来、宮廷における最高政務官の席はキリスト教徒が決めてきた。こうした聖職者たちは前世紀の終わりまで翻訳作業をしてきたし、改宗した中国人たちはまた、この時期から研究を遂行するためにヨーロッパに派遣された。その結果、人々は全体にわたって中国の事情に詳しくなったのである。こうして、中国についてのわれわれの知識に関しては、それほど不確かなままにとどまっているわけではない。〔というのも〕われわれは、彼らの歴史と同じように、彼らの文学や生活全般についても基本的な知識をもつようになっている〔からである〕。

＊『易経』　陰陽の二原理をもとにして、自然界から人間界までの変化の法則を六四卦によって体系化した、古代中国の孔子の編とされる古典。原著者は伏羲とされるが未詳。＊『書経』　夏王朝の尭から始まり、周王朝までの帝王の事績を記録した中国最古の歴史書。『古文尚書』や『今文尚書《きんぶん》』などとして伝わる。

さて、『書経』の詳細について見ると、最も有名な中国の歴史記述である『〔資治通鑑《しじつがん》〕綱目』*の報告によれば、この書物は紀元前二三五六年の時期、夏《か》王朝から尭《ぎょう》*をもって始めている。尭は、その王朝の最初の人であった。つまり、『書経』は尭をもって始まる、ということである。さらに注目しなければならないのは、その後の中国の歴史には、なお完全に認定された別の年代記がある、ということである。すでに最も早い時期に皇帝は、皇帝自らの行動を記録する歴史記述家を右手に、また皇帝自らの言葉を記録する歴史記述家を左手に配していた。というのも、宮廷には二様の歴史記述家を擁することが早くからの慣わしだったからである。のちの時代には、歴史記述家の数は四人にまで増やされた。このような年代記は、施錠された箱の中に保管されている。皇帝は自分自身の伝記を読むこともできず、また何人かの歴史記述家が両部門のそれぞれに協同して携わるので、歴史の保存は中国においてはそもそも国事なのである。歴史記述家たちは、その記述において制限されることがない。『書経』と秦王朝の古い歴史に関して指摘しておかなければならないのは、帝国の歴史も崩壊期には混乱しているし、また正確に継続しているわけではない、ということである。最も重要な問題は、第四王朝〔秦〕の皇帝である始皇帝*が紀元前二〇〇年〔二一三年〕に歴史のあらゆる文書を焼却させた、ということである。『書経』は、もともと紀元前五五一年〔?〕に、孔子*によって編纂されたものである。その『書経』もまた焼却されてしまったが、しかしある老高級官吏〔伏勝《ふくしょう》*〕の口述で、断片という形ではあるが、復活した。他にもなお、伝承は現に存在している。孔子の『書経』は一〇〇篇から成っていたはずだが、しかし五九〔五八〕篇だけが現存している。その他にも、中国人は、それ以前の時代からなお国の最初の始まりについての物語を、一部では伝承という形で、また一部では断片という形で有している。このような物語は、全体として、近代において人間性の歴史が心理学的に記述されたのと同じようにも見える。その物語は、人間の粗野な状態から始まる。人間は森の中で小屋もなく、動物のように生活していたのであり、動物から区別されるとはいっても、それはただ人間がそのような粗野な状態を嫌悪する心をもっていたこと〔による〕だけである。彼らの一人の指導者が、木の枝から小屋を組み立てることと火を熾《おこ》すこと、肉を料理すること、季節をよく観察することなどを人々に教え、のちに黄帝《こうてい》*が木の幹から家を組み立てることを教えた、というわけである。このような歴史がこうした形で始まるのは、ほとんどすべての古代の民族の場合と同様である。かの帝王の中でも庖犧《ほうぎ》*、つまり伏羲《ふっき》が特に有名で、彼を支配者かつ皇帝にすることを条件にして指導者に選ばれた。彼は忠言を聞き入れ、それから大臣を採用したり婚姻制度を導入したり、慣例を定めるなどした。彼は東インドでブッダと呼ばれている神的な姿の仏からは区別されなければならない。線のある種の組み合わせである卦の発見は、庖犧に帰せられる。すなわち、彼は竜がこれらの線を印した図表をもって川から昇るのを見たとされる。それは線の単純な組み合わせである。庖犧は八卦*を発見した。その第一はまさに☰という直線の三本の線で、第二は一本の直線とその下に破線のもので、⚍である、等々。これは古代の中国人の知恵である。この図表は『易経』の基礎をなすものを整えた。こうした線を用いることは、図表に思想を適用し、図表のもとで特定の普遍的で抽象的な規定を考える、ということである。そうしてみると、直線⚊はあらゆるものがそこから生成する単一の質料であり、破線⚋はこの単一性の区別である。光や火など、それらはこのような線を元にして他の構成へ、というように考えられてきた。こうした形象には、このようにして抽象的な規定が象徴としてあてられている。このように『易経』は中国人の思弁哲学をなすものである。

*『綱目』　北宋の司馬光によって編纂された中国の編年体の歴史書『資治通鑑』を、南宋時代の朱熹（朱子）が綱目として簡略化した歴史書『資治通鑑綱目』。　*堯　中国最古の帝王の一人で、『書経』の記述は堯から始まる。彼は後継者として自分の息子を選ばず、臣下から推薦された者の中から舜を選んで自らの後継者にしたとされる。　*始皇帝　戦国時代の中国を統一した秦帝国の皇帝（在位前二二一―二一〇年）で、初めて自ら「皇帝」と称した。それまでの封建制を廃し、郡県制によって全国を支配する中央集権的な国家体制を確立した。また、匈奴の侵入を防ぐために「万里の長城」を増築し、儒者を弾圧して儒教の経典などを焼却する焚書坑儒を行った。　*孔子　春秋時代の思想家で儒教の祖（前五五一―四七九年）。魯の

大司寇になるも、官を辞して諸国をめぐり、再び魯に戻って徳治主義を基礎に弟子の教育と著述に専念した。『書経』は孔子の編と伝えられ、孔子の言行録『論語』は弟子たちによって編纂された。＊伏勝　始皇帝の焚書坑儒の時に『書経』（『尚書』）を壁に埋めて隠し、漢代初期にこれを当時の書体で書き写して伝えられたものが『今文尚書』と称される。＊黄帝　中国の伝説上の五帝最初の帝王として、衣服や家屋などの生活用品を初めて作り、文字や暦などを制定したとされる。＊庖犧　中国太古の帝王とされ、「伏羲」ともいう。易の八卦を考案したり、民に狩猟や漁労の方法や火で肉を料理することを教えたり、また婚姻制度を定めたりしたとされる。＊八卦　『易経』の基本原理で、陽の⚊と陰⚋の組み合わせによって構成される八つの基本図像。八卦のそれぞれが自然現象を表し、それらに人間の徳や関係が対応する。八卦の組み合わせから、さらに六四卦が構成される。

『書経』の形態に関して言えば、それは個々の断片であり、何か個別的なものについての叙述であり、歴史のはっきりとした継起や連関のない物語詩であって、「そうすると」それは本来の歴史書ではないことになる。その内容は、例えば、あれこれの皇帝が誰かを大臣に任命する「その当人への」命令であったり、あるいは皇帝が従者に与える教えであったり、あるいは聖職者が自分の弟子や若い帝王に授ける教えや、将軍の任命ならびに将軍のための指導であったり、あるいは「それは」報告、とりわけ軍事的な状況の反省であったり、といったものである。したがって、歴史的なことは、ただついでに登場するだけで、別の伝承によって補完される。こうして、この書物は英雄の行為を伝える他の諸民族の場合とはまったく異なっているように見える。ここでは、内容は主に帝王および臣下の幸運を確かなものにするという目的をもった大臣の言葉や訓戒である。したがって、ここでは道徳的なことが、ただちに主要な要素になる。最古の帝王のうちの一人が尭であり、〔『書経』の〕第一篇にはこの尭について、彼が「土地を洪水から守るこの仕事を誰に任せるべきか」と問うたことが述べられている。大臣たちは一人の人物を推挙するが、〔しかし〕帝王はその人物を退け、「そして」「おまえたちは間違っておる。この人間は控えめで注意深く装ってはいるが、まったくの高慢ちきじゃ！」等々と述べる。〔また〕ある皇帝は一人の高官に、父と子の義務、帝王と臣下の義務、年長者に対する子供の義務など、五つの義務を遵守するよう委ねる。そういった具合に『書経』は編集されているのである。

　より詳細な歴史的な事柄に関しては、われわれはただ一般的なことを指摘できるだけである。この〔中国の〕古い歴史は、最初は北東に、それから東に流れる黄河*上流の山西地方に、ということはもちろん黄河の西方地域に、その基礎があることになる。中国のこの地域に、最初の伝統のすべてが関係している。支配はまずは東に向かって海に至るまで広げられ、それから広東*にまで達する。こうした地方が一方の地方をなす。第二の地方で注目すべきは、揚子江*がその後、何百年にもわたって境界をなすことである。この大河は重大な洪水をもたらして湿原を形成し、そしてこの大河に面してある首都が南京である。のちになって、ようやく北方の王たちがこの大河を渡ることになる。南方に人が住むようになったのは、ようやく最後になってからのことのはずである。中国の歴史と「呼ばれる」ものが、このように古代ではむしろ西方に関係していることによって、中国の歴史という名のもとで帝国全体が考えられているのか、あるいはこうした〔西方の〕特定の地域だけが考えられているのか、知るのが難しい。おそらく帝国は割拠した多くの王国から成っていて、それらの王国は互いに戦争し合っていたのであろう。いくつかの王朝がそのような王国に由来したというのは、父親が死に際してその息子や重要な人物に王位を委ねたことによる。帝国が現在の形態のように一人の皇帝のもとに統一されるのはようやくのちになってからのことであり、個々の王から解き放たれるのはさらに何世紀も経ってからのことである。

＊**黄河**　中国第二の河川で、チベット高原に源を発して黄土高原から華北平原に流れ込み、陝西省と山西省を経て山東省の渤海に注ぐ。その流域で黄河文明が形成され、中国最古の王朝である夏が成立した。＊**広東**　広東は揚子江の南方に位置しており、ここの文脈では海に向かって黄河の東方に位置する山東だと思われる。＊**揚子江**　アジアで最長の河川で、一般に「長江」と呼ばれる。チベット高原に源を発して華中地域を流れ、東シナ海に注ぐ。その流域には長江文明が形成された。

中国の歴史について興味を引きうるのは、ただその主要な契機だけである。中国の歴史は外との関係がほとんどなく、したがってそのような関係のうちで単に一般的なことが述べられうるだけである。古くから伝承されたある歴史が始まりをなす。その歴史的なことは、〔前〕二二〇一年に禹《う》＊をもって、つまり夏王朝＊をもって始まる。紀元前一二世紀の周王朝＊から、歴史はよりはっきりと明確になり、そして『書経』の第四部にあって、その〔周王朝の〕性格がより明確さを増している。禹をもって〔夏王朝が〕始まることは特筆に値し、他の国の歴史的な始まりとみなされうるものも、その形成において、これと重なり合う。エジプトが〔前〕二二〇七年、アッシリアが二二二一年、インドが二二〇四年というように、太陽と月の運行線のもとに、おおよそ同じ時代に始まるのである。

＊禹　伝説上の帝王である黄帝の玄孫で、夏王朝の創設者。　＊夏王朝　『史記』など、中国の史書に記された最古の王朝。　＊周王朝　前一一世紀に殷を滅ぼして開かれた中国古代の王朝。

統治の主要点が沼地化を引き起こしてきた大河との闘いにあることは、すでに尭に見られる。こうした闘いが今でもなお帝国の最大にして最重要の事業であるのは、エジプトにおけるナイル川との闘いと同様である。中国人の自然的な生活は、農業、とりわけ稲作によって条件づけられている。堤防は大河の流れを堰《せ》き止めるものである。それゆえ、堤防を維持することが最大の事業ということになる。「というのも」決壊によって何百万もの人々が命を落とし、生き延びた人々には飢饉が襲う、という最も重大な結果がもたらされるからである。人々が最大の関心を向けてきた運河もまた、ここに根差している。最初期の時代から、運河は細心の注意を払って敷設され、また維持されてきた。主たる運河は、黄河と揚子江を結ぶことで北京を広東〔正しくは杭州〕に結びつける皇帝運河＊である。第三に、運河建設には居城都市がしばしば移転されたことが関連している。というのも、生活物資の供給を容易にしなければならなかったからである。そのためには運河が必要だった。皇帝が自らの居住地を開いたところには、何千人も〔臣下が〕集められた。とりわけ北方の黄河の上流には居城都市があり、北京が居城都市になったのはようやくのちになってからのことである。アジア人においては、そもそも首都の移転はよくあることである。概して征服したアジア諸民族に特有なのは、新たな外来人が定住する場合に、中心部にまとまるような形で新しい王朝がまた新しい都市を建設してきたことである。それは、外来人として別のところに住まうことがないように、自らの居場所を建て増したことによる。その結果、土着の人々は彼らの支配者のもとに服さざるをえなかった。外来の征服者によるそうした都市の建設は、そのように必然的なものに見える。現在のカイロは、エジプトの第四の首都である。そうしたことはバビロニアでも同様であった。中国人においては、それ以上に首都の移転は王の意向によるところが大きかった。新王朝が新王朝として新たな住まいをもたなければならなかったという主たる事情には、次のようなこともあった。すなわち、それは祖先に敬意を示すために宮殿を造営しなければならず、その宮殿の中では広間が神聖なものにされる、ということであった。このようにして、首都の移転は運河の敷設と関連し合っているのである。

＊皇帝運河　隋の初代皇帝文帝の時代に工事が始まり、六一〇年に第二代皇帝煬帝によって、北京と杭州、すなわち黄河と長江の間を結ぶ総延長二五〇〇キロメートルに及ぶ京杭大運河の基礎が築かれた。

中国におけるさらなる事業は、戦争や闘いである。それらは一部では、ようやくにして中国の国家だったものを拡張してきた。さらに付け加えられた部分は、絶えず戦争を遂行する王自身のものになった。総督が空けていたために、中心部の手薄さが戦争の原因になることもあった。王位継承が揺らぐことで、それが戦争の第三の原因になることもあった。王位継承が〔法的に〕より明確に規定されるようになるのは、ようやく近代になってからのことである。古代では、皇帝が最もふさわしい人物を自らの後継者に選ぶことができた。したがって、皇帝がしばしば第一夫人の子供を王位継承から排斥するよう第二夫人にそそのかされる、ということも確かに起こったのである。さらなる原因は謀反で、総督や高級官僚の圧力によって引き起こされた。それ以上の原因は、モンゴル人やタタール人といった外国との戦争である。中国はチンギス・ハン一族出身の一人〔フビライ・ハン〕*によって、総じて言えばモンゴル人とタタール人によって二度支配されたが、それでもこうした支配下に長くとどまることはなかった。この〔元〕王朝は八一〔九七〕年間続いたが、それに対して中国人は〔明朝で〕再び支配を掌握した。〔南宋朝〕中国がこの〔元〕王朝の支配下に入ることになる政権交代を決定づけた戦闘は、海戦〔崖山《がいざん》の戦い〕*であった。皇帝〔南宋朝の祥興《しょうこう》帝〕は海に身を投げた。この〔明〕王朝のもとで、三〇〇マイルに及ぶ運河ができた。タタール人に対しては、六〇〇時間にも及ぶ道程の長さの〔万里の〕長城が築かれた。この長城は、個々の場合に確かに〔侵入を〕防ぎはしたが、しかしその本来の目的を実現することはなかった。というのも、この長城は満州族－タタール人の侵入と攻略を防ぐことはできなかったし、［そして］一六四四年には、中国は順治《じゅんち》帝*治下の満州族－タタール人の支配下に入ったからである。タタール人は以前には中国の支配下にあったが、〔中国による〕圧迫が彼らの反乱を引き起こした。タタール人は自分たちの指導者を〔中国に〕引き入れた。中国の反乱者は、タタール人に助けを呼びかけた。彼らは〔中国に〕入ってきて、中国人を打ち負かし、そして〔皇帝に〕即位した。〔しかし〕満州族が政権を掌握したことによっても、帝国の本性が変わることはなかった。反対に、一連のきわめて優れた〔清朝の〕皇帝たちが即位した。こうした満州族皇帝の系列は最良のもので、〔帝国〕全体に新たな活力を吹き込んだ。満州族の統治以来、広大なタタール*は中国に服属し、そうして中国の境界はカスピ海の近くにまで、さらには中国が現在でもそこでイギリス領の国に隣接しているネパール、ブータン、チベット、ベンガルに、〔そして〕アムダリヤ川の平原として〔アラル〕海まで及ぶ山岳地帯の斜面にまで達した。他面で帝国はシベリアに向かってボルガ河畔のカルムイク国*まで続いている。ロシア人はアムール川まで進出してきたが、しかし一七七〇年には中国人によって押し返された。〔中国の〕歴史の主要部分は、皇帝たちの私的な事柄であり、皇帝たちが設けた施設であり、職務の遂行であり、皇帝の夫人や息子たちに関わる宮廷の陰謀である。このような陰謀を主導したのはとりわけ宦官《かんがん》たちだったが、現在では彼らの力は押さえつけられている。宦官は今もなお宮廷にいるが、それでも争い事の多くの原因になってきた役職には以前ほど多くは就いていない。このように、〔中国の〕歴史は皇帝とその家系の歴史である。こうしたことが中国の歴史の主要な要素をなしている。

＊フビライ・ハン　モンゴル帝国の創始者チンギス・ハンの孫で第五代皇帝（在位一二六〇—九四年）。首都を大都（現在の北京）に置いて、一二七一年に国号を元とし、一二七九年には南宋を平定して全中国の領土を支配した。　＊崖山の戦い　元軍が南宋の海軍を破り、南宋の祥興帝は入水する。南宋は、この海戦によって一二七九年に滅亡した。　＊順治帝　満州族によって建国された清朝第三代皇帝（在位一六四三—六一年）。明朝滅亡後の一六四四年に北京に入城し、清朝による中国支配の基礎を築いた。　＊タタール　中央アジア、北アジア、東ヨーロッパの一部を含む広大な地域の歴史上の名称。タタール人の故郷とされる。　＊カルムイク国　カスピ海に注ぐボルガ川下流域西岸にあるモンゴル系のカルムイク人の国。住民はチベット仏教を信仰する。

〔家父長制の国家体制〕

われわれにより身近に関わるのは、このような中国の歴史の形態を国家形態として、また人倫的なこととして、より詳しく規定することである。この形態を考察することには、次のような本来的な意味がある。すなわち、この形態には、一面でヨーロッパの慣行と、例えば習俗とか技術において、たいていの場合に大いなる類似性があるということ、そうして最初の東方の極と、のちの時代の西方の極とが比較されるということである。中国は、ただ〔国家〕形成の静かな進行という形で自分自身のうちで自己形成してきたのであって、外来の人々に何ら負うところがなかった。それに対して、ヨーロッパの国家の歴史には、伝統の絶え間ない連鎖がある。この点では、両者は区別される。中国人は自分自身のうちであらゆることを成し遂げてきた。中国の国家体制は、われわれ〔ヨーロッパ〕の国家体制から見て、インドやトルコのような中間国家の体制ほどには異質ではない。したがって、一面では中国にいるヨーロッパ人は自分の家にいるように身近に感じもするが、他面ではどこか他の場所にいるよりも疎遠に感じたりする。このように、中国は〔ヨーロッパとは〕大いなる類似性をもちながら、きわめて異なってもいるのである。

中国国家の原理は、家父長的な関係に完全に基づいている。この関係によって、すべての人が規定されている。それは最も単純な関係であり、しかもその関係はこの巨大な帝国において一大民族の生命として発達を維持してきた。そのことによって、この関係は、とてつもない数の人々にとって、一つの秩序づけられた心構えをなすものである。この家父長的な関係が、家族関係を基礎にする国家の人為的な組織編成をなしている。その性格は、より身近には、国家が道徳的であるというように規定される。こうした〔国家〕形態の根本要素は、それが家父長的な関係としての家族関係であるということである。

［1］子供の親に対する義務ほど厳しく求められるものはない。子供に所有権はなく、いつまでも未成年のままで両親に仕えて面倒を見、敬意の念を表さなければならない。両親の〔死後〕三年間は喪に服さなければならず、その期間はいかなる官職に就いてもならず、結婚してもならないし、公の集会に出席してもならない。皇帝でさえ、服喪期間は統治してはならないし、結婚してもならない。父親と同じように、母親もまた敬われる。皇帝は自分の父親の死亡日から五日間は毎日母親を訪問しなければならず、その際、皇帝は母親の住む館の門の前まで乗り物で行ってはならない。［そうではなく］乗り物は外の裏庭に止め置い

て、皇帝は雪や雨の中でも母親の住居まで歩いていかなければならない。先の皇帝乾隆帝《けんりゅうてい》*は、六七歳の男性として初めて、門の前まで乗り物で来るように、という命令を母親を介して受けた。このことは帝国全体に周知された。皇帝に推挙された場合でも、その皇帝は自身が自分の母親を皇太后として承認するまでは、〔臣下から〕忠誠を受けることができない。恩寵に関わる事柄すべてについて、皇帝は母親の助言を求める。〔子供と〕親の関係は、それほどまでに大いに尊重されるのである。親は自分たちの子供の結婚についても気を配る。中国では一夫多妻は認められておらず、ただ一人の妻だけが認められている。それでも、男性はそれ以上の買われた妾をもつことができ、彼女たちは正妻に仕えることになる。妾の子供たちは、法律上の妻の法律上の子供とみなされる。こうした子供はまた、自分の実の母親のではなく、法律上の母親の喪に服さなければならない。父親は子供たちの罪に責任があ る。最も厳しい制裁は、家族の間で罪を犯すことに、あるいは親に対して子供が罪を犯すことに「加えられる」。息子が自分の親を誹謗する場合には、その息子は絞殺されるし、息子が親に手を上げれば、やはり息子は絞殺される。息子が親を傷つければ、その息子はやっとここではさみつけられて引き裂かれる。同じように、弟は兄に従属させられる。弟が自分より優位にある人物〔兄〕を犯罪行為ゆえに正当に告発した場合でも、弟のほうが不当にも追放され、首を刎《は》ねられるのである。

*乾隆帝　雍正帝の第四子で、清朝第六代皇帝（在位一七三五―九五年）。その治世下で清朝は最盛期を迎

えた。母親は雍正帝の寵愛を受けた熹貴妃で、乾隆帝の即位により聖母皇太后として慈寧宮に移り住んだ。

中国の家族の中でも、家父長にとっては子供をもつことがとりわけ重要である。家父長が子供を自分の法律上の妻との間にもてない場合には、彼は妾を囲うか、あるいは他人の子供を養子にすることもある。父親は子供をもつというのではなく、ただ所有物をもつのである。父親は子供を奴隷として売る権限を有している。しかし、このことは下層身分のもとでだけ、ある程度許容されているにすぎない。子供もまたこうした権限を有していて、自分自身を売ることもある。役者の階層は不名誉な階層で、その階層には子供たちを売ることが禁じられている。父親の最大の関心事は、自分の死後に自らの墓所に気を配ってくれ、墓に敬意を払い、また墓をきれいに飾ってくれるために子供をもつことである。名門の家の墓には、親戚縁者が数ヵ月にもわたって墓参する。息子は自分の父親の遺骸を三年から四年も家に留め置き、それほどの長きにわたって、きわめて厳格な喪に服して生活することがしばしばある。息子は、この喪中の間、例えば椅子には座らず、ただ腰掛けに座るだけである。埋葬と同じように重要なのは、墓を美しく保つことであり、毎年墓参することである。その時には、崇敬や悲しみ、そして感謝の念が示されるのである。

墓を維持し、美しく飾ることの他に、第三の主たる義務は、先祖を敬愛することである。それゆえ、それぞれの家族は、円形劇場風の長い腰掛けをそなえた大きな建物の中に、祖先のための集会所をもっている。その集会所には、名前の記された、あるいは特に傑出した人物の場合には故人の肖像が描かれた銘板が立っている。春と秋には、一族全体が、しばしば六〇〇〇人から七〇〇〇人もの人々が集まり、その際には最長老が座を仕切ることになる。長老が上座を占めて、いちばんの金持ちが客をもてなす。皇帝が誰かに栄誉を与えたい場合には、彼はその生きている人の栄誉の証として、その人の先祖に称号を与える。キリスト教徒になって墓をもはや崇敬しなくなったある高級官僚が彼の一族から闘いを挑まれるほどにまで、墓は高く崇敬されるものなのである。

［2］考察されるべき第二のことは、皇帝とその権力である。［a］皇帝は父親として家父長とみなされ、絶対的な権力を有している。この帝国は、クルアーン〔コーラン〕を神に対する人間の法典とするトルコ人におけるような神権政治ではない。むしろ、政権こそが完全に絶対的である。〔この帝国は〕また、統治者がただ神の意志を言葉にするヘブライ人、つまりユダヤ人におけるようなものでもない。したがって、中国の統治は、そのような神権政治ではない。同様にまた、例えば身分が秩序立てられ、あるいは村民が土地と耕地の所有者によって支配されてきたような封建的な状態でもない。こうして、ここには生まれながらの貴族や富裕貴族はほとんどいないし、イギリスにおけるような商業の状態もない。そのような関係が生じることもなく、ただ皇帝のみがすべてを支配し、貫徹する最高の権力を行使する。そこに皇帝がそれに従って支配する法はあっても、それでも法は王の意志に対抗する法ではまったくなく、全体がそれによって王の意志にふさわしく秩序づけられるような法なのである。政権は完全に父権的な様相を呈する。皇帝は説明をし、すべてのことを報告させ、

自らの説明根拠をもって判定を厳しくしたり、また緩和したりする。皇帝はしばしば自らの行動について非常に詳細な道徳的宣言を人民に向けて行い、それは北京の官報の中で周知された。先の皇帝は後継者を指名することが求められた。このことに関して、皇帝は非常に詳細な説明を公表した。こうして、彼はいつも自らの行動の根拠を、思慮や寛容さや分別、そして熟慮をもって説明するのである。最近のイギリス公使が北京に到着してすぐさま追放されたとき、皇帝はこのことに関しても宣言を発させた。こうした宣言は、細心の注意を払って、また最良の文体で作成される。それらは文体の手本として通用するものである。そもそも、皇帝は帝国の中でも最も学識の高い人物とみなされるのである。

［b］第二は、皇帝は必ず官庁をもたなければならない、ということである。というのも、皇帝だけでは統治することができないからである。こうした官吏は一般に高級官僚と呼ばれるが、二重のあり方をしていて、一方は文官でその数一万五〇〇〇人、もう一方は武官でその数二万人である。文官の高級官僚になるには大変な勉強が必要である。文官の高級官僚は三つの段階を達成しなければならず、そのために三回の厳しい試験に合格しなければならない。そのうち最高段階の試験は皇帝の宮殿で行われ、試験で首席に認証された者は栄誉の服を授かって、皇帝だけが立ち入ることのできる宮殿に入ることを許され、その栄誉を称えられて皇帝から贈り物が下賜される。このような高級官僚の中から、八つの階級から成る、より位の高い官吏が選抜される。帝国は、こうした政府機関によって統治される。政府は最高度に組織化されている。当該官庁すべてから皇帝に報告がなされ、報告書は常にあら

ゆる段階を通って下から上に上がり、皇帝に提出されて認可されることになる。官吏は皇帝のように人民から尊敬されており、また文書や口頭で皇帝に具申する権利を有している。政府機関のそれぞれには検閲官としての高級官僚がいて、職務もないし、声をあげることもないが、それでもあらゆる会議に同席して、会議では何も発言しないけれども、皇帝にはすべてを話して伝え、皇帝に訴える。そのような検閲官は、最高に尊敬されもするが、恐れられてもいて、また解任されることもありえない。彼らは閣老《かくろう》と呼ばれる。このような閣老は、全員が一緒になって一つの合議体を作り、〔そして〕あらゆることについて皇帝に具申することができる。彼らの義務の履行における最高の実行力の例が伝えられている。義務の履行だけが、彼らの行動原理である。そのような閣老が〔皇帝に〕具申するのに自らの命の危険を冒してまでもした、という例は実際にあった。彼らは時として、配慮を欠いた具申によって皇帝に嫌われることもあった。その場合、彼らは自らの具申を再度行うために宮殿に赴いたが、その時には自分用の柩《ひつぎ》を携えていった。皇帝の怒りを買って、ずたずたにされた別の閣老は、それでもなお自らの血で、彼らが皇帝に伝えようとしたことを地面に書きつけたのである。

さらに注目しうるのは、高級官僚は、それぞれ自らに責任があると自覚している自身の過ちについて、文書による報告を五年ごとに提出しなければならず、〔そして〕それから当人がそのことで処罰される、ということである。家族の居住する地方では、高級官僚は職務に就くことは許されない。また、自らの官職をもつ任地では、財貨を得ることは誰にも許されない。〔違反した場合には〕罰として彼らは降格させられ、また称号についても格下げされることに［なる］。官職においては、高級官僚は自らが関わるすべてのことに責任がある。彼にはまったく何の罪もなかったとしても、彼はいかなることによっても責任を逃れることはできない。彼らの過ちは、きわめて厳しく罰せられる。至極些細なことであっても、最高の処罰がともないうる。高級官僚は剣を頭上にぶら下げている〔ようなものであろ〕。彼らはしばしば降格され、そしてそのことを知るのは、それぞれの処分のあとにならざるをえない。皇帝はすべてのことを支配している。帝国全体のうちで、あらゆることがきわめて厳密に組織されている。重要でない役人には高級官僚は必要でなく、［このような役人には］地方の家父長［がなる］。都市には、きわめて厳しい警察官がいる。帝国全体には穀物倉庫が設置されていて、これらは非常に厳しい監督下に置かれ、たいていは相互にたった一時間の間隔で並んでいる。地方で収穫が悪かった場合には、穀物倉庫が開放される。ある旅行記の中では、中国人のもとでは子殺し、とりわけ子供の遺棄がきわめて頻繁にある、というように中国人が非難されてきた。しかし、北京では毎朝、遺棄された子供を収容して捨て子養育所に搬送する車が絶えず走りまわっており、その養育所で子供たちは大変よく世話をされ、［また］入念に育てられる。すでに死んだ状態で見つけられた子供たちは火葬に付される。これらすべてについて、最大限に綿密な監視が行き届いている。中国人は自分の子供を愛しているのだから、子供を遺棄するというのは中国人が非常に貧しいからに違いない。したがって、そのことは〔家族ではなく〕行政の領域ということになる。

［3］市民の権利に関して述べておくべきなのは、財産上の相続権の他には、カーストもなければ生まれながらの特権もない、ということである。高級官僚の階級に採用されることを望む者は、手腕によって自らを際立たせなければならない。地位のきわめて高い高級官僚たちでも、自分たちの息子が一つの地位を得ることを求める権利をただ有しているだけである。しかし、このような地位はきわめて稀である。こうして、ただ特定の家系だけがそこに属しているような官吏階級というものは存在しない。したがって、家柄の特権などないことになる。私的所有に関して言えば、それは中国に導入されている。［そうして］私的所有と明確な権利が現にあり、その権利について詳細な法規がある。その権利の保護のために、法規と裁判所が確かに整備されている。権利の歴史のうちに、土地所有はヨーロッパと同じような経緯がある。最古の王朝において、土地所有は私的所有ではなく国家の公的所有であり、国家はその所有を一族の長に、税のうち年率にして約一〇分の一か、あるいは別の比率を配分した。このような関係は、三王朝のもとで続いた。その最後の王朝のもとでは、家長一〇人が一〇〇〇モルゲン*〔の土地〕を有していた。歴史書が語るところによれば、その関係は二〇〇〇年にわたって続いたという。のちに中国の〔万里の〕長城を築き、また書物を焼かせた始皇帝（〔在位〕前二二一—二一〇年）の治世下で、強大な土地所有者が生まれ、また人民は農奴となった。そのため、彼の支配は嫌われた。長城建設のために臣民は強制された。自由な土地所有は、ずっとあとになってようやく導入された。しかし、現在では所有も土地所有も自由である。市民の権利に関する第三の状況は、奴隷の身分

が今もなお現にある、ということである。誰もが奴隷として売られうるし、また父親であっても息子を売ることができる。裁判所もまた、犯罪者の妻や子供、また妾を、とりわけ大逆罪の場合には、奴隷に落とす判決を下した。しかし、妻たちは、以前なら死刑である。

＊モルゲン　古い面積単位で、一モルゲンは約三〇アール。

われわれに今や残されているのは、国家の原理を認識し、またそれを評価することである。〔国家の〕全体は、君主の人格、君主のもとの官吏、そして官吏に対する監督に基づいている。官吏の仕事は君主に発し、監督は上から下に向かって貫徹する。このような官吏の下から上までのヒエラルキー（従属関係）が結合をなしており、その従属関係においては手綱をしっかり引き締めることが肝要である。より下位の者はすべて、より上位の者によって監督される。その際には、より上位の者の道徳的人格性が重要になる。というのも、自立的に自分で動いてその持ち分を自分で手に入れた身分などという領域はまったくなく、すべてはただ皇帝に発するからである。頂点にいるのは、制限されることのない絶対的な権力をもつ一人の個人である。皇帝の道徳的なありようこそが重要になる。このような皇帝たちの長い系譜の中で、四〇〇〇年から五〇〇〇年にわたって、中国には多数の優秀で卓越した統治者がいたのである。東洋の堅実さは、〔統治者の〕道徳的な卓越さ［かつ］威信の形式に現れている。

ソロモン*の知恵と統治は、われわれのイメージにも身近なものである。統治者はいかにあるべきかという理想が、フェヌロンの『テレマック』*にあるように最近では立てられ、そして国民の幸福はこのような個人にかかっていると言われてきた。その例を挙げるとすれば、中国の歴史から、とりわけ満州〔清〕王朝の王からとってこなければならないであろう。皇帝の中でも特筆されるのは康熙《こうき》帝*と乾隆帝で、マカートニー*は自ら乾隆帝のそばにいた。彼らのうちには、質素な生活ぶりと最高の学問的教養が統一されて見出される。〔彼らは〕統治の行動を自ら判断し、その治世の間はずっと休むことなく活動し、また公正と厚情の非の打ちどころのない感覚をもっていた。それは、われわれが古代人の理想をイメージする古代人の芸術作品のような一つのまとまりから成る、そうした道徳的に造形化された形姿であって、その特質すべてにおいて、性格の統一性や調和、威信、思慮深さ、そして美の刻印された人物像をなす。このように造形化された単一の統一性は、ヨーロッパ的な教養には妥当しない。というのも、ヨーロッパ的な教養は、より多様だからである。ここヨーロッパでは、その特殊性には教養の多様な側面や多様な充足が含まれている。領主やその他の人たちは、彼らの仕事仲間の外では私人として対等なやり方で仕事に従事し、ふるまっている。それに対して、〔中国の皇帝の〕造形化された姿は、そのあらゆる特質や生活のあらゆる側面が理念によって貫かれているのである。

*ソロモン　イェルサレムにダヴィデの子として生まれたイスラエル王国第三代の王（在位前九六一―九

二二年）。知恵に優れた王とされ、王国の絶頂期を築いた。＊『テレマック』　フランスの思想家・小説家フェヌロンの教訓物語『テレマックの冒険』（一六九九年刊）のこと。政治・社会の理想から当時の専制政治が風刺されている。＊康熙帝　清朝第四代皇帝（在位一六六一―一七二二年）。清朝の最盛期をもたらした。＊マカートニー　ジョージ・マカートニー（一七三七―一八〇六年）。イギリスの外交官。イギリス使節として清に派遣され、一七九三年に乾隆帝に謁見している。

しかしながら、皇帝という個人のそのような性質は何か偶然的なものである。皇子の教育がこのような道徳性を性格に植えつけるべく整えられても、〔結果は〕同じである。なぜなら、すべてはその性格次第だからである。皇子たちは、一面では厳格な秩序のうちで生活し、他面ではしっかりと定められ、畏敬の念に満たされた生活様式のうちで生活している。しかしながら、それでも彼らがそのような性格に育つかどうかは常に偶然的である。このことがうまくいかず、〔国家の〕中心部から周到さの緊張が緩んでしまった場合には、また皇帝が国家を監視しなくなった場合には、全体がばらばらになってしまう。そこには、法の力も、官吏が自分で培《つちか》った良心もなくなり、むしろ規範であるべきものが上から下に向けて〔上意下達で〕決定されることになる。こうして、規範は多かれ少なかれ皇帝個人に依存している。そして、野蛮な欲望をもつ暴君が（フランス悲劇がそうした暴君を描いたように）王位に就くことがないとしても、統制の衰えは簡単に生じうるのである。ただある種の快適さに必要なのは、君主の側近や大臣や宮廷の人たちへの、また自分の妻や母親への信用や信頼だが、これらの人たちはひょっとすると君主の体面をいちばんに傷つけたりするかもしれず、そうしてみると統制の衰えはすでに現にあることになる。そして、そのような信頼なら、道徳教育において容易に可能である。信頼それ自体が道徳的な要請でもある。そこで、このような道徳的な徳は、〔君主の〕性格のエネルギーと結びつくことなく、そのエネルギーはただ自分に制限され、他人への信頼などすべて捨て去って、〔そして〕自分の側近を監視することになる。そうして、排他的な人格には妨げがなくなる。君主は自分のお気に入りの寵臣を集め、彼らだけをあてにすることになる。そうすると、これらの排他的な者たちが幅をきかせるようになり、〔また〕彼らが互いに妬《ねた》みを〔もつ〕ことによって統治にまで影響を及ぼし、排他主義のさらなる連鎖を下に向けて広げることになる。そうなると、帝国は、まったく高貴な君主のもとにあっても、官吏たちの不法や恣意や暴力の状態に落ち込んで、すっかり変質してしまう。東洋できわめてしばしば見出されるように、善良で高貴な王たちの統治のもとにあっても、あらゆる身分で腐敗が生じ、そのことから革命が起こった。というのも、〔国家の〕全体は、ただ君主の厳格な油断のなさによって確固として存立しているからである。文書に記録されているように、満州族によって倒された明朝の足元では腐敗が広がっていたように見える。特に明朝最後の皇帝〔崇禎《すうてい》帝〕については、彼がおべっかを憎み、学問を愛好し、そしてキリスト教徒の保護者であった、等々と言われている。しかし、彼のもとにあった高級官僚の圧力によって、彼がその責任を問われなかったとしても、反乱〔と〕革命が勃発したのであり、そのとき彼は精力的に頂点に立つこともなく、大臣たちの助言を求めただけで、最後は自殺した。彼の性格は偉大さと完全な道徳的美を示してはいる。皇帝の性格が帝国をどこで滅亡に導くことになるのか、そもそもその境界を示すことなど、ほとんど不可能である。道徳的な軟弱さに安易に変じることによって、すべてが飲み込まれてしまうこともありうるのである。

家父長的な原理全体にある欠陥は、皇帝の人格性への依存である。そこに際立っているのは、法的なことが道徳的なことから分離されていない、ということである。理性的な国家体制は、道徳的なことと法的なことの両方を、それぞれの必然的な位置に従って独立して創り出し、また維持していなければならない。しかし、東洋的な特性は、まさにこれら両方の原理が今なお直接的な一体性にあるということのうちに存している。その一体性は、人倫的なことのうちにもあるし、また人倫的なことがなおも支配している国家の状態のうちにもある。こうして、国家の全体が習俗に基づいていることになる。習俗が今なお〔国家を〕支配しており、法律は部分的に不十分であるか、あるいは習俗に関係づけられている。反省の契機が生じるや否や、法は習俗から分離され、習俗は部分的に道徳的なものに移行する。その時には、国家体制は法に基づいており、そして法律がそのことを表現する。人倫的なことは、道徳的なことや宗教的なことと同じように、本来は諸個人に帰属するものである。しかしまた、人倫的なことは法律の対象でもなければならず、それは直接的ではなく、むしろそれを履行し、執行する対象［として］間接的なことである。人倫的なことは維持されざるをえないが、しかしそれは人倫的なことの固有のあり方においてのことである。それに対して、法律は自由な意志の定在としての法的なことに関わってはいるが、しかしそれは意志そのものの内面でのことではない。一方で、道徳的なことは自由な意志の定在であり、そしてもちろんそれはその意志そのものの内面でのことである。意志は自分自身のうちで、意図や目的、企図や表象に従って自らを規定づける。〔これに対して〕法的なものは、自由な意志の外的な定在である。すなわち、意志は〔法的なものという〕外的な領域において、自らの現存を与えられる。意志は自らを客観化するわけである。人格がただ自由なのは、所有者としてのことである。所有は〔意志の内面にとって〕外的な事柄である。したがって、人格は奴隷であってはならない。他人に対する私人としての法的義務、すなわち［私法に関する］国家の法律は、外的な規定［および］そうした諸対象に関係している。それら諸対象は業績のようなもので、確かに心情に由来するけれども、しかしまた心情の外部にも由来しうるものである。ところが、道徳性はこれとはまったく異なる領域である。法律は個人をその外面性で把握するので、〔個人を〕強制することができる。それに対して、道徳性は内面性の領域であり、私の目的や意図などに従って私自身を規定する私の分別の領野である。このような内面的なものは、尊敬や畏敬の念や愛といった形式を引き受けることができる。しかし、このように個人が自分自身のうちへと収束する個人の内面性は、〔外から〕押しつけられうるものではないし、法律の直接的な対象にされうるものでもない。市民的あるいは政治的な法規範は、外的な定在に関係している。しかし、道徳性はまた、それ自身の外化をともなう。道徳的なことは、国家と諸個人に関して人格の行動やふるまいの源泉をなすものである。このような〔人格の〕外化は、法的なものをその内容としている。しかし、別の側面では、ただ道徳的な心情から発する、例えば畏敬の念の表明とか血縁者や夫婦間の愛に見られる表現もまたある。そこに法的なものが入り込んでくる境界も、もちろんあるにはある。それでも、個人そのものに帰属するある一点において、法的なものが押し入ってくるのが許されない場合には、そうした境界線を引くのは難しい。法的なものは心情に押し入ってはならないからである。何か道徳的なことが要求されたとしても、法律のほうが優越しているように聞こえるかもしれないし、ソロモンのような言葉がありうるかもしれない。しかし、そのことによって生じるのは専制政治であり、そしてそれが巨大化すればするほど、法律がより優越したものに聞こえてしまうのである。

中国の国家では、人倫的なことが法的に設《しつら》えられている。ただ心情としてのみ価値のあるものでも、法的なものの対象として通用すべきだということになる。したがって、その本性からして道徳的なことや、内面的な自己決定に属することであっても、法律によって命じられる。そうしたことは、支配を手中にしている者たちによって命じられるのである。われわれは前に家族の法律を引き合いに出したとき、そうした例をいくつか見ておいた。膨大な量の民法は、市民相互の上司への、また官吏の皇帝へのふるまいにもあてはまるものである。古い経書の一つである『礼記《らいき》*』は、ただ慣習だけを含むものではあるが、その慣習が非常に詳しく規定されている。［そして］その慣習を遵守しないことがきわめて厳しい刑罰を招いて、その結果、簡単に死刑が科せられることにもなる。したがって、外面的な礼儀に関して、それが必要不可欠とされ、また押しつけられもするが、しかし法的な規範の体系としては、その本質的な意義を失ってしまっている。こうして、中国の国家体制の根本規定は、道徳的なことが厳格な法的なものとして定められている、ということである。そうした法律を制定する政府が私の内面の代わりに立つことになり、そのことによって主観的な自由の原理は廃棄されており、つまりは承認されていないことになる。

＊『礼記』　前漢時代に四九篇にまとめられた中国の礼制に関する経書。

そして、自由という言葉でさしあたり理解されるのは、とりわけ主観的な自由という次のような原理である。このような主観的な自由という内面性の不可侵の領域が、特にヨーロッパ的な原理に固有の規定をなしている。こうして、美しくかつ真なるものはすべて、このような形式的な源泉から生じる。したがって、政府が道徳的なことを自らの原理にしてしまうと、その道徳的なことは主観のうちに認められていないことになり、個別の主観に固有のものとしては、もはや何もないことになってしまう。確かに、道徳性は国家全体の原理であるように見える。しかし、そのことと結びついているのは、道徳性が実は〔国家によって〕認められていない、ということである。この道徳性は、内面においてこそ、主観の道徳性でなければならないからである。そのことによって、この国家のシステムには、自分に基づいた自由な人倫、自由な学問、自由な宗教の源泉をなす自由な魂が欠けていることになる。これでは、主観による固有の創造であるようなことは何も生じることがない。というのも、主観など政府の仕事に対しては二の次のことだろうからである。政府は道徳を占有してきたし、〔主観の〕内面性を独占してきた。そうであれば、自由という理念的な仕事が首尾よく進むことなどありえないことになる。内面的に自由［であり］、主観のうちにその定在を有することなど、法律のうちでは登場してはならないことなのである。

通常、われわれのイメージでは、主観的な自由は、その内面性が人間において尊重されるべきだとわれわれが要求する、そのような形で問題になるものである。そもそもわれわれはこのような内面性の原理に立脚することで、こうした要求をするのであり、その要求はとりわけ名誉という形式をもって表現されるものである。その名誉のうちで根底にあるのは、それが私のためにあるべき不可侵の領分に関わっているということである。私は私の意志をもってこうした領分に従ってきたのであり、私は私の意志によってその領分のうちにいるのである。私が私の意志によってあるものは、私に帰属するものであり、また侵害されてはならないものである。もし誰かがこうした領域に敵対して接触すれば、それは私にとって途方もない〔領域〕侵犯ということになる。私がそのために自己決定した、まさにそのことのうちで、私は独立して存在している。名誉は、そのような独立存在とその不可侵性を前提としており、こうした独立存在の形式をなしている。中国人の中では、このような独立存在は尊重されることがないが、それは私を超えたところで道徳的に支配されている［からである］。それゆえ、ここには〔私の〕名誉の占める余地はまったくなく、またこうした内面的な自由から生じる所産の占める余地もない。以上が、抽象的な規定である。残っているのは、こうした抽象的な原理について、詳細すべてにわたらないとしても、その具体的な特徴を考察することである。

［1］挙げるべき第一は、すでに述べたことであるが、中国には奴隷制度がある、ということである。誰もが自分自身を売ることができるし、また親も子供を売る「ことができる」。また、奴隷として売られることは一つの刑罰である。満州族－タタール人は、自らすべてを皇帝の奴隷として認めている。したがって、ここでは自由人であるという人間が有する第一の名誉、つまりこうした抽象的な内面性は認められていない。

［2］第二は、刑罰一般に関わることである。罪を犯せば、家族全員――妻、子供、両親、兄弟、知人――が刑罰に巻き込まれる。このことは、まったくもって道徳的な自由の承認に反しているし、犯罪の帰責に反しているし、道徳的な自立性一般に反している。例えば、子供がすべて殺されるといった刑罰は、中国人にとって家族関係が最高の関係であり、また祖先が敬われることがなくなってしまうだけに、より残忍なものとなる。祖先が敬われるのも、遺族が故人を敬ったり、故人の恨みを晴らしたりすることができるからである。出所の定かでないものや略奪品や不法に手に入れたものとみなされる財産の没収もまた、刑罰に属する。そして、［それが刑罰であるのも］財産を没収［される］者は彼の所有権すべてが彼から剝奪されるためで、そのことによって奴隷とみなされることになる。さらなる刑罰は体罰であり、それは最高位の高級官僚であっても下される。そのような体罰は、われわれの自尊心の感情に矛盾するものである。高級官僚はすべて、市民であれば誰でも体罰を加え

ることができる。殴ることについては、概してそれほど厳密に受け取られることはない。先のイギリス公使が最高位の高級官僚を訪問して帰宅しようとしたとき、その家の主人は、皇族の人たちすべてを脇に退かせるために、小枝で小突いたのである。

体罰は、一面では完全に、何か些細なこととして見られうる。というのも、〔体罰によって〕人はその悪い面だけが、すなわち単なる生活上の現存という外面だけが毀損されるにすぎないからである。しかしながら、体罰がきわめて屈辱的なことになるのは、まさに人がそのように攻撃されて、彼の内面に関して強いられることになるはずだからである。〔その際には〕内面と外面の絶対的な連関が前提されていながら、そこで人は道徳的には自らがこうした連関から独立しているのを知っている。だからこそ、屈辱はより大きいものになる。人は下位の側面にとらわれていることがある。まさにそのことが図らずも示されることになるのは、こうした側面がその人にとって自分の内面を強いているはずの最高のものであることによる。教養ある人にとってはもっと重要な側面があって、その人においては、下位の側面はまったく重要とはみなされない。教養人にとって、刑罰はそもそも、それによって彼の意志が法律の前では取るに足らないものと言われる場合に、最高の刑罰になる。こうして、教養人は、身体的ではない刑罰によって、道徳的で内面的な人として、法律を最高のものと認めるような人として承認されていることになる。したがって、刑罰はこのような根拠からして名誉あるものだが、それは処罰される者が道徳的な人間として尊敬されているからである。教養が高ければ、それだけ身体的な刑罰は傷つきやすいものとなる。こうして、法律を承認し堅持する高級官僚は、体罰によって道徳上の立場が彼から奪われる場合には、辱《はずかし》めを受けることになるのである。

［3］さらなる点は、まさに政府機関はより上位の官庁の監督下にあり、皇帝がその最高位にある、ということである。この最高位の者は誰でも自分の領土のうちでは常に最高にして絶対的な権力を有している。皇帝による監督は、彼がそのような力をまたそれぞれの知事たちに委任することによってのみ執行されうる。高級官僚はすべて、それぞれの管轄する都市では裁判所の長官でもある。総督は死刑の判決を下すこともできる。官吏たちには大きな権限が認められており、その権限は彼らの徳性に依存している。そして、監視が緩めば、すぐさま圧力や恣意が拡大する。そのことによって道徳的な威厳の内面的な感情は失われていく。市民たちは高級官僚に対して何の助けにもならないし、彼ら自身、自分たちの道徳的な意識は何も持ち合わせていないのである。

次の点は、中国人民の習俗に関わるものである。人民の習俗もまた、それ自体として性格を帯びているが、その性格は固有の内面性から生じる類いのものではない。

中国人は未熟な人民として統治されている。こうして、彼らの習俗は非自立性という性格さえ帯びている。中国人は善良かつ柔和であり、非常に礼儀正しく、また仰々しくもある。決められた礼儀作法がすべてである。中国人は、多かれ少なかれ、どうでもいいような事柄についても、規則によってきわめて厳密に秩序づけられている。そのように、中国では、人は自分の外にあって、いまだ自分のうちに〔反省して〕いない。特に中国人が我を忘れるのは、とりわけ自分の父親や兄が毀損されたために復讐することによる。中国人は毀損を絶対的なものとみなしており、それに背を向けては内面に何の支えもなくなる。すなわち、彼の全個体性が、この毀損に反応するのである。彼は毀損に背を向けてはやり場がないからこそ、復讐心に燃えて激しく反応する。このことはアジアの他の諸民族でも起こることである。例えば、われわれ〔ヨーロッパ人〕でも、かつて兵士が〔行った〕ように、他人を罪に陥れるために自殺する、ということが起こる。中国人においても、ある他者と敵対していた人が自殺するというのはしばしば起こることで、そのことによって当人は、事件が厳正に取り調べられ、また、その他者が拷問にかけられるという結果を引き起こすことにもなる。というのも、中国では拷問が認められているからである。ある別の人自身の死で他人が罪を問われることもある。というのも、罪というものは、私がそれを望まなくても、私が〔ある人の〕死について、ただ〔その人が〕殺される原因でありさえすればよいほどにまで拡張されるからである。

犯罪の〔個人への〕帰責は、中国では問題になることがない。復讐しようとした人が他人を殺したとすると、その復讐者は自分の全家族を破滅に突き落とすことになるであろう。それゆえ、彼は自分自身をも殺すことになる。なぜなら、彼はそのことによって他人とその家族をも破滅に突き落としたからである。自分の家族とともに処罰されうることも、また自分の財産の没収によって処罰されうることもないような復讐によってこそ、その当の中国人は自分だけで〔目的を〕達成している。こうして、中国人のこうした復讐心は、そこ〔目的〕

にまで達している。そのことは、入浴中に復讐するというセイロン人［スリランカ人］の場合も同様である。さらに中国人はインド人のようにきわめてずる賢く、盗み癖があり、そしてごまかしたりもする。（中国人は四肢が大変にしなやかであり、身体も手仕事や技巧も柔軟性がある。）特にヨーロッパ人に対して彼らはよくごまかしたりするが、それは彼らに内面的な順法性が欠けているからである。

〔学問・芸術・宗教〕

次の点は、学問、芸術、そして宗教に関することである。

本来の内面性の欠如は、学問にも及んでいる。自由で偏見のない学問は現に存在しない。中国の学問について語られるとき、われわれが耳にするのは、その学問についての大きな栄誉である。それらは中国では高く評価されているし、また敬意が払われてもいる。

［1］古代において、［中国人は］学問の大きな栄誉のうちにあったし、現実に大きな名声のうちにあった。皇帝は学問の頂点にあって、最高度の配慮をもって教育され、［そして］特に満州〔清〕王朝では、実際に教育され、講義も受けている。皇帝は学問的な価値に最終的な評価を下す者とみなされている。皇帝は高級官僚の通達のうちにある間違った言葉を官報の中で叱責することもあるし、文筆家の仕事である論文や二行詩を自ら書くこともしばしばある。宮廷にはまた高等政務官席があって、その席には最も学識の高い人が就き、学問、とりわけ歴史の専門教育以外の仕事はしない。翰林《かんりん》*と呼ばれる政務官席のメンバーは、皇帝

が厳正な試験によって自ら選出する。彼らは本来学問的な生活をしており、特に皇帝の監督下で協同の成果を［作り上げ］、そしてたいていは皇帝手ずからその序文を書くことになっている。皇帝はこれらの者たちから代筆する専属の秘書を選び、［そして］彼らのうちから最高位の国家官吏が選任される。大きな書物の編纂［と］新版の作成は、そこ〔翰林院〕では国家事業になっている。先の皇帝〔乾隆帝〕は、彼の晩年に［一七七二年から］全文献の新たな出版に尽力し、それは一六万八〇〇〇巻から成るものである。その際、その出版物には決して間違いがあってはならないことが決められた。そのような巻は、われわれ〔ヨーロッパ〕におけるほど多くの間違いを含むものではないが、官報の報告に述べられているところによると、誰々の高級官僚はどれほどの数の誤植を放置したかによって、それ相応の数の殴打で罰せられたという。

＊翰林　唐代以降に設置された皇帝直属の役職として詔勅の起草などをし、清朝では皇帝の秘書官として歴史書の編纂などを行った。

このように、学問は一面では非常に敬意が払われているように見えはするが、それにもかかわらず肝心なことが欠けている。それは、内面性の自由な基盤、すなわち〔学問の〕豊かさを思想によって自分自身へと集約し、存在するあらゆるものを思想にまでする知性の自由な基盤である。こうして、学問の関心は、自分のうちで充足すること、内面的に生活すること、思想の世界をもつことにある。このような基盤が、中国人には欠けているのである。中国人も学問に従事してはいるが、しかし自由で学問的な関心からしているわけではない。こうして、学問と教養、知識の集積は、ほとんど経験的な本性のものにとどまっており、理論的でもなければ、思想としての思想の自由な関心に基づいたものでもない。学問とはいっても、むしろ本質的に国家にとって有用なものや都合のよいものとして奉仕するにとどまっている。〔中国の〕国家は学問を手段としてその権力のうちに有しており、それゆえ学問としての学問に関わる純然たる学術的な生活や関心が国家によって優遇されたり、〔あるいは〕引き立てられたりすることはない。われわれが今、学問そのものの状況を眺めてみるとき、われわれが見るのは、中国の学問の高い名声がすでに消滅している、ということである。

［2］中国人の書き言葉〔漢字〕に関して言えば、それは中国人に固有のものであり、またいろいろと感嘆すべきものでもある。その書き言葉には、二つの側面がある。われわれに関係のある側面は、書き言葉が学問の発展にとって大きな障害になるとみなされうる、ということである。あるいはむしろ、学問がまだ学問としてないために、その手段もまたそのように不十分なのだ、と言うことができるかもしれない。書き言葉はヒエログリフ〔のような表語文字〕であって、音声の表現ではない。われわれ〔ヨーロッパ人〕においては音声が表象の記号であって、われわれはこれらの音声に対応して、再び記号〔アルファベット〕をもっている。こうして、文字が表象の記号〔音声〕の記号ということになる。中国人には、文字によって音声を、音声によって表象を表示するという、こうした迂回路はない。つまり、

文字の記号が同時に表象の記号〔表意文字〕なのである。そのことが多くの人々に強い印象を与え、そうして彼らはそのことを一般に好ましいこととみなしてきたのである。

以上のことに鑑みて、中国人の音声言語について述べられうるのは、それが貧弱で一音節から成る、ということである。われわれの音声言語は、書き言葉によって成り立っている。われわれの音声言語のうちには、文字のうちにある以上のものがあるわけではない。中国人においては、そうではない。彼らの音声言語は貧弱である。その音声言語のかなりの語には、二五のまったく異なる意味がある。それらの意味の区別は、それらが異なるアクセントで発音されたり、よりゆっくり、より早く、より低く、より高く発音されたりすることによって生じる。中国人は大変鋭敏な耳をもっている。そのため、これ〔音声言語〕には大きな不完全さがあることにもなるのである。

書き言葉そのものに関して言えば、それが学問の促進にとって最大の障害になっていることが強調されなければならない。われわれの書き言葉〔アルファベット〕は、きわめて単純である。われわれの文字の少ない数によって、音声の数の多さが制限され、限定されている。中国人の書き言葉は、われわれのように音声の多様性を制限することがない。しっかりとした形のない言葉は、その中間音のために〔文字で〕書かれることはない。形のしっかりとした言葉は、音声でも文字でも明確に規定されている。こうした言葉は容易に学習される。それ以上のことは音声の結合であって、その結合に際しては、あらかじめ何も記憶に組み込んでおく必要がない。中国人には〔アルファベットの〕二六文字がなく、数えきれないほど多くの記号がある。それで、日常的な使用のために必要な記号の数は九三五一で、さらに何人かの人たちによれば、任意ではあるが、その数は一万を越えるという。学者にとっては、八万字から九万字が必要とされる。それから、なおも〔語の〕結合を習得しなければならず、その結合は部分的には象徴的だが、部分的にはまったく恣意的であったりもする。したがって、結合そのものを繰り返し学ばなければならない。こうして、多くの記号がただ合成にすぎないということは、そこから多くのことが得られるものではないということである。われわれ〔ヨーロッパ人〕においても、多くの民族が同じ記号を習得して理解し合うことができるように、とりわけ象形文字を利用することがあったが、それは他の民族の音声言語を理解するためではなかった。このような利点が、中国人には欠落している。なぜなら、彼らは昔からすべてを自分たちだけで独立して保持してきたからである。

［3］今や学問そのものに関して言えば、学問によって多くの称賛すべき人たちが輩出してきた。最も高名な学者は孔子である。彼の教養はほとんど道徳的なあり方をしている。彼はそもそも一人の道徳家であって、本来の哲学者ではない。というのも、彼には思想そのもののうちで自己運動する理論が見当たらないからである。彼は何年か法に関わる長官の職にあったが、その後、自らの弟子たちとともに、あちこち旅をした。彼の教えは、ソロモンの箴言《しんげん》のように語り出される。それでも、それが学問になるには、なおも多くのことが必要とされる。近代になって、彼のある書物〔『論語』〕が翻訳されている。しかし、書評によれば、それは彼の栄誉にまで十分に達するものではない。彼はプラトン、アリストテレス、ソ

クラテスとは比較できない。ソロモンが自らの民族の立法者だったと想定するなら、孔子はほぼソロモンのような人物であったと言えよう。孔子の教えは、特に皇子たちへの道徳的な進講の基礎をなすものである。

　さて、より最近のことに関しては、ごく簡単に指摘するにとどめたい。中国人は個別の学問ではすでに早くから大きな進歩を成し遂げてきたが、しかしそれについてもしばしば異論が唱えられている。近代になって学問状況がより詳しく知られるようになり、その結果、その状況を評価できるようになった。中国人においては、物理学が最も発達した学問とみなされていた。彼らは磁石と磁針の使用を、われわれよりも早く知っていた。彼らは磁石が南を指す、と述べている。このことは〔北を指すのと〕同じように正しい。温度計、気圧計、空気ポンプ、振り子時計、梃子《てこ》などは、中国人にとって、ヨーロッパ人を介してようやく知られるようになったものである。〔それらのための〕本来学問的な理論もまた、彼らに知られるには至っていなかった。こうして、彼らにおいては物理学がさらに発展してきたということはないようにも思える。

　中国人は天文学によって最も有名になった。ドランブル*とラプラス*が、そのことについて明確な報告をしており、古くから長く続けて〔天体〕観測をしてきた功績を中国人に認めている。その観測に従って、彼らは一年の長さをかなり正確に計算し、紀元前一一〇〇年には日食を観測していたし、また春分点の移動を非常に正しく計算していた。このように、彼らには観測を非常に長期にわたって続けてきたという功績があるが、しかしながら、まだこれが学問だというわけではない。彼らは二〇〇〇年にもわたって気象観測を続けてきたが、気圧計や温度計を使っていたわけではなく、雨と風の観察をしていただけである。ヨーロッパ人は〔天文学について〕彼らから何も学ぶことはできない。本来の天文学は、中国人においては追究されていなかったに違いない。その原因の一つは、中国人が暦法についてあまりにも知らなかったために、ヨーロッパの正規の専門集団をともなった宣教師たちによって暦法とその数学部分が二〇〇年から三〇〇年前に作られたことにある。〔それでも〕中国人は天文学の一部分を作ってはいる。別の原因は、確かに中国人は古代から星の観測に筒を使ってきたが、しかし望遠鏡も振り子時計（彼らはそれらをヨーロッパ人から初めて知ることになる）も使ってこなかった、ということにある。北京の皇帝の宮殿には、皇帝がイギリス人から貢ぎ物として手に入れた実に美しいヨーロッパ製の望遠鏡と振り子時計が今も確かにある。しかしながら、北京の天文台では、それらが何か新しいものとして利用されることはない。

＊ドランブル　ジャン＝バティスト・ジョゼフ・ドランブル（一七四九—一八二二年）。フランスの数学者・天文学者で、パリ子午線測量を行った。　＊ラプラス　ピエール＝シモン・ラプラス（一七四九—一八二七年）。フランスの数学者・天文学者。主著に『天体力学』全五巻（一七九九—一八二五年）がある。

〔中国の〕他の学問もまた、同じように経験的に行われている。医学において、ここでその基礎になっているのは体液の循環である。こうして、主たる療法は患者の身体の位置にある。数学について中国で語られることは少ない。彼らの数学は幾何学にある。中国人はピュタゴラスの定理を知っていると主張されることがあるが、その証明について知っていたかどうかは示されていない。中国人は確かに計算することに非常によく習熟しているが、しかしそれは機械装置〔算盤《そろばん》〕によるものである。代数学、とりわけより高等な代数学は、中国人においてはお目にかかれない。彼らの数の体系は、われわれにおけるような一〇進法ではなく二進法*であり、彼らは数をすべて一と〇で書く。そのことが示しているのは、そもそも中国人は他の諸民族と関係をもつことがいかに少なかったか、ということである。代数学についてさらに指摘すべきは、彼らが例えば対数や正弦や接線をまったく知らない、ということである。彼らは化学について知識はあっても、それは直接の利用に関する知識でしかない。力学や水力学についても同様であり、そこで彼らは単純な機械の発明では感性豊かで、ヨーロッパ人よりもしばしば器用である。しかし、それは学問ではない。その他にも、彼らは例えば昆虫など大量の物〔の収集〕や銅板の所蔵品などでは芸術的である。

*二進法　中国における陰と陽の二つの記号の組み合わせが二進法に対応し、ライプニッツはそれをヒントに〇と一を組み合わせる二進法を考案した。

美的芸術については、これまで述べたことからも分かるように、中国人において理想的な芸術が花開くことはありえない。理想的なものは内面的で自由な精神によって構想される必要があり、それは無味乾燥なものではなく、理想的な芸術が同時に身体を与えられているように構想されるものである。中国人は芸術の機械的な部分では確かに巧みだが、しかし精神の創造的な力である自由な内面性が彼らには欠けている。創造力を彼らに求めることはできない。彼らにも美しい風景画や肖像画はあるが、しかしわれわれにおけるような影と光によって生み出される輝きにまでは至ったことすらない。彼らは例えば鯉の鱗などの写生においては、きわめて精緻である。花の絵は、彼らにおいて、いわゆる仕上げという点では見事である。これらすべてにおいて、彼らはきわめて精緻ではあるが、しかし理想的なものは彼らにとってきわめて疎遠なものでしかない。彼らはただ造園術では卓越している。彼らの造る庭園は非常に美しく、不自然でもなく、厳密に測定されているわけでもない。

最後に、宗教に関して言えば、中国人の宗教を知ることは困難である。というのも、ヨーロッパ人は宣教師で［あった］かぎりでのみ知識を得ることができたにすぎず、他方で宣教師としてはヨーロッパ人の宗教のために知識を得ることはできなかったからである。

中国ではまず、国家宗教が民間宗教から区別されなければならない。主要な事柄からして、その国家宗教は一面において、ここでは家父長的な宗教ではあるが、しかしそれでもなお、そうした宗教から区別される別の側面もある。このように古くて単純な家父長的宗教を、われわれは手短に次のように描くことができよう。すなわち、神が天と地の支配者として崇拝され、しかもその神は単純にして永遠であり、また善と徳には報い、悪と罪を罰するほど適正で公平である。こうした素朴で単純な宗教こそ、本質的に中国人の国家宗教なのである。その宗教が素朴で単純なのは、その抽象化のためである。神的存在のそうしたイメージからは自然と精神の豊かさや深さが消去されている。公平さや善は、絶対者の働きのあり方である。しかし、それによっては、絶対者が何であるかは語られていない。このような家父長的なものであるこうした抽象化の状況の中にいる人間は、自分自身と自然の深さにはまだ降り立っておらず、自然と精神の問題を、神的なもののうちで解決されるべきものとしては、いまだ見出そうとしていない。こうして、中国人の国家宗教は、このような単純なものなのである。

[1]　中国人は、彼らにとっての最高存在を天と呼び、また最高の支配者という意味で、上帝《じょうてい》*と呼んでいる。イエズス会士は、天あるいは上帝がわれわれ〔ヨーロッパ人〕の神であり、われわれもまた神をそのように認識してきたとして、そのことを認めてきた。しかし、別の宣教師たちは、中国人の宗教を異教として、まったくキリスト教的ではない、と宣言したのだった。第二の争点は、イエズス会士が中国人に彼らの故人崇拝を許容したが、しかし別の宣教師たちは禁止した、ということであった。何人かの宣教師は故人を聖人と同列に置き、別の宣教師はカトリック教会の聖人をそのとりなしとみなしたにすぎない。中国人に見られるそのような崇拝は、古代のたいていの民族に見出されるものである。「天」は文字どおり天を意味していて、それで「天」が天という自然的なものであるべきか、それともわれわれが神と呼んでいるものであるべきか、という論争があったわけである。こうした論争は

古代のあらゆる民族にあって、例えばペルシア人においては光［に関する］論争があった。ペルシア人は、そこで自然としての光を考えていたのだろうか、それとも思想としての光を考えていたのだろうか。同じように、エジプト人においては、オシリスがそうである。オシリスはナイル川なのか、それともある内面的なものの象徴なのか。［こうして］問われているのは、天や光やオシリスはただ純粋に精神的なものとしての内面の記号であるはずのものなのか、それともこのような記号が表示するはずの自然的な物そのものなのか、ということである。第三の考えは、このような形象のもとで故人が崇拝されていたであろう、ということである。あらゆる神話に関するこのような論争は、今日に至るまで続いている。こうした意見を厳密に区別すれば、なるほど対立があるにはある。しかし、正しいのは、どのような民族においても、ただ感性的なものだけを神的なものとみなしてきたと言うことはできない、ということである。というのも、精神の本性に必然的なのは、その自然的なもののもとにとどまり続けることではなく、内面へと進んでいくことだからである。純粋な宗教は、すべて感性的なものから思想へと高まって遊動していくものである。思想が対象のうちへと深まっていくや、それはすでに考えられたものとしての普遍的なものなのである。

＊上帝　中国における万物を支配する最も古い神で、天上の最高神（天帝）と考えられていた。

さて、中国人が彼らの天についてどのように語っているかに関して、より詳しく言及するとすれば、われわれは多くのことを引き合いに出せるが、それでも以下のことだけを述べることにしたい。イエズス会士は、康熙帝の治世下で一七一一年に一つの教会を建設し、当時の皇帝自らが、その教会正面の三角破風に三つの銘を掛けさせた。その第一は「万物の真の原理に」、第二は「それに始まりはなかったし、また終わりもないであろう。それは万物を生み出してきたし、また万物を保持している」、第三は「それは無限であり、無限に善で、無限に正しく、それは最高の力をもって万物を支配している」と「書かれている」。このように、中国人が彼らの神について語るのは、われわれが『旧約聖書』でヤハウェ*について読むのと似ている。康熙帝の後継〔雍正《ようせい》帝〕は、何人かの高級官僚が発育不全の者について皇帝に上奏したとき、訓令文書を公布した。彼らは、老将軍の肖像画が掲げられている場所に発育不全の者がいてはならないと伝えたのだった。皇帝がそれに答えて言ったのは次のようなことである。その肖像画をそのために掲げるのは、それまでも自分の考えではなかったということ。天に対する人間の変わることのない関係こそが自分の考えであること。そのような不幸が生じたのだとすれば、人々は自分のうちに立ち戻って、そもそも自分たちが過ちを犯したのかどうか、そしてどのような過ちを犯したのかを自らに問わなければならないだろうということ。そうして、人々はこのような罰を自らに科してきたし、皇帝自身もそのようにするということ。皇帝がそのような不幸を耳にした時に、彼がその不幸を何によって自らの国に引き入れてしまったのかを自らに問うことによってこそ、皇帝は皇帝であるということ。国民が正しいことを行っていれば、天もまた援助の手を差し伸べてくれるであろうということ。というのも、国民が正義と善から離れてしまった場合には、国と国民はただ転落し、没落するしかないだろうから、ということ。人々が自らの義務から外れた場合には、天はその好意的な心情を罰に転じるということである。以上が至高存在についての〔皇帝の〕思想であり、［そして］このような考えは『旧約聖書』に見られるものと完全に合致している。

＊ヤハウェ　ユダヤ教の唯一絶対の神。『旧約聖書』で、モーセによってこの神の名が啓示されたとされる。

こうして、われわれは以上のような面から〔中国人の〕宗教を家父長的と名づけることができる。このような単純にして抽象的な存在が、中国人においては頂点にある。宣教師が国家宗教における無神論者と名づける教養ある中国人は、このような抽象的な存在を知力によって原初的なもの、すなわち運命とも言えるような意味で、世界の最内奥の本質、およそ自然を生み出すものとしての自然の法則とみなすのである。このような原初的なものからすべては生み出される、というわけである。中国人は、おおむね〔天について〕自然と人間の行動の正統な支配者というイメージをもっている。付け加えなければならないのは、皇帝だけが天の息子であり、そして自らの臣民全体のために犠牲を捧げるのも、ただ天に対してのことだ、ということである。皇帝だけが犠牲を捧げ、礼拝の行いもまた皇帝だけが執り行う。中国人にはいくつかの祭りがあって、皇帝はその際に公式の行進に参加する。その主たる祭りは、われわれのクリスマスにあたるもので、冬至に催される。第二の祭りは春分に催され、その際に皇帝は田を耕すが、それはこの状況を政治的に顕彰するためではなく、田を耕すこと自体が礼拝なのである。そうして、皇后は皇后として、蚕《かいこ》の世話をする。第三の祭りは聖ヨハネ祭にあたるもので、夏至に催される。第四の祭りは秋に始まるのであろうが、それにもかかわらず、皇帝から勅旨が発せられることで、それより早く催される。その勅旨によれば、皇帝は天に豊穣を感謝するために秋になるのを待てない、というのである。このように、主たる祭りは四季に対応している。初期の時代には、皇帝は岳*と呼ばれる高い山に犠牲を捧げていた。それらの山は、天の方位に従って四つあった。しかし、のちに祭りの場は宮殿内に移された。ここでは、皇帝は上帝を前にへりくだる。長大な行進があって、そうした祭りの行進には、しばしば二〇〇〇人に及ぶ文官と、同じくらいの人数の武官が加わる。さらに日食や月食が始まる場合には特別に大きな祭りが催され、人民は額を地面につけて身を投げ出す。しかし、文官たちは彼らを見ているだけである。以上述べてきたすべてのうちで、宗教的な直観は自然規定により密接に関係している。

＊岳　古代中国の道教の聖山。中央の中岳を中心にして、方位に従って東岳、南岳、西岳、北岳の四山が囲んでいると考えられていた。

［2］このような宗教の第二の要素は、天は確かに一なる主であるけれども、しかしこの

主だけが崇拝されるべきだというように排他的であるわけではなく、こうした一なるもののもとにも多様なものの余地がある、ということである。こうして、中国には多くの宗派があり、ユダヤ教徒は一〇〇〇年以上前からいたし、それ以外にも多くのイスラーム教徒がいた。キリスト教徒の拡大もまた、彼らの宗教が中国帝国の条令に逆らうところまで至らないように見えれば、妨げられることはない。中国人は、天の他にも、〔自然の〕神々やギリシアのドリュアス〔樹木の精〕のような精霊など、自然物の魂を崇拝している。そうした魂は、その本質が自然物であるような対象とは区別されてイメージされている。

理性にとって本質的なのは、絶対者が無規定なものではなく、むしろそれ自身、特殊なものであるということ、そしてその特殊なものという規定されたものも絶対者のうちに据えられており、また絶対者のうちで認識されて知られ、また直観されるということである。われわれの思考する悟性は、太陽系を法則に従って規定されるような運動において把握する。こうした法則が、太陽系の魂である。法則はそのように普遍的なものではあるが、それでもまだ特殊性が普遍的なものへと高められただけである。そのことによって、こうした特殊なものが一なるものに関係づけられるのである。このような普遍的なものは、神という一つの普遍的なもののうちで知られうるのであり、そしてわれわれは、神がこうした特殊なものをそのように創造した、と言うのである。そのように、われわれはこうした普遍的なものに「ついて」、一つの普遍的なものによって措定された「かのように」語りはするが、しかしこの特殊なものをまだ一つの普遍的なもののうちで認識しているわけではない。というのも、わわれわれは神を、この特殊な普遍的なものがその外にあるような力として理解しているからである。このような絶対者は、自らのうちでそれ自身を規定するものとしては、まだ理解されていない。中国人の天は、やはり規定性を欠いていることによって、規定性が天の外にこぼれ落ち、そして特殊なものがそこへと高められるはずのこの普遍的なものが天の外にあることになる。そうして、『旧約聖書』では、一方にはヤハウェが設定されていながら、他方にはエロヒム*が設定されてきたのである。

＊エロヒム　もともと「力」、「力強さ」を表すセム語の「エル」の複数形で、これが『旧約聖書』でヤハウェの神の別称となった。

普遍的なものそのものをその規定性のうちで把握するまでにはまだ至っていないが、それに続いて強調すべきは、特殊なものにとっての普遍的なものに魂を与える、ということである。われわれは、そのような魂として中国人の守り神を見出す。それは、あらゆる物の守り神である。すなわち、太陽、月、星々、時代、年月、時間など、すべてにそれぞれの神々がいる。これらの神々は人間のことが好きで、そして高級官僚のように上下に服属し合っている。すべての地方、すべての都市にも、それぞれの神々がいる。高貴な神もいれば、下卑た神もいて、また人間にとって最善な神もいれば、邪悪な神もいる。邪悪な魔物は鬼と呼ばれ、そして鬼は神々との闘いのうちにある。いくつかの神々はなすべきことが多くあるが、別の神々はそうではなく、それらの神々はさらに人間や動物に変身することができる。それらの神々は、人間になれば低められたままにとどまることになろう。天の息子である皇帝は、神々にもそれぞれの居場所と仕事と任務を指示することができ、しかもそれは宮廷の暦による。中国の歴史では、一つの王朝の変化に際して、皇帝が目に見えない世界を別の形で〔現実世界に〕割り当て、官職をすべて変更する場合には常に長い物語が生じるものである。国家に忠実だった故人もまた、神々とみなされる。神々は至る所に廟《びょう》*をもっている。人々は、自然的なものがすべてこれらの神々に左右されるものと信じて、廟に参拝する。地方にある不幸なことが起これば神は非難され、長官は罰としてその神を翌年の暦から削除することができる。神々は本来、神として崇拝されているのではなく、天のもとにあるものとして崇拝されているのである。中国人は、このような神々について偶像を作り、廟には一部ぞっとするような偶像が置かれている。神々の廟には神官がいる。僧侶から成る数多くの僧院があって、そこには僧侶たちが未婚のまま住み続けているし、尼僧院もある。北京では、寺院の数が一万にもなる。僧院はどんどん増加してきたので、皇帝は僧院の数を制限せざるをえなかった。ある皇帝は、二五人の僧侶を還俗させ、また五〇〇〇の僧院を廃止した。神々と僧院に見られるこうした点には、中国人にとって一般的な迷信が結びついている。不幸があれば、いつでも中国人は僧侶と偶像に頼み事をする。これらの僧侶たちは、いつでも相談相手になって、真実味のあることやそれに類したことを述べもする。中国人にとって最も重要なのは、家の位置や、さらには墓所の位置〔風水*〕である。というのも、彼らは家族の幸や不幸はこれらの位置にかかっている、と信じているからである。方位は竜によって縛られており、それで方位によってふさわしい墓所〔の位置〕が探し出される、というわけである。そして、このような迷信の前提になっているのは、われわれが中国人に見た内面的な精神の不自由というものなのである。

＊廟　祖先や偉人の霊を祀る宗教施設として、中国各地に広く存在してきた。＊風水　家や墓所の位置を条件づける地形や水流などの自然環境で、現世のみならず子孫の禍福にも影響を及ぼすと考えられてきた。

［3］われわれはすでに〔中国には〕特別な宗派があったであろうことを指摘しておいた。その一つは、老子の一派〔道家〕＊である。この派において、〔宗教の〕まったく別の秩序が始まる。この派の人々が思い描くのは、自分自身のうちへの還帰や修練などによって、神を超えた支配にまで至ることである。それ以上のことは、より深く事情に通じた人〔道士〕が厳しい鍛錬そのものによって神にまでなることである。こうして、ここには人間が神的なものにまで高まることの、すなわち神的な絶対的なものと絶対的に同一化することの始まりがある。第二は、ラマ僧＊の集団が広く拡大しているということである。皇帝の一族、特に満州族出身の一族は、ラマ僧を信奉している。皇帝の私的宗教はラマ教的なもので、生きた人間は自分のうちに神性とその定在が現前するものとみなされる。こうしたことは、ブッダ＊の宗教〔仏教〕と関連している。仏の宗教＊はよく知られているが、これがブッダの宗教と

同じかどうかは、なお疑問がある。仏の宗教における主たる表象は輪廻《りんね》のそれで、それは人間や星辰などのあらゆる形態が一なるものとしての絶対的なもの〔法〕の形式であり、啓示であるにすぎない、というものである。さらに、この宗教の信奉者は無のうちに至高のものを据え、そうしてこそ人間は自らを神〔如来〕にまで高めるのだという。しかも、それは人間が特殊なものの感覚をすべて滅して自らを抽象的な直観となし、善と悪など、あらゆる区別が消滅しているような一点に達して、〔人間が〕運動のない空虚〔空〕*のうちに自らを沈めるような場合だという。そのように、完全に空虚なものが求められるべきだというのである。

＊道家　古代中国の諸子百家のうちの一派。老子を開祖とする老荘思想を基礎に、自然の根源的存在を「道」とし、修行によって道と一体になることを説いた。＊ラマ僧　「ラマ」は宗教上の聖人を意味する。ラマ教、すなわちチベット仏教の僧侶のこと。＊ブッダ　サンスクリットで「目覚めた人」、「真理を悟った人」を意味する。ゴータマ・ブッダが仏教を創始した。＊仏の宗教　インドにおける上座部仏教に対する批判から形成された大乗仏教が中国に伝来したもので、空をその中心思想とする。＊空　インドから中国に持ち込まれて漢訳された大乗仏教の経典『般若経』の中心思想。この世において存在するすべてのものには実体がないとする概念。

第一の家父長的な国についての以上の論述から、われわれは第二の国、つまりインドへ移ることになる。

〔第二章〕インド

〔概観〕

インドはインダス川とガンジス川の大河の間にある。この間で、すでに山岳地帯とのよりはっきりとした絡み合いが始まっている。インドは他の世界に開かれており、そうして世界史の連鎖の中で、効果的な環として現れる。他方で、中国帝国は、こうした連鎖の外にあって、最初の帝国ではあるけれども、しかしその環はまだ始まっていなかったし、自分から外に出ることもなかった。インドは、そのイメージのように、世界史的な民族として現れている。知恵や学問や教養は、自然の宝のように、ここにその起源が求められる。そこに由来しないものは何もない。そうして、あらゆる民族は目をそこに向けてきたし、宝に至り着くための道をそこに見出さなければならなかった。このような源泉とのつながりを手に入れることが、諸民族を共通して貫く契機なのである。偉大な国民で、大なり小なりインドに場所を得たことのない国民は存在しない。

［1］さて、最初にわれわれはインドの原理を中国の原理と対照させて把握することを試みたい。中国と比べてみると、インドは空想の国、不思議の国として現れる。中国では、す

べてが空想を欠いた悟性と散文的な生活であり、そこでは心情さえも外から規定されて固定され、また法的に規制されている。それに対して、インドでは、詩情や空想に対立して固定的に規定されているような対象は何もなく、すべてが空想によって〔悟性から〕反転して不思議なものになっている。中国では、道徳が法律の内容をなしている。インドにも確かに確固とした規則や法律があり、その上、途方もない数のふるまい方の規定があるにしても、しかしそうした規定は人倫的なことや心情的なことや道徳的なことを内容にしているのではなく、迷信をその内容にしている。このような規定は、その形式からしても内容からしても、精神と心を欠いた行動〔の規定〕である。インド人の生活は、そのような精神と心を欠いた形式で構成されている。中国人は、一面では散文的な悟性をもちながら、他面では万人を統治する支配者〔皇帝〕をもつことによって、悟性的なものに対立する不変の迷信をもっているとも言える。インド人においては、中国人におけるそうした迷信はないものの、彼らの状態全体を夢想として理解できる。理性性や道徳性や主観性は否定されて投げ捨てられ、そうして人々は想像力の放埒によって、ただ自分自身という肯定的なものへと至るだけである。一方の極には感覚的な享楽をともなった野性的な想像力があり、他方の極には完全に死んだ内面性の抽象があって、その両極の間でインド人はあちらに投げられたり、こちらに投げられたりする。そうして、インド人は完全に衰弱した人間のようであり、そのような人間は精神性をすべて欠いていて、それに縛られることなく、阿片によって自暴自棄になって、精神錯乱を幸福とする夢うつつの世界を手にするばかりである。中国人において、歴史学は最も発達した学問である。われわれが前に中国人において見たのは、五〇〇〇年にわたって系統立てられ、整えられてきた彼らの歴史であり、行為や出来事といった外面的なものの年代順に従った散文的な物語であるが、そうした物語でも、利用に供されることで時には飾られることもあった。それに対して、インド人にあっては歴史や年代順に即して現実性の叙述が考えられることはまずない。現在的なものや存立するものはすべて、色とりどりの夢となって、彼らから消えてなくなる。こうして、彼らにおいては、どのような真の歴史もありえないことになる。彼らにおいては、把握するということが神経の衰弱と苛立ちによって条件づけられており、そのことが彼らをして対象や確固として規定された定在に耐えるのを妨げる。というより、その定在が彼らに接触することによって、定在が彼らにとっては幻覚に転じることになる。彼らは規定された現実性に耐えることができず、夢想してごまかさざるをえないのである。同じように、彼らは知をもってごまかすこともできない。彼らの物語と同じように、彼らの文書もあてにすることはできない。こうしたことが、次のような特徴をなすことになる。すなわち、それは夢とか美しい霞《かすみ》という言葉が、インド的なものという名前にまつわるイメージのうちで広げられてきた、ということである。しかし、近代において、インド的なものの精神が周知されたあとになってみれば、こうした霞は霧散して消え去ってしまっている。判断力は今や、こうした不思議の国の空想がイメージされるのとは何かまったく異なるものを見出している。

［2］さて、インド的なものの原理が、より明確に把握されなければならない。われわれ

は中国人において精神的に自立していない者を支配する家父長的な原理を見出したのだった。このような中国人には、実現された内面性がない。つまり、彼らの内面性にはまだ内容がない、ということである。彼らにとって、自己規定の内容は外面的な統治のうちに、また内容を規定する外面的な法律のうちに与えられている。こうしたものは〔いまだ〕最も抽象的な内面性である。それに続く歩みは必然的な進行で、それはもちろん内面性の世界が生じるということである。それゆえ、実現するのは内面的な世界が生成するということである。中国人において、思想の世界は国家と有用性への関係のうちにのみある。それに続く進歩は、これまで外面的に設定されていた規定性が内面的になって精神的な世界にまで形態化されること、内面的なものが単に抽象的ではなくなること、精神が自らその世界を構築して世界を一つの観念論にまで形態化することである。

われわれはこのような進行をインド的なもののうちに見るが、しかしここでは観念論は自由のない理性を欠いた単なる想像の観念論であり、単なる夢想でしかない。そこでは、真理はただ関与しているだけであって、抽象的な想像が内容の塊をなしているにすぎない。対象的なものは精神の想像として現れはするが、しかしそれは概念を欠いた、それゆえ不自由なものとしてである。そのように、インド人の生活は夢見心地のようなものである。夢のうちで、まさにそこにあるのは、人間が独立してある自らの現実性という自ら独立してある人格性を、自らの外に存在するものから区別しないということ、そしてそのことによって外面性の連関全体、このような外面世界についての分別が消えてなくなってしまうということである。インド人の夢見心地の生活のうちには、主観と対象がそれぞれ自由に独立してあるものはなく、主観の対象からの、また対象の主観からの隔たりといったものもない。さらに、夢という言葉のうちには、精神の最も内奥の深みということもまた言明される。たとえその深みが他面では話にならないものであり、［また］まったく無意味な議論だとしても。このように、われわれはインド人のうちに最も崇高な規定とも言うべき最高の理念の意識を見るが、しかしこの意識は雲のようなきわめて恣意的な形態と混じり合っている。

女性には本来の美しさがあることはよく知られているが、その美しさにおいては、女性自身の顔に健康的な赤ではなく、より繊細な赤が精神的な息吹のように内面から浮き出てくるのであり、そこではあらゆる特徴が柔和さを帯びるものである。こうした柔和な美しさが、女性には産［後］何日か［あとに］現れる。このような美しさは夢遊病の状態のうちにも見られるが、その一つの美しさをスコレル*という偉大な画家が瀕死のマリアに与えた。われわれがインド人の形態に見るのは、こうした神経の繊細さのような美しさでありながら、しかし自らに基づく自由な精神を欠いた、そうした弱さを抱えていて傷つきやすい魂の美しさなのである。

*スコレル　ヤン・ファン・スコレル（一四九五―一五六二年）。オランダの画家で、オランダ写実主義にイタリア・ルネサンスの影響を折衷した。

［3］さて、われわれが以上の比較に従ってインド的なものの状態をより明確に把握するなら、インド人の生活の基本理念は外面的なものの定在と内面的なものとの一体性だということになる。インド人の直観は絶対的な実体性を根本にしていて、その実体性はまだ悟性によってそのうちで分離されてはおらず、そこでは偶然的なものの現象は本質から分離されていない。というのも、この分離は悟性をその条件にしているからである。そして、われわれはインド的なもののうちには悟性がないことに気づくのである。主観が確固としてあり、その主観が自らを多様性から区別することは、悟性に属している。その多様性もまた同様に、自らのうちで確固として規定されたものとして悟性的なものに対立している。多様性は個人〔の主観〕に対立しながら、それ自体として悟性的な連関のうちにある。主観の対象からの分離、および諸対象のそれらの連関からのこのような分離は、インド人にとっては現前していない。

事物がそれらの連関のうちにある時には、さしあたって個別的なものではあるが、しかしそれらのより深い連関には、法という内的なものとしての、それらの個別性から隔てられた普遍的な本質がある。こうした本質をなす最も普遍的なものは、中国人の抽象的な神〔天〕である。インド人においては、事物の個別性は事物の連関からも本質からも隔てられていない。それゆえ、それはインド人の汎神論である。それは多神教ではなく、むしろインド人の直観そのものが普遍的な汎神論である。また、スピノザ主義におけるような思想上の汎神論ではなく、むしろイメージの汎神論である。個別的なものそのものを無とみなし、そこにただ抽象的な実体だけを保持するスピノザ主義は、ただ普遍的なものだけを実体として考えるのである。

ところで、インド人においては、普遍的なものが思考されるというのではなく、感覚的な素材が直接的かつ生のままで普遍的なもののうちに組み入れられる。それは感覚的な素材が精神の力によって観念化されて自由な美に高められ、そうして感覚的なものがただ普遍的なものの表現になる、といったようなものではない。むしろインド人においては、感覚的な素材がなおも普遍的なものにまで持ち上げられたところで、それはただ度を越えたものに拡張されているだけのことである。そのようにして、神的なものは、そうした〔感覚的な〕素材によって奇妙なものに歪められ、またそれ自体が下らないものにされてしまう。というのも、神的なものが有限な形式で把握され、なおかつ有限なものは度を越えたものへと追い立てられてしまうからである。こうしたことはインド人においては単なる遊び事ではない。インド人は自分でお伽話を作ることもないし、想像を越えて高揚した気分でいることもなく、むしろこうした夢がインド人の生真面目さをなしている。神的なものは、このような形態化によって個別化されるわけではなく、むしろそのような低俗な形態によって、ただまったく卑しめられるだけのことで、完全に汚されてしまい、そして不条理なものになってしまう。それは有限なものが細密画のような驚嘆すべきものにまで誇張されるだけのことであり、〔そして〕完全に底なし沼に落ち込んでしまうようなものである。それは有限なものを神のように崇拝しているとも言えるし、また神的なものを有限なものにして〔貶《おとし》めて〕いるとも言える。神が人間になる、という彼らにおける神の受肉のイメージは、われわれの注意を引くものではありえない。というのも、そうしたイメージは特に重要な思想などではないからだが、それは猿やオウム、雌牛など、あらゆるものが、神が人間になるという受肉であることによる。すなわち、神的なものがあらゆるもののうちで肉と化してしまう、というわけである。〔インド人においては〕内的なものである神的な普遍的なものが感覚的なものと錯覚されているが、そのようなことは中国人にはなかった。

インド人にはイメージの世界という満たされた内面性があるが、しかしそれは理性や概念によって形成されたものではなく、両項の生のままの合一がなされたにすぎない。その根本思想をなすのは、個別的なものと普遍的なものの一体性というイメージである。したがって、普遍的なものとともに一体性のうちに据えられている特殊なものは、感覚的なものであるのである。この一体性は、〔それ自体で〕独立して考察してみると、あらゆる真理の基礎をなすものである。しかし、ここでこのような一体性は個別性という形で受け取られ、そうして単にイメージのためにだけ与えられて、奇妙で不条理なもの、そして品位を汚すものになっている。

このような神の感覚化においては、二通りに区別することができる。その一つは、こうした一体性のイメージの汎神論が完全に普遍的になっているかどうか、すなわち、こうした一体性のイメージのうちにある汎神論が感覚的なもののすべてを完全に神となし、神とみなされるはずの有限なものによって周囲を取り囲まれているかどうか、ということである。もう一つは、神の感覚化が直接的に現在する中心点へと集中して、そこに制限されているかどうか、ということである。このような区別が民族の区別をなしている。〔第一の〕汎神論の普遍的な分散はバラモン教*のインドに属しており、第二のものは仏教の原理やラマ教*に属している。とりわけこの〔第二の〕原理をもつ諸民族はチベット人、モンゴル人、カルムイク人、さらにはセイロン人であり、そしてガンジス川東側の半島の民族〔ベンガル族〕である。ラマ教はあらゆる宗教の中でも最も広範囲に広がっている。われわれは最初に本来のインドについて語らなければならない。ブッダ崇拝はインドでもなじみのものである。ブッダはインド人にとっては〔ヴィシュヌ〕神の九番目の化身*であるが、それでも〔インド〕全体においてはバラモン教の汎神論が一般的な原理をなしている。

＊バラモン教　古代インドの自然神崇拝から発展したヴェーダを聖典とし、ブラフマンを根本原理としてバラモン（祭司）階級によって形成された宗教。その後、インドの民間信仰と習合して、ヒンドゥー教として浸透した。　**＊ラマ教**　チベット仏教のことで、チベット語の「ラマ」（「聖人」の意味）から中国人やヨーロッパ人がつけた呼称。　**＊九番目の化身**　ヒンドゥー教においてヴィシュヌ神の九番目の化身（アヴァターラ）がバララーマとされ、それがのちにブッダに重ねられるようになった。

［1］本来のインドの地域性に関して言えば、その基礎をなすのはガンジス川とインダス川の流域であり、さらにはイギリス人がそう呼んでいるヒンドゥスターン平原*とデカン高原*の流域である。〔デカン高原の〕北方にはガンジス川の流域がある。ベンガル*やカシミール*などの

地域は、インドのバラモン教の中心地ともみなされうる。もう一つの地域はインダス川の流域であるが、そこから南部はほとんどが砂漠〔タール砂漠〕から成っていて、その砂漠は個々のオアシスによってのみ途切れている。その北部のパンジャーブ*は、その五つの流れに分かれた地域として肥沃である。インダス川にはアレクサンドロス〔大王〕が到達し、彼のあとには二一〇〇年後の一八〇五年にようやく再びイギリス人が「到達した」。「インド人」という名前は、インダス川から採られたものである。彼らがお互いにそのように呼び合っているのか、あるいはわれわれ〔ヨーロッパ人〕が彼らをそのように呼んでいるのか、彼らがそもそも共通の名前をもっていたのかどうか、それは分からない。「ヒンドゥー*」という名前は、そこではまったく周知のものではなかった。ガンジス川とインダス川の間には大きな山岳はない。それでも、さらに南部では、インダス川の東側に、ヒンドゥスターン平原の南側の山岳〔チョタ・ナーグプル高原〕とつながって、大きな山脈〔ビンディヤ山脈〕がある。この山脈の南側にはナルマダー川*があって、ヒンドゥスターン平原とデカン高原の境界をなしている。西方に向かう海岸地域は、セイロン〔現在のスリランカ〕におけるように非常に狭く、山と海の間には〔断崖の〕縁があるだけである。その背後には高い山〔西ガーツ山脈〕がアフリカに見られたように聳《そび》え立っている。別の〔東側の〕海岸は交互に入り組んでいる。セイロンはコモリン岬の対岸にあって、この岬に近接している。ヒンドゥスターン平原とデカン高原は、二つの大きな流域によって分けられている。山岳地域には、例えばデプラート族のようなまったくの未開人、文化のまったくない原始的な種族が住んでいる。ところで、インド人は全体として見れば大河流域に住んでおり、そして確かにバラモン教のインド人は個々の民族に分けられるとはいえ、これまで説明してきた原理の内部で生活している。

＊ヒンドゥスターン平原　ガンジス川とインダス川の間の北インドに広がる広大な平原。とりわけガンジス川は、この平原を流れて上流域を形成している。**＊デカン高原**　ヒンドゥスターン平原の南に広がるインド半島中央部の広大な台地。サンスクリットで「南」を意味する。**＊ベンガル**　ガンジス川下流域のデルタ地帯に広がり、歴史的にも古くから栄えた地域。**＊カシミール**　インダス川の上流、カラコルム山脈の山麓に広がるインド北西部の山岳地域。**＊パンジャーブ**　「五つの川」を語源とし、インダス川および四つの支流に囲まれた地域として肥沃な穀倉地帯をなしてきた。**＊ヒンドゥー**　インダス川を指すペルシア語に起源をもつ語。**＊ナルマダー川**　インド中央部を北部と南部に分けて西に向かって流れる川。アラビア海のカンバト湾に注ぐ。下流域は肥沃な農業地帯を形成し、ヒンドゥー教の聖なる川の一つをなす。

［2］政治的な生活とインド人の人倫や宗教に関して言えば、これらは密接に結びついている。国家生活の原理は、より詳しく述べるべきだとすれば、次のようになる。国家は、そもそも特殊な意志と普遍的なものとの統一、したがって普遍的な意志の実現であるはずである。このようにして、国家は自由な意志の意識を前提にしている。客観的な意志は、中国では法律であるが、しかしインド人［の世界］にとっては外部にある。中国人の場合、道徳的なことが民法の内容をなしているのが見られ、したがって内面的なことが外面的なこととし

て扱われている。インド人においては、外面的なことと内面的なことの一体性が［確かに］あるにはあるが、しかしその一体性は、そこでは自然が悟性的な全体でもなく、また自由な意志としての精神的なものがこの自然的なものに対立しているわけでもなく、むしろそれはいまだ直接的な一体性でしかない。したがって、精神が自由の法則を自分にとって存在するものとして認識する、そういった精神の自己内への還帰が欠けている。そのように、それ自体として存在する意志としても、また主観的な意志という形式においても、いずれにしても自由の原理が欠けている。したがって、国家のために必要なものがすべて欠けているのである。そうしてみると、インドにはどのような国家もありえないことになる。中国では国家がすべてであるが、インドにはただ民族だけがあって国家はないことになる。

ところで、社会的な共同生活があり、そしてそれがこれから示されるように、よく形成された共同生活である場合、そこに中心点があるかぎり、それは統治というものである。［インド人には］自由の原理が欠けているのだから、共同生活のうちで人倫的で、正しくまた道徳的であるべきことの規定からすると、そこには人倫の原則や良心としての宗教性など何もないことになる。というのも、これらすべては自由の精神をその原理にしているからである。こうして、ここに統治があるかぎり、それは専制政治であり、まったく原則もなければ法律もない専制政治ということになる。インドでは、規定づけるものが、そのように人の尊厳を最も失わせる専制政治である。そこには宗教は十分にあるが、しかし宗教性がないのである。中国、ペルシア、トルコ、そして一般にアジアは専制政治の基盤をなしている。支配者である権力者が悪い者である場合には、専制政治は暴政になる。しかし、このような暴政は、そのとき、非難されるべきもの、諸個人によって嫌悪されるもの、秩序を逸脱して存在するものとして意識されることになる。しかし、インドでは、自由の自己感情も道徳的なことの意識もないので、暴政であっても秩序のうちにあり、［しかも］それが嫌悪されることもない。インド人には、彼らにとって受容される感覚的なものの感情以外には何も残っていないのである。

［3］さて、しかし第三のことは、インドの民族が古くから形成されてきた民族だということである。とりわけガンジス川やまたナルマダー川の谷間の平野は、最高度の肥沃さに富んでいる。多くの美しい川が流れる軟泥の土地は――いわゆる湿潤さに富んだ土地という点で、また動物的自然の豊富さという点で――容易に〔住民の〕欲求を満たしてきたし、また共同生活とその発達を早くから生み出してきた。ここに、絶対的な重要性をもつ国家の概念にとって最も注目すべき規定が現れるが、その規定は中国的なものには対立するものである。中国に欠けているのは、国家の理念が区分されて具体的であり、それ自体の中で規定され、区別されたもの［として］有機的に分肢化されている、という契機である。［そのように］〔国家は〕抽象的なものではなく、区別されたものがそれぞれに独立して措定されて存在するものであり、しかも区別されたものが全体によって、またこの全体が区別されたものによってあるというようなものである。このような区別されたものが、普遍的なもの、つまり普遍的な特殊性であることになる。国家の全体は一つの実体的なものではあるが、しかし

その全体は特殊化されて、より多くの特殊な仕事に区分され、そうした仕事が国家の有機的な分肢を形作る。われわれがインドに現れているのを見るのは、まさにこうした区別されたものなのである。

〔国家体制 - カースト〕

個人や家族は個別的なものとして区別されたもので、〔国家のような〕普遍的な特殊性［として］あるわけではない。このような区別されたものは、それらが人格であるかぎり、個々の人格が一部では自由な者でありうるし、また一部では奴隷でもありうるという、さらなる区別がある。〔しかし〕こうした人格的な自由の区別はインド人においては生じえないし、人格的な自由が彼らにおいて問題になることはそもそもありえない。同じように、われわれはまた、独立した諸個人の内面的で主観的な自由や良心を見ることもない。このような規定は、中国の中には見られなかったし、なおさらのことインド人に求めることはできない。真の国家には道徳的な主観もまたなければならないし、そうした国家の諸個人には内面的で道徳的な自由が委ねられなければならないのである。

普遍的な特殊性に関しては、われわれは中国において国家の仕事の区分が始まるのを見た。今、注目しなければならないのは、こうした分肢がどのようにして有機的に組織化される必要があるのか、ということである。中国では、このように区別されたものが現実的で特殊な分肢に、つまり全体内部の団体にまで形成されるには至っていない。［というのも、こうした分肢は」中国では、ただ国家にとってさまざまに必要とされるものにすぎないからである。インドでもこの普遍的な特殊性が現れはするが、それは〔しかも〕カースト*という独特の規定性を帯びることになる。国家の第一の仕事は、知的で精神的、宗教的で学問的な生活をすることである。第二は実践的な生活をすることで、内外の防衛という力の仕事であり、勇敢さをともなう指揮を執る仕事である。第三は生業《なりわい》の仕事で、欲求を満たすことを目的とする。この仕事は多くのあり方で分けられていて、われわれの場合で言えば、都市と地方に、すなわち都市では〔さまざまな職種を〕編成し、地方では生産する、というように分けられている。第四の仕事は奉仕することに結びついていて、その奉仕することは、前述の仕事に諸個人が私的に奉仕するように決められているかぎり、固有の身分として生じることはありえない。仕事の区別は、その概念から生じるものであり、理性によって規定されるものである。ここで問題になるのは、インドでは仕事の区別がどのような形式をとるのか、ということである。それぞれの国家での一般的な仕事のうちで、諸個人を区別し、区分することは必要不可欠なことである。インドでは、そのような区別や区分は、決められた仕方で生じる。インド人の場合、区別は、概念のこうした規定性が自然的な区別、つまり生まれの区別になるということである。われわれの場合には、その点で主観的な自由は、各人が自分の考えや思いや状況に従って、何かある仕事に対する態度を自ら決定できるということから成り立っている。しかし、インド人の場合には、こうした区別が徹頭徹尾〔生まれという〕自然規定性に結びついているのである。

＊カースト　血統を意味するポルトガル語「カスタ」から名づけられたインド社会に固有の身分制度であるヴァルナ（四種姓）のこと。生まれによって基本的に四つの身分、すなわちバラモン（祭司）、クシャトリヤ（王族、戦士）、ヴァイシャ（庶民）、シュードラ（隷属民）に区分され、それぞれの身分に職業が固定されてきた。

プラトンの国家体制は、こうした区別を認めてもいるが、しかし彼は恣意を排除している。個人自身の幸せが排除されるとしても、それでも統轄者は教養ある人倫的な意志に従って、諸個人をそれぞれの身分に割り振る。そのように、プラトンにおいても、諸身分への割り振りをするのは、やはり人間の意志なのである。その際に諸個人の主観的な自由が尊重されていないとしても、それでもインド人におけるように自然〔生まれ〕によって規定性が〔諸個人に〕割り当てられるわけではない。われわれにおいては、そもそも身分はそれほど重要ではない。精神的、宗教的、人倫的、法的な領域のほうがより高い領域であって、そこでは万人が等しく普遍的な権利を有しており、あるいは有することができる。身分は市民生活の特殊性に関わるものである。意志という普遍的なものは、各人がそのもとにある領域として、それだけで身分からは独立している。しかし、インド人の場合には、前にも述べたように〔身分の〕区別が自然的であり、そしてインド人の生活のしきたり全体がその区別のうちにとらわれている。宗教と法律の規則すべてが、そうしたしきたりに依存している。したがってまた、そのような規則はインドにおいては絶対的に重要なのである。各個人がカーストと呼ばれるそのような身分に結びつけられていることによって、その歴史的な起源については次のような一般に広がった考えがある。すなわち、それは、このような〔身分の〕区別が種族の系統の区別に由来し、したがって民族の区別が最初の区別であって、それに仕事の区別が結びついたのであろう、というものである。こうした考えは、歴史的に一度も証明されたことがないし、問題になっていることを「さらに」説明してもいない。そもそも聖職者の民族などというものはありえない。というのも、一つの民族はあらゆる仕事を必要とするからである。区別されたものの一つの仕事はただ別の仕事とともに発達する、ということこそが肝要なことである。ある民族の始まりである形成の徴候をなすのは、労働の分割である。したがって、カーストは民族の諸系統の外的な集合によって説明されうるものではなく、区別された一つの全体を前提にしているのである。それで、本来的なことは、インドの中では、こうした〔仕事の〕区別がこのように生まれによって固定されて決められている、ということである。それがどのようにして生じたのか、意識をともなわない直接性によるものなのか、それとも外からの専制政治によるものなのかは別の問題である。専制政治が課すことができるのは、この人がこの仕事を継続し、そしてすでに自然なあり方になっているものを子孫に代々伝えていくことである。こうして主要なことは、このような区別がすでに一つの全体になっている全体の内部でようやく生じることができ、そしてこのような区別がインド人において安定した堅固さにまで至るということである。カーストはエジプト人にもあり、その痕跡はメディア人やペルシア人、そしてそれ以外の民族にもある。ペルシアでは、いくつかの都市が薔薇油を、また別の都市は絹の衣服を専制君主の宮殿に納めなければならなかった。専制君主は、そのことを決定し、また堅持した。そして、こうしたことは、われわれがインドで見るのと同じことである。

インド人のこのようなカーストの区分には、人倫的かつ宗教的な規定すべてが該当する。宗教的な直観における規定のその主たる原理は、個別的なものと普遍的なものの、感覚的なものと神的なものの一体性である。しかし、われわれは感覚的なものを精神的なものから、本質を偶然的なものから区別し、そしてその区別を反省によって合一する。インド人においては、一体性は反省の結果ではなく、〔むしろ彼らにおいて〕合一は直接的である。違いがあるとすれば、ただわずかに神的なものがむしろ普遍的なものをその出発点にするか、あるいはむしろ感覚的なものをその出発点にするか、という違いであり、まずはそのことによって感覚的なものから始まりつつも、むしろ普遍的なものをもって終わるか、あるいは普遍的なものから始めて、むしろ感覚的なものに移行するか、という違いである。それゆえ、インド人にとって神的なものとして通用するのは、太陽、月、山、川、動物、個々の人間といった直接的に感覚的な物である。他面で、さらに彼らにおいては、すでに思想に属するようなイメージもあるが、しかしそれらは思想として固定されているわけではなく、直接的かつ感覚的に固定されているにすぎない。〔このように〕〔インド人の〕神々は直接的で感覚的である。このようなことがカーストの区分にも該当する。このような区分は、人間の一部が神的なものとして現れる崇拝の一つのあり方である。今や、神的なものとして通用するものが地上のものとして確固たるものになることで、カーストの区別もまた、インド人の直観のうちで固定的なものとなる。そこで人々は神的なものに関わりもすれば、別の人々にあたかも自然物に対するように関わりもする。このことについて考察してみると、人々は神的なものとの関係のうちにあって、そうして彼らの日常生活は礼拝として現れる。ここには、根深い迷信が「神はあらゆるもののうちに存在する」という普遍的な命題のもとにいかに位置づけられるかが示されている。しかし、神的なものがそのような言いまわしとどのような関係にあるかは、その言いまわしをより詳しく考察しなくても分かることである。こうして、インド人の人倫的な生活は、宗教的なものと同じように、カーストの区別の内部にもあてはまることになる。さて、インド人の宗教は人間とか自然的な物だけを対象にするのではなく、普遍的な本質をも対象にするのであって、その詳細については、のちに述べることにする。

　カーストをより詳しく考察するとするなら、次はカーストそれぞれの権利ということになる。インド人の場合には、最初に注意を引く四つのカーストがある。第一のカーストはバラモンで、第二はクシャトリヤのカーストであり、すなわちそれは戦士であって、国王もまたその出身である。最後のペーシュワー*であったマラータ王国*の宰相は、それでもバラモンであった。第三のカーストはヴァイシャという。このカーストは全体として土地と家屋の所有者である。第四のカーストは労働者、職人、奴隷、召使いなどで、シュードラである。このシュードラには、第五番目としてニシャーダという賤民の卑しいカースト、つまりパリア*がつながっている。こうした一般的な区分の他に、さらに下位の多くの区分があって、それらの区分は異なる地域ごとにさらに互いに違っている。その数は二七から三六にまで及んでいる。バラモンとクシャトリヤのカーストは固定されて決められているが、職人のヴァイシャとシュードラのカーストは、さらに拡張して多くに分かれる。これらそれぞれのカーストには、それぞれの特殊な仕事があることになる。

＊ペーシュワー　ペルシア語で「指導者」を意味する。マラータ王国の宰相の呼称。＊マラータ王国　一七世紀後半にインドのデカン地方に建国されたヒンドゥー王朝。世襲制によるペーシュワー（宰相）の体制も、イギリスとの戦争によって一八一八年に崩壊した。＊パリア　「閉め出された」という原義から、四種姓からも外れた第五身分の賤民を意味する。

カーストの多さについては、インド人自身が歴史的な起源を次のように説明している。すなわち、それは、いい加減な王侯のもとで異なるカーストの男女が結婚し、そのため彼らの子供たちから特殊なカーストが作られざるをえなかったことによるという。それで、カーストのない者たちは仕事を割り当てられた新たなカーストにまとめられ、そこから技能や学問も生じた、というわけである。こうした説明は、ある程度は正しい。しかし、技能や生業がこうしたことによって生じたというのは正しくないとみなされなければならない。というのも、技能や生業の規定性こそが、さまざまなカーストの規定性をもたらしたからである。こうして、カーストには全体として多数のものが存在することになり、そしてそれぞれのカーストが、漁師、製革工、理髪師、太鼓手、荷役夫、駕籠《かご》舁《か》き、敷物織工など、それ固有の生業を有することになる。いかなるカーストも、それぞれに割り当てられた仕事を超えることはない。ヨーロッパ人は、カーストのこうした区別に、例えば〔インド人の〕兵役において大変苦労することになる。兵役では各人があらゆることをしなければならないが、しかしインド人は自分のカーストの仕事を超えて何かをなすようにこなすことはできないからである。何かがこのような頑固な制限を、より長い付き合いを通して取り除き始めはした。〔しかし〕軍人カースト出身の軍人たちは、塹壕に連れていくこともできず、何も運ぼうとせず、大砲を引っ張ろうともしない。そのため、また別のカーストがなければならない。軍人たちが別の仕事で役に立つことはほとんどない。そのため、イギリスの軍隊がインドで二万人をもって戦場に移動する時には、その軍隊は随行人も含めて一〇万人に達した。一人の少尉は三〇人を、一人の大尉は五〇人を使った。というのも、各人にはそれぞれ固有の仕事があるからである。〔一七〕五〇年代にインドに派遣され、その後パリで打ち首にされたフランスの将軍ラリー・トレンダールは、インド人を戦争のさまざまな仕事に強制的につかせようとしたが、しかしインド人は逃げ去ってしまい、その結果、彼自身がこうした厳格さによって自らの計画を潰してしまったのである。

ところで、どのカーストにも、日常生活のありきたりのことについて、それ独自の掟や規則がある。食事をする前には、沐浴《もくよく》を済ませていなければならない。沐浴をしていなければば、沐浴を済ますまでは食事をすることもないし、食事をとることなく何日も過ごすことがしばしばある。異なるカーストが一緒に食事をすることもない。もっとも、そのことは戦争の中での付き合いによって多くは失われたが。ヨーロッパ人や馬が池から水を飲んだとすれば、その池は不浄になる。インド人は誰一人として死んだ鳥に触れてはならないし、鳥の羽根を身につけてはならないし、また雌牛の生皮でできた皮革を着てはならない。そのため、報酬の配慮はそれぞれのカーストにさせなければならない。こうして、それぞれのカーストは、その決められた仕事や特殊な規則を守らなければならず、そもそもまったく異なる市民権を有している。

バラモンは他のカーストを超えており、とりわけシュードラに対しては、動物を超えたわれわれ人間のように超えていて、〔カーストの〕頂点に位置している。バラモンだけが、学問をすること、神聖な書物であるヴェーダ*を読むことを許されている。シュードラたるもの（第四階級出身）は、その書物の部分を暗記して覚えておくことも、祈禱文を学ぶことも許されていない。シュードラがそのことについて何かを知っていたとすれば、死刑に処せられる。『マヌ法典』*によれば、バラモンがシュードラに助言したり、祈禱を教えたりすることは許されない。シュードラがバラモンにとって厄介になるや、バラモンはシュードラを当局に告発し、当局はそのシュードラに死刑を宣告するのである。シュードラによる接触は、すべてバラモンを不浄にする。シュードラがバラモンに接触することは許されず、もし接触すれば彼は殺されることになる。バラモンは、そもそも神とみなされている。インド人なら、誰もがバラモンの前にひれ伏し、また自らの神と認めることができる。バラモンは三重の紐を首にかけている。一般のインド人は、こうしたバラモンを見かけた時には、跪《ひざまず》いて彼を拝《おが》む。バラモンは、ただバラモンからのみ何かを受け取ることが許されている。バラモンは二度生まれた者を意味しており、王が身体にはずみをつけて上へと揺らすようにしても達することができないほどの高みに位置している。教養あるバラモンと教養のないバラモンを区別したところで、最も教養のないバラモンでさえ同じ高みに位置しているのである。より下のカーストへの刑罰は、より高いカーストへの刑罰より厳しい。ただ窃盗の場合だけは逆である。古い詩が伝えるところによれば、ある王侯が権力でバラモンになろうと試みた。しかし、雌牛がバラモンを守って一〇万人を打ち破り、それからその王は一万年償いをしたけれども、それでも彼はバラモンになることはできなかったという。というのも、バラモンはすでにその生まれからして、他のカーストすべてに対して神として位置しているからである。バラモンは『マヌ法典』で言われているように、生まれた時からあらゆる生き物たちの主であり、市民的かつ宗教的な義務の番人として据えられている。実在するのはバラモンの富であって、バラモンはそのための資格をその生まれの高さによって与えられている。こうして、バラモンはより高く、カーストすべての頂点に位置している。他のカーストは、互いに区別されるけれども、このような〔バラモンの〕高さをもつことはない。より低いカーストがそれぞれ、より高いカーストに対して、このより高いカーストがバラモンに対して抱くのと同じような尊敬を抱く義務があるとしても、このより高いカーストが〔バラモンと同じ〕

高さに達することはないのである。

＊ヴェーダ　前一二〇〇年頃から前五〇〇年頃にかけて集成された古代インドの「知識」を意味する宗教文書。祭祀を司るバラモンや祭官による祭儀、哲学的な奥義（ウパニシャッド）などで構成されている。
＊『マヌ法典』　インド神話で人類の始祖とされるマヌによって語られた教義をもとに前二世紀から後二世紀にかけて編纂された、インドの法典中で最も重要な法典。全体は一二章二六八四条から成り、インドの社会規範をなしてきた。イギリス人のインド学者ウィリアム・ジョーンズによってサンスクリットからの英訳が一七九四年に、そのドイツ語訳が一七九七年に公刊された。

カーストの区別はまた一般的な市民権をも規定しており、そしてここでもまた、その区別が市民権の不平等を帰結する、ということが生じる。より下のカーストは、その格差づけの関係に従って、同じ犯罪であっても、より高いカーストより厳しく処罰される。ただ窃盗の場合だけは、カーストの高さとともに刑罰の度合いも高くなる。刑罰は概して抽象的な報復を原理にしている。例えば、誰かの舌を傷つけた者は、その舌で罰せられる、等々というように。『マヌ法典』では、下層のカーストに対して身体に加えられる刑罰の一〇の部分が並べられている。［それらは］舌、耳、目、手、足、頭、腹、鼻、生殖器、そして所有物である。しかし、バラモンが罪を犯した場合には、他のカーストなら、その犯罪に対して追放と身体刑が加えられるにもかかわらず、バラモンは身体的な損傷なしに追放されるべきだとされる。それに対して、シュードラは、手や足でバラモンや、より高いカースト出身の誰かを傷つけた場合には、その足や手を切り落とされる。〔カーストに属さず〕一度だけ生まれた者がバラモンを粗野な悪口で侮辱した場合には、その者の舌が傷つけられることになっている。シュードラがカースト全体を誹謗中傷すれば、その口には灼熱の鉄棒が突き入れられることになっている。このように、市民権という点でも、カーストは差別をもたらすのである。

誰かが自分のカーストの義務に反したことをした場合には、カーストを失うことがありうる。そのような者は、その時には人間のくずとなり、法律のすべての保護の外に出て、あらゆるものから閉め出されることになる。しかし、そうした者でも自分のカーストを、しかもさまざまな仕方で再び回復することができる。軽微な犯罪の場合、回復が実現されるのは難しくない。追放された者でも、バラモンに金銭を与え、また〔同じ〕カーストの別の何人かの仲間に食事を与えればよい。そのようにして、追放された者も再び受け入れられるのである。より重い犯罪の場合、回復はより困難になる。一本の杭《くい》が立てられ、そこに一本の横木が固定されて、その一方の端に鉄製の鉤針《かぎばり》のついた一本の縄がかかっている。この鉤は再び受け入れられる者の背中をつつきまわし、そして横木は一定の回数、ぐるぐると円を描いて回転する。このような罪の償いによって、赦免が得られることになる。罪の償いをする者は、次のようなことも自らに課す。〔追放された〕バラモンが再び受け入れられうるある方法は、より特殊な方法である。一頭の雌牛あるいは一人の女性を黄金で作らなければならない。その他にも多くの贈り物を与えなければならない。あるインドの王子は自分の侯国を再び取り戻すために二人のバラモンをイギリスに派遣したが、この二人は海を渡ったために、また特に帰りにインダス川を越えたために、カーストから追放されてしまった。王子は黄金の女性器がついた金属製の雌牛を作らせた。バラモンたちは空っぽのお腹の中に閉じ込められ、そして女性器を通して再び引っ張り出され、そのようにして彼らは二度生まれたことになったという。

〔インドの法と習俗〕

さて、われわれがアプローチする第二のことは、法的な諸規定である。人格としてあるという抽象的な自由は、人倫的な自由すべての基礎をなすものである。市民的な立法は、収集され編集された『マヌ法典』のうちにも含まれていて、それらはイギリス人〔ウィリアム・ジョーンズ〕によって翻訳されている。しかし、この立法はきわめて不完全で欠けたところがあり、また錯綜している。

［1］非常に重要な第一点は、土地を耕作する人が土地所有者なのか、そうではないのか、したがってその人が所有者なのか、それとも日雇い労働者なのか、ということである。この問いに答えるのは非常に難しい。最初にイギリス人は二〇〇〇万人の住民を含めて、一部はベンガルを占有するようになり、そしてついにはインド全土を、一億人の住民を含めて、一部は直接的に、また一部は間接的に支配した。その住民は大部分が直接的にはイギリス人の臣民だが、農民が土地所有者であるかどうかを規定することがきわめて重要であった。問題は土

地の課税と生産量の大きさであるため、その解決はそれだけ難しいものになっていた。一定の税の規定はなかった。というのも、特別の所有地代の他にも多くの別の負担があったからである。ところで、税負担が所有価値の半分にかかるとすれば、その価値は一人の日雇い労働者分と同じくらい尊重されていることになる。というのも、日雇い労働者は、そのとき彼が自らの労働に見合った労賃を得るかぎりでのみ、所有主によって扶養されているからである。インドの多くの地方では、所有地にはいつも重税が課されていたので、所有者はそうであることを拒否していた。というのも、日雇い労働者のほうが、もっとよい状態にあったからである。そのように、そこでは所有者が賃金のために働く者より悪いという状況が生じるのである。

こうした問題はイギリス政府とイギリス議会によってさまざまな側面から考察されたが、それでもなお本来の決着には至っていない。明らかになっているのは、最も古い時代にはラージャ*という領主が本来あらゆる土地所有の主だったが、しかし耕作人たちが世襲によって継続的な権利をもつようになった、ということである。それもまた一つの所有であって、したがって［そこには］二つの所有権があったことになる。すなわち、領主たちに配分して支払われなければならない地代と、この地代の他に耕作人たちに残っているものである。インドの古い写本には、領主たちの土地を寺院に寄進することについての銘文、また土地を私人に売ることについての証書が含まれている。マッケンジー大佐は、二〇〇〇を越える証書を収集していた。領主が耕作した者たちにその土地を譲渡したとして、領主はただその土地の地代権を譲渡しただけのことである。それは〔土地を〕売る私人が地代権から差し引かれて残った権利だけを売るのと同じである。

*ラージャ　もともとインドの部族制の時代には部族の「首長」、「領主」を意味したが、王制の時代になって「王」をも意味することになった。

村はすべて共同体をなしていた。古い時代には財産が安全ではなかったので、あらゆる村は他の村に対して、また略奪者に対して［一つになって］防護を固めていた。最近になって、ようやくイギリス政府への信頼が高まり、また財産が安全になったところで、住民たちはこうした防護を解いた。そのようにヘイスティングズ卿*は二年前の議会で演説した。そのような村は閉ざされた全体で、あらゆる政治的な変化にも無関心だったのであり、人々が統治の変化を知ったのは、ようやくずっとあとになってからのことである。そのような村には、その村の審判者、バラモン、吉日と凶日を決めなければならない占星術師、また誰か水の需要を判断する者たちがいた。さらに陶工、医者、パン屋、理髪師、洗濯人、踊り子、裁縫師、楽士、そして詩人までいて、彼らは必要とされていた。これらの人々は、それぞれ総額のうちから歩合を受け取っていた。農作物全体のうちの余剰分は、耕作人と統治者の間で折半にされた。統治者は、全権委任された徴収人を通じて、自分の取り分を増やした。これが〔徴収人にとっては〕統治者との唯一のつながりだった。こうした状況から、統治者は地主だと推測されてきた。

＊ヘイスティングズ卿　フランシス・ロードン゠ヘイスティングズ（一七五四―一八二六年）。イギリスの政治家で、一八一三年から二三年までインドでベンガル総督を務めた。

イギリス人は、所得の徴収人を地主とみなし、ある一定の税を要求したため、悪いシステムを採用することになった。その結果、農民を所有から引き離すことが徴収人の権力のうちに生じることになり、また農民が完全に日雇い労働者とみなされるようにもなってしまった。そのことによって、しばらく前には一〇〇万人を越えるヒンドゥー教徒が空腹のあまり死んでしまう、ということが生じたのである。今は再び所有が前より尊重されている。こうして、このような問題に決着をつけるのは厄介なことである。

［2］注目すべき第二のことは裁判での証言に関することで、［したがって問題は］裁判で証言することができるのは誰か、ということである。これができるのは、王でも料理人でもなく、公的なダンサーや歌手でもなく、また息子ではなく、ただ娘しかいない有力者でもなく、ただ女性に対して証言する女性だけである。『マヌ法典』では、次のような場合には偽証することが許されている。それは、もし偽証しなければ死んでしまうに違いない、ある人の生命を保持できる場合である。さらには、それがバラモンであれ、別の階級［出身の誰］であれ、真実の証言にもかかわらず重罪人の死がもたらされる場合である。王の過酷さが知

れわたっているかぎり、非真実のほうが真実より優先される。結婚が偽りの証言によって正道に引き戻されうる場合も同様である。また、快楽の衝動から脱するように、少女に真実でないことがこっそり教えられるような場合も同様である。さらには、宝探しに躍起になっている人に対しても同様である。最後に、それが例えばバラモンに有利になるように仕向けられるような、他の多くの場合も同様である。

［3］さらに第三に引き合いに出されるべき規定は、負債に関わるものである。その際に注目すべきなのは利率の高さであって、一つにはその高さそのものであり、それからまたカーストの区別が利率にどのように影響を及ぼすか、ということである。担保のある法律上の利率は、次のような規則になっている。すなわち、バラモンには月々一と四分の一％、担保なしでは二％、第二階級のクシャトリヤには三％、担保なしでは三と二分の一％、第三階級には四％、シュードラには利率は月々五％になる。『マヌ法典』は、そのように規定している。負債を徴収するやり方に関しては、負債を催促すべきだとする規定がある。それ以上のこととして、権力を有する機関への担保の委託とか、労働者の財産を差し押さえる債権者の権利がある。――それは労働者が支払うかどうかを試すためでもある。債務者の妻や子供、家畜や服もまた差し押さえされうる。さらには、債務者が力によって、しかも殴打によっても強制されうることは合法的である。最終的に、債務者が自ら支払うように動くかどうかを見るために、債務者の玄関口に〔債権者が自ら〕座り込むこともある。債務者が別のカーストの出身である場合には、その債務者は負債を労役によって返済しなければならない。一つ

の注目すべき特例は、バラモンが債権者である場合、そのバラモンは短剣や毒をもって債務者のところまで行き、その債務者が支払わない時には債務者に自殺するよう脅迫する、というものである。このような脅迫によって、債務者は〔支払いを〕強制される。それでも支払いをしない場合には、バラモンは債務者の家の前に座り込み、それからバラモンが食事をしないなら、債務者も食事をすることが許されない。というのも、債務者はバラモンの面前では食事をすることが許されないからである。そうして断食の競争心が生じることになる。空腹のバラモンが死ぬようなことがあれば、債務者は最も厳しい死刑にさらされることになる。その死刑に対して、債務者には恐ろしいまでの苦痛が生じる。というのも、彼はバラモンの死に責任があるのだから。こうしたことはイギリスの統治下でさえ生じたのであり、したがって裁判所が判決によってバラモンの請求を否認した場合には、バラモンはそのようなやり方に訴えたのである。

公平性と人格的な自由について言えば、その予兆はまったくない。財産相続権に関しては、女性は完全に排除されており、そもそも遺言することさえ許されていない。男性の相続人がいない場合には、財産はラージャ〔領主〕のものになる。

［4］さらに第四の法的な規定は、婚姻に関するものである。女性一般の境遇に関しては、彼女たちは裁判で証言できず、また遺言することが許されておらず、そしてすでに述べておいたように、概して下位に置かれ、軽蔑される境遇にある。女性は男性の面前で食事することを許されていない。それは、男性であってもカーストのより低い者が、より高いカー

スト出身の者の面前で食事することを〔許されて〕いないのと同じである。さらに、女性は婚約者を介して、多かれ少なかれ、その両親によって金で買われる場合がある。こうしたことは、法律で禁止されてはいるけれども、伝統であり、古い慣習法である。形式上また法律上の婚姻においては、新郎は〔女性を〕買うという古い形式として、雌牛と雄牛をそれぞれ一頭ずつ贈らなければならない。しかし、一般には、両親に与えられるべき贈り物について契約がなされることになっている。それでも、実際には、今でもなお形の上で〔女性を〕売ることが行われているのである。

独身の若い娘には男性を選択する余地はなく、父親がその選択をする。結婚することはインド人すべての義務であるし、父親が自分の娘を結婚させることは父親の義務である。父親がそのことを怠《おこた》ると、娘は夫を自分で選ぶ事態になる。こうしたことはナラの叙事詩*の中に見られる。父親が〔娘の〕最初の結婚適齢期の三年間にこれを怠ってしまった場合にのみ、そういうことになる。両親が〔娘の〕夫を見つけない場合には、別のやり方で、すなわち一夫多妻を許すなどして、娘に配慮することがありうる。

*ナラの叙事詩　古代インドの長編叙事詩『マハーバーラタ』の中の一編「ナラ王物語」のこと。結婚相手を自分で選ぶことになったダマヤンティー姫は、父親が開催した婿選びの式で神々が候補として名乗りをあげると、その中からナラ王を選んで結婚することになる。一八一九年にドイツ人フランツ・ボップによってサンスクリットの原文がラテン語訳され、その翌年には詩人のコーゼガルテンによるドイツ語訳が出版され

た。

しかし、女性は一夫一婦制において初めて権利を得るのであって、そこにおいてのみ女性は男性と対等になる。女性がそうでなければ、女性の権利は侵害されている。インドとチベットには一妻多夫もまた見られる地方があるが、［別の地方では］女性が今もなお非常に蔑《さげす》まれた状態にあり、例えば何人かの兄弟が女性を下女として自分たちの欲望の共有の道具として扱うようなところもある。インドの一夫多妻制の関係においては、父親が自分の娘を有名なバラモンのところに嫁《とつ》がせることで、安易に娘のために配慮することもありうる。その結果、相当数のバラモンが三〇人から四〇人もの妻をもつことになるが、バラモンはそのうちの半数も見ていない、ということが起こる。というのも、両親は娘を嫁がせたことを、そのバラモンにただ知らせるだけだからである。これらの関係すべてが、インドにおける女性の地位の低い状態を示している。

われわれが習俗について読むもの［のうちには］、婚姻上の義務がきわめておろそかにされ、かつ従属的なものとみなされていることが見出される。例えば、大祭の際に、バラモンは民衆の間をうろつき、お気に入りの女性を探し出しては寺院に連れていき、彼女たちの容色が衰えるまで何年間もそこに留め置く、というようなことである。そうすることで、男性たちは大いに名誉が与えられると感じてしまうのである。そのあと、彼女たちは帰されることになる。行者たちには、どの家も、どの女性も開かれている。行者たちは、あらゆるカーストの出身で、単独か、あるいは一万人から一万二〇〇〇人で群れをなして、食べ物を与えられる資格をもって、裸のまま放浪する。彼らは妻帯している。彼らは聖なる者とみなされ、ギリシア人には裸行者という名前で知られていたものである。その他にも、インドのマラバル海岸*沿いには、今でも婚姻関係のまったくない地域がある。しかし、インドの〔近代の〕政治的状態の始まりは婚姻の承認であり、またとりわけ一夫一婦制である。インドの多くの地域では、家族は一緒に住んでいる。姉妹と一緒に住んでいる兄弟は、彼らが一緒になった妻であっても、家に受け入れることはない。したがって、姉妹の子供がその家の子供とみなされる。婚姻のこうした規定が、インドにおける婚姻関係がまだいかに不完全であるかを証明している。

＊マラバル海岸　インド半島先端に近い南西部の海岸。山脈を背後にして内陸から孤立する傾向が強かった。

〔5〕さて、重要な第五の側面は、インド人の日常生活を規定しているかぎりでの宗教上の慣習という側面である。インド人、とりわけバラモンは、些末な仕事において日常的に繰り返される、まったく外面的でしかない慣習の束縛のもとにある。人間の倫理とはいっても、それは人間が欲求からの行動をどうでもいいものとみなし、その重要性などお構いなしに、ただ行うことにある。インド人にあっては、欲求に関係する行動は、すべてたくさんの

規則のもとに置かれている。その規則は、それだけでは何かまったく意味のないものでしかなく、インド人の生活を無意味な慣習の連鎖にしてしまう。その結果、インド人は自分たちの生活を無意味な奴隷状態に貶《おとし》めてしまうのである。

この点に関してバラモンが顧慮しなければならないことは、きわめて複雑なものである。バラモンは終日、決められた儀式を執り行わなければならず、起床に際しても一定の規則に従わなければならない。バラモンは目覚めれば祈禱を唱え、決められた足で立ち上がり、決められた葉で歯を磨き、川に行って水を口に含み、三回口をゆすいで吐き出すなどしなければならない。そして、そのたびに特殊な「決まり文句」を唱えなければならない。水を飲む時には、くしゃみをしてもならないし、咳をしてもならない。水をすすって、その際に例えばくしゃみをすれば、彼はただちに飲むのをやめて、自分で右の耳をつまんで引っ張らなければならない。バラモンには、そのことで不浄になりうるたくさんのことがある。例えば、食事をしている時には服は一着ではだめで、二着を身にまとっていなければならない。沐浴する際には裸のままであってはならない。放尿する時には多くのことに注意しなければならない。焼かれている木材や川や太陽に向かって放尿してはならず、「むしろ」夕方には南に向かって、昼には北に向かって放尿しなければならない。そのようにして、八十数種の規則がある。事をおろそかにしたら、浄化を行わなければならない。灰、髪の毛、綱、陶器などの破片を踏みつけることは、あらゆるカーストで禁じられている。同じような規則が、以上のような具合である。バラモンは、日の出の数時間後には、すでに三〇から四〇の過ちを犯していることもありうる。

『マハーバーラタ』の中の有名なナラの叙事詩全体が、そのような不浄の点と、犯してしまった過ちの浄化をめぐるものである。この〔ナラ〕王は、自分で夫を選ぶことを許された王女と結婚するために出発する。彼女の別の求婚者は守護神たちであった。彼女は賢明だったので、ナラだけが地面に立っていたことから、人間を見分けることができた。そうして、ナラは王女と結婚して、幸せな生活を送り、また楽しんでもいた。しかし、復讐心に燃えた守護神が、賭博の霊と結託して王を待ち伏せしていた。守護神は長い間、様子をうかがっていた。そして、ついに王は、自ら放尿した場所を踏んでしまったため、その過ちを償わされることになった。賭博の悪魔が王に対して今や力を及ぼすことになった。王は賭博で財宝と国を失ってしまい、そしてその過ちのために破滅してしまった。このように、この叙事詩の関心全体が、以上のような愚かしい事態をめぐってまわっているのである。

このように、インド人は外面的なものに依存して生活している。内面的な自由や道徳性や自分固有の感覚といったものは、ここには生じえない。インド人はこうした外面的なものの支配のうちにあるので、したがって人倫性が彼らのうちに内在することはありえない。インド人がよき人間像として通用した時代もあった。特にイギリス人のウィリアム・ジョーンズ*が彼らに注目して、非常に好意的な先入観を惹起した。しかし、他のイギリス人はすべて、あらゆる身分のインド人について人倫上、不道徳であることを暗澹と記述している。これらの諸個人にとって〔そうした不道徳は〕信じるに足るものである。というのも、彼らは気高くもあり、またあらゆる身分と職業の出身だからである。例えば、フランス人のアベ・デュボワは宣教師として二〇年間インド人のもとで生活していたし、またイギリス人将校は長くインドで勤務してきた、等々というように。しかし、インド人の人倫的な諸関係を判断するのに最良の知識の源泉は、〔インド人の〕人倫上のふるまいについての政府の質問に対する裁判官の回答である。これらの回答は議会に提出され、そしてすべての人の判断は、インド人があらゆる部分で道徳上完全に不道徳のうちで生活している、という結論になった。しかも、人はここに完全に頼らざるをえない。こうした描写は、人がインド人についてもっていた以前のイメージとは、かなり矛盾することになる。

＊ウィリアム・ジョーンズ　イギリスの裁判官でインド学者。一七八三年にカルカッタ（コルカタ）に裁判所判事として赴任し、一七八四年に西ベンガルで「ベンガル・アジア協会」を設立した。

次のような現象は、すでに述べたことと一面では関連している。インド人にはきわめて無意味なことが押しつけられている。自分の自由な意志に基づくすべてのことが、インドの制度からは排除されている。日常的な状態が、カーストの原理やカーストそれぞれの生活様式全体と、きわめて密接に関連し合っている。インド人は、どのような動物も殺さないように用心深く注意する。病気の雌牛すべてのための病院や動物を殺すことへのインド人の恐れから、生命あるものへの共感や、特に人間生命に対する思いやりを人は推測するかもしれない。しかし、多くの現象から明らかになるのは、それも同じように外面的なことだということである。こうしたことがいかに外面的であるかは、インド人が自分の労役用の家畜を扱う、その無慈悲が証明している。イギリス人は自分の家畜を大切に扱うことはないにしても、それでもインド人が労役用の動物に加える虐待については、びっくり仰天である。インド人は動物を殺さないだけであり、それは〔動物への〕共感から発するものではなく、ただ押しつけられたからにすぎない。だから、イギリス人でさえ腹を立てているのである。インド人は干し草を作るような畜産にまでは、まだ達していない。したがって、干魃《かんばつ》になると家畜は死んでしまうか、やつれて弱々しい命をつなぐことになるが、それが〔インド人の中に〕同情の念を引き起こすこともない。インド人は一年のうち、ある月には小屋の中で喉の渇いた者すべてに水を飲ませることを義務づけられている。しかし、喉の渇いた者であっても、一日後には、確実にいっさいの飲み物が、特にバラモンからはもらえなくなる。バラモンにとっては、他人のどんな苦しみもまったく何の感情も引き起こすことなどなく、とりわけバラモンは最高に冷酷で高慢で不遜である。両親、妻、従者、親族が病気になれば、占星術の医者に引き渡され、その医者は精神感応療法を施す。しかし、病気が生命の危険にまで至った時には、彼らはガンジス川か別の川に連れていかれ、最後の時間では誰の助けもなく一人で放置され、見捨てられるのである。このように、これらすべてのことが、人間的な感情の特徴などというものではない。

それに対して、『シャクンタラー』や他の詩には人間的な感情と状況の美しく、かつ優雅さに満ちた描写がある、と言う必要はない。というのも、人はこうした特徴がどこに属しているかを知らざるをえないからである。このような描写は牧歌的な領域に関わるものであって、そこには道徳性や人倫の、また自由や政治の根本原則、例えば自分の同志に対する態度などに関わるものが入り込む余地は何もない。市民生活に影響を及ぼすようなところでは、インドの詩では愛らしさがいかに支配的であるかが際立っている。［しかし］王と宮廷生活が介在するところでは、こうした愛らしさはもうおしまいである。自己のない状態、自由と自分の自立性の感情をこのように欠いた状態では、人は行動を規定し、かつ内面に由来する普遍的な目的をまったく意識していない状態に必ず結びつきうる。すなわち、そこには本来の政治生活や国家の自由といったものはありえようもなく、むしろ、ただ恣意的な専制政治だけが——あるいは残虐に、あるいはより柔和に——支配しているに違いない、ということである。

〔インド人の宗教〕

政治的なことに進む前に、あらかじめ宗教的なことに言及しなければならない。宗教性において〔書物の〕叙述に頼ろうとすると、すぐさま困ったことが生じる。というのも、インドの神話は、一方ではきわめて広範囲に及んでいて、他方ではそれに加えて、そこから生じるイメージが非常にさまざまだからである。『マヌ法典』の中で神と創造について書かれていることを眺めてみると、ヴェーダや他の書物などにも見出されうるように、それぞれ別の叙述が相違している。そのように、叙述がきわめて異なっていて、一致することがまったくない。この混乱から救われうるには、宗教の普遍的な精神を抽出することによるしかない。

精神的な実体性や自立性を欠いている国民が、いかにして最高の生活や真に実体的なものを自覚できるのか、ということが問題になる。そこで、ただちに述べることができるのは、なるほどインド人には一なるものが絶対的な実体として与えられてはいるが、しかしそれは存在する世界霊魂とか存在する物質としてのことであって、そこでは精神的なものと物質的なものは〔一なるものに〕没入している、ということである。このような一なる実体性がインド人の表象の基礎をなしており、そしてあらゆる諸規定はただ夢想されたものでしかなく、何ら確固としたものではない。このような一にして全なるもののうちには、あらゆる〔他の〕ものは一なるものの変容であり、消えゆく形式でしかない、という根本的な表象がある。この一なるもののはかない啓示としての顕現が、この世界なのである。したがって、汎神論が基礎をなしていることになる。この一なるものがそこに移行する形態化は、この一なるものがそこで自らを顕現するとはいえ、〔しかし〕それは無規定なものであり、自ら溶解するものである。この多様なもののうちには、統一は現前していない。そこには人間がまったく据えられていない。このような人間が不自由な状態から自らを高めたところで、区別がとりあえずは何か不安定な状態になって、〔それについて語っても〕まったくの無駄な議論になってしまうだけのことである。

インド人にとって不可思議なことは何もない。というのも、インド人には確固とした自然法則〔という観念〕がないからである。つまり、すべてが総じて不可思議なことなのである。キリスト教の宣教師は、キリストの奇蹟を伝える時に困った状況になる。というのも、インド人にとって奇蹟は日常的な食べ物のようなものだからである。インド人が頭に思い浮かべるのは、このような際限のない恍惚状態であり、夢想することであって、そして宗教についてのより身近な関心は、本質的なことをこのように夢想することのうちで手放さない、ということである。〔その本質的なことの〕一つは内容のない土台であり、もう一つは宗教のうちに多様なものが入り込んでくることである。その関心は、このように夢想することのうちで、またこのように始まる〔多様なものの〕諸形態のうちで本質的なことを捉えることにある。しかし、このように本質的なことを捉えることが実現まで至ることはありえない。なぜなら、実現されてしまえば、そのことによって夢想することが排除されてしまうだろうから。というのも、意識の真実が生じることは、人間が自らを無限な自己意識として自分自身のうちで自由に知るところにあるからである。それによって人間は、世界をそれ自身のうちで固定されたものとして区別するのである。人間が自由という確固としたものを自分のうちに獲得したように、対象の側もまた境界と安定性を獲得し、その覚醒によって初めて確固とした基礎づけが与えられることになる。インド人は、このような覚醒にまでは至らない。インド人の宗教、すなわち意識にまで至ろうとするインド人の試みは、このように夢想することをともなった闘いである夢見心地の闘いであり、追い求めることであり、一つの憧憬である。しかし、この憧憬は、一つの対立から別の対立に投げ返されるところにただ至り着くしかないものである。

われわれは〔インド人の宗教の〕一般的な性格をこのように知ったところで、そのより詳しい諸形式を考察しなければならない。夢想の闘いが一方の極から他方の極へと飛び交うことであることによって、われわれは二つの側面を見ることになる。その両方の側面には、また二つの側面が見出される。その一方の側面には対象の表象があり、もう一方の側面には意識があって、その意識はこうした対象の本質性に自分自身を高めようと努力する。つまり、それが礼拝である。

さて、最初の極は、インド人の宗教の感覚性である。すなわち、インド人の宗教は自然の宗教であり、直接的な自然対象を神性として崇拝するものであって、人間はこうした自然対象に人間自身の本質として関わるのである。

このような自然対象に属しているのは、まずは太陽である。バラモンの最高の祈禱は太陽への祈禱であって、バラモンは一日に何度も祈禱を唱えなければならず、そのため彼らはイギリス人にとって大きな謎になっている。その他にも、星々、山岳、特にガンジス川がそこから発するヒマラヤの一部は神的であり、さらには川一般、とりわけガンジス川が神的だが、なおまた他の川もそうである。ガンジス川の水を占有するためならインド人は大金をかけるし、そのことはすべてのインド人にとって最高に願わしいことである。それはガンジス川の水を背負った特別な象が〔ムガル帝国の〕太守より先に先頭を歩いたのと似ている。ガンジス川の水は、チベットにまで、また〔インド〕半島にまで運ばれる。さらに、特に動物たちが崇拝される。それらは雄牛や雌牛や象、特に猿であり、それは『ラーマーヤナ』*におけるラーマ*の強力な盟友が猿王であるとおりである。このような猿王は、たいてい単なる比喩である。しかし、猿たちが棲んでいる町があって、猿たちに仕えている行者たちが実際にいる。こうした猿たちは、きわめてたちが悪い。生き物は一般に、殺すことが許されていないかぎりでは、インド人によって尊重されている。もっとも、そのうちの多くはすでに失われてはいるけれども。

*『ラーマーヤナ』　古代インドの大叙事詩。コーサラ国のラーマ王の英雄譚を主題として、多くの挿話が加えられて七編をなす。　*ラーマ　『ラーマーヤナ』の主人公。コーサラ国の王子として生まれたラーマは、継母の策略で国を追われ、妻シーターとともに遠く離れた森に住んでいたが、シーターが魔王に拉致されたため、猿王スグリーヴァと同盟を結んでシーターを奪回する。

動物のこのような尊重は、インド人によって受け入れられた輪廻という観念と結びついている。しかし、これはわれわれが〔霊魂の〕輪廻ということで思い浮かべるような輪廻ではない。われわれは霊魂ということで意識を思い浮かべるのであって、それは自分の意識をこの意識として有しているものである。こうして、われわれの霊魂は、霊魂の同一性としての意識を有していることになる。インド人において輪廻のイメージは、自分のかつての状態を意識してもいない霊魂が別の身体のうちで生き続ける、といったものである。それはインド人において霊魂の個人的な継続などではない。それは普遍的な霊魂と一つになることである。ある時には個人が別の個人のうちで保持されながら、それからまた普遍的な一なるもののうちへと混じり合う、ということを至高のこととみなすのは一つの矛盾である。したがって、ここにはまた混乱もある。こうした混乱は、個人において盲目の人や足の不自由な人が、あたかも前世からの非行の因果でこうした自然の欠陥に取り憑かれている、というほどのところにまで行ってしまうのである。

こうして、太陽や星々といった自然対象が崇拝の対象である。火、空気、そして太陽は少なくともいくつかのイメージによって三つの主神とみなされており、それらが他の神性すべての基礎をなしているはずのものである。他の神性はすべて、これら三つの神々に解消される。これらの神々のうちだけでは、首尾一貫して考えることはまったくできない。神性として現れる自然の対象には、それに加えて普遍的な自然力、特に本当に恥ずかしくなるようなやり方で崇拝される生殖能力が属している。男性と女性の恥部が崇拝されるのである。リンガとヨーニ*は、男性と女性の生殖能力の形式である。こうした生殖能力のために一貫した象徴がある。あらゆる川がそこから流れ出るメール山*も男性の恥部にすぎない。船の帆柱は、まさに男性部分の象徴である。イギリス人が主張するところによると、インド人は彼らのこうした崇拝でも、また彼らのおしゃべりでも慎《つつし》みがなく、また卑猥であって、それにはイギリス人の船乗りでさえびっくりして、恥ずかしさに顔を赤らめてしまうほどであるという。

＊リンガとヨーニ　リンガは男性器（男根）を象徴し、ヨーニは女性器（女陰）を象徴する彫像。ヨーニはリンガの下に置かれ、豊穣多産のシンボルとしてヒンドゥー教寺院に祀られてきた。＊メール山　古代インド神話で世界の中心に聳え、神々の住む聖なる山とされる。サンスクリットからの音写で「須弥山」と表記される。

このような崇拝には、こうした側面から、放縦で羽目を外すような感覚の儀式が結びついている。寺院には一群の乙女たちが確保されており、彼女たちは寺院にやって来るすべての人たちの感覚を高揚させる訓練を受けた卓越した者たちである。彼女たちは、一部では自分自身のために、一部では寺院にやって来る外来者から富を手に入れるために、技術に習熟するよう教育されている。また、彼女たちは最高の放縦さを本質とする、最大限に羽目を外す祭りをしてきたのである。

さて、しかしインド人の宗教が一方の極から他方の極にふらつくものであるように、われわれはまたその宗教のうちに、最も抽象的なものへの高揚と、その抽象的なものへの自己意識の最も抽象的な関係を見出すことになる。普遍的なものが抽象的であるかぎり、自己意識はそれに自由に関係することはない。というのも、自己意識が自らを神への関係のうちで知る場合にのみ、自己意識は自分自身が神のうちに含まれていることを知り、また［その自己意識は］自由だからである。インド人においては自己意識が自由ではないので、その自己意識はまた絶対的なものに自由に関係することもできない。インド人の自己意識は、自由を欠いたものとして神の前に立つための内面性がなく、むしろ神のうちで否定されるものとしてしか神に関係することができない。このような自分自身の絶対的な否定こそが、インド人の自己意識の最高点である。このような完全な否定が、そのとき自己意識にとって最高のものとして妥当しているに違いない。ここでは、神が具体的なものであり、理性の具体化である、という洞察は、そもそも問題にもならない。より具体的に規定するとすれば、それは少なくとも神が賢明であり、世界を理性的な神意に従って規定してきた、ということに関わるものである。神についての具体的な表象は、目的に向かって行動するものとしての人間を［基礎に］するのでなければならず、またそれに加えて〔人間の〕自己意識自身が道徳的でなければならない、というものである。しかし、神の賢明さという対象的な側面からこのように規定すること、あるいは普遍的な意志のこうした法則に従って個人を規定することは、インド人の意識には見出されない。インド人の意識は、この抽象的な否定においてのみ自らの最高の頂点に到達するのであって、それは、この〔否定という〕不幸のうちで、自らの自己断念によってのみ神に至る、というものでしかない。インド人の意識は否定的なものとして、こうした絶頂点に関係するので、この意識は不幸とみなされなければならないのである。

自己意識は、このような抽象において、もちろん思考しているようにふるまっているし、また最高点のこのような近くにあって表象の思弁的な類似が現れてはいるが、しかしそれは混乱しているし、不透明であり、そもそも思弁的なものを知っている場合にのみ分かるものでしかない。ただ主要な契機だけには、若干の関心があるにはある。しかし、それ以上の詳細に関しては、インドの神話についてあまり言及することはできない。というのも、インドの神話はあまりにも広大だからである。

　神についてのインド人のイメージに関して、われわれは彼らがブラフマー*と名づける一なるものとしての神のイメージを確かに見出すが、それは一なるものであるブラフマン*とは異なっている。一なるものというこのようなイメージは一面では非常に高いものだが、しかしそのイメージはインド人において、ただ別の〔神の〕イメージと並んで現れるものでもある。その一なる神は、持続して支配するものではない。それは確かに一神教とは区別されなければならない。それは持続するものではないし、あらゆるものがそこに解消する自立的なものでもない。このような一体性から進展する区別は〔主語に対する〕述語ではないし、〔主体としての〕人格でもなく、むしろその一体性のもとには多様性の錯綜した姿が繰り返し立ち現れる。インド人が一なるものについてもっているイメージは、威厳あるものである。彼らが言うには、このような一なるものは、あらゆる概念を超え、分別もすべて超えて不可視であり、永遠にして無限の力をもち、常に至る所に存在している、というわけである。こうしたことは宗教の書物〔ヴェーダ〕に述べられている。この一なるものに寺院があるわけではないし、礼拝による崇拝があるわけでもない。それに人間が積極的に関わるわけでもない。崇拝することが真に一神教的なものなら、その表象はこの一なるもののうちで自由にふるまって、その一なるもののうちにとどまり続けるに違いないだろう。しかし、ブラフマーは崇拝されるわけではないし、寺院をもつわけでもない。それはカトリックの宗教で神が崇拝されているのではなく、カノーヴァ*自身が言っているように、むしろ個々の聖人が〔崇拝されている〕のと似ている。インドの寺院は、特殊な諸形態に分かれて祀られている。インド人にはブラフマーの他にどれくらい多くの神々がいるのかと問うたイギリス人に、あるバラモンが答えたように、無限に多くの神々がいる、というわけである。三三クロール*の神々がいて、そのそれぞれの神が一〇〇ラック*、その一ラックが一〇万になるという。これらすべての神々が三つ〔ブラフマー、ヴィシュヌ、シヴァ〕に還元されるというが、しかしこれほどの多様性からは、そもそも何も明らかにはなりえない。

*ブラフマー　バラモン教で宇宙の根本原理をなすブラフマンの現れとして、ヒンドゥー教において創造を司る神とされる。*ブラフマン　サンスクリットの「力」を意味する語に由来し、バラモン教において宇宙の一なる根本原理をなす神。漢字で「梵」と表記される。ヒンドゥー教では、ブラフマーとともに、ヴィシュヌ、シヴァと三神一体（トリムルティ）をなすとされる。*カノーヴァ　アントニオ・カノーヴァ（一七五七―一八二二年）。イタリアの新古典主義の彫刻家で、ローマ教皇の依頼による作品も遺している。*クロール　インドの数字の単位。一クロールは一〇〇〇万を表す。*ラック　インドの数字の単位。一ラックは一〇万を表す。

ブラフマーの他には、ヴィシュヌ*とシヴァ*が最も重要な〔神の〕姿である。今やブラフマーは創造するものであり、ヴィシュヌは維持するものであり、シヴァは破壊するものである、という規定が見出されることになる。しかし、それ以上に、さらに多くの宗派がある。それぞれの宗派が別の神を最高神とし、そして混乱はいつも同じままにとどまっている。主たるイメージはヴィシュヌのそれでありながら、しかしそのヴィシュヌがまたクリシュナ*とも呼ばれている。それでも、別の宗派はシヴァを崇拝しており、それぞれである。同じように、ブッダであるゴータマ*は仏教徒においては神であるが、バラモンのインド人にもまた神がいる。本来のインド人にはすべて同じ神々がいて、ただ一つの神〔ブラフマン〕が最高神ではあるが、もちろん別の人々のもとにはいつも別の神がいる。ブラフマーだけを一つの神とするインド人がいる、などと言うことはできない。インド人にはいつもブラフマーと並んで、すべて別の神々がいる。もともとの〔インド人の〕礼拝は、偶像崇拝にすぎない。神は特定の感覚的な形態をもって崇拝されるのである。ブラフマーが永遠にして一なるものと名づけられるように、同じ名前が別の神々にも与えられる。したがって、どのような区別も固定的ではなく、すべてが入り乱れて流動し合うのである。インド人は本来、ブラフマンとか準ブラフマンと名づける一なるものを最高のものとみなすとしても、それでもそれを第一のものとか、固定的で静止しているものとはみなしていない。インド人にとっては、このようなイメージの中で恒常的ではなく悟性を欠いていることのほうが好ましいことなのである。まったく馬鹿げたような内容の多くのイメージも、それにもかかわらず同時に抽象的な一なるものが契機として現れ出るものとして見られる、ということがある。精神としての神は、それが父と名づけられるとしても、そのこと自体がただ契機であるにすぎない。

＊ヴィシュヌ　ヒンドゥー教の三神一体の一柱。破壊する力に対して維持を司る神。偶像としては、青い肌で四本の手をもつ像としてイメージされる。＊シヴァ　ヒンドゥー教の三神一体の一柱。破壊を司る神。偶像としては、第三の目と三日月をともなう像としてイメージされる。＊クリシュナ　ヒンドゥー教の神。宗派によってヴィシュヌ神の化身ともされ、民衆の間で人気が高い。＊ゴータマ　ゴータマ・シッダールタ（前四六三頃？―三八三年頃？）。仏教の開祖。古代北インドのシャカ族の王族に生まれ、二九歳で出家した。修行の末に三五歳で悟りを開き、ブッダ（覚者）としてガンジス川中流域で人々に仏法を説いた。

以上のことを顧慮してみると、われわれはインド人のうちに思弁的なものを基礎にする多くのことを見出すことになる。こうして、インド人にとって一なるものという抽象的なものそれ自身が、決して固定的なものではなく、彼らがブラフマー、ヴィシュヌ、そしてシヴァという、これら三神を全体と名づけるかぎりにおいてのみ存在する。この三神一体にして初めて真の統一をなすのであって、そうしてみるとインド人には三位一体の予感が根底にあるようにも思えるのである。

こうして、インド人がブラフマーと呼ぶものは、部分的にはきわめて感覚的なイメージでしか現れないけれども、それ自体が全体の一つの契機である。『マヌ法典』には次のようにある。「最初の原因であるブラフマンは、感覚にとってあるのではなく、感覚のいかなる規定でもない。――それは存在するとともに存在せず、始まりも終わりもなく、永遠である。神的な力、神的なもの、男性的なものはブラフマンによって生み出され、それはあまねく世界のうちでブラフマーとして表される。ブラフマーは、水のうちで、また卵のうちで一〇〇〇年間、動くことなく休らってきて、すなわちこれが創造の年である」。この時の最後に、ブラフマーは自らの考えによって独力で卵を部分に分け、その分割から天と地が生み出されたという。

別のイメージは、ブラフマーは永遠に生きてきた、というものである。彼のもとには愛が休らっていて、また〔愛は〕力を生み出してきたという。この特別なブラフマーは、無限の広がりという形式をもって実在していたのであり、そうしてあちこちに行くことによって、自分の姿を見て驚いた。自らの広がり、自らの大きさを実現するために、一〇〇〇年かけて、あちこち放浪した。そのあと彼は倒れ、全能者〔ブラフマン〕が次のように言ったという。「おお、ブラフマーよ、汝はわれわれの前でうまく倒れたものだ。何となれば、汝はわれをつかまえることができないからだ。行け、そして世界を創造せよ」。ブラフマーは「私はどうすればそれができますか」と問うた。ブラフマンは「われがその力を与えよう！」と答えた。ブラフマーは自らのうちに物の理念を生み出し、そうして物の理念がただ彼の眼前にかすかに見えはした。しかし、その後、その理念は彼の前で消えてしまったので、それでブラフマーは「私はこの理念の形態をいかにして手に入れるべきでしょうか」と叫んだ。［そこで］ブラフマーの口から青い息が生じ、その息が「私が手に入れましょう」と言った。これがヴィシュヌであった。このヴィシュヌがブラフマーの単なる理念的な物に実在性を与えた。今や、この物には実在性の他には何もなく、知識も思想もなく、でっぷりした腹をした愚か者たちでしかなかった。ブラフマーは、このことに悩んで愚か者たちを滅ぼし、そして自らの口から統治者として四人の人格を創造し、彼らを世界支配の実現のために選定した。しかし、彼らは世界支配ができず、ただ神を称えるだけで、彼らのうちには何も破壊しないということしかなかった。そこで、ブラフマーは、このような破壊するものとして、シヴァを創造した。ようやくにして両者〔ブラフマーとヴィシュヌ〕を一つにするシヴァはまた、イーシャ、イーシュヴァラ、ルドラ、ハラ、シャンボー、マハーデーヴァ、マヘサなどとも呼ばれる。そのようなイメージには、思弁的なものとかなりの類似点があり、多くの賛嘆すべきものもある。しかし、そうした描写は、個別的な人格の単に主観的な描写であり、ただ個別の宗派に属しているだけで、国民宗教には程遠いものである。それは、ただの予感であるにすぎない。そのような特徴は、いずれにしても混乱しており、インド人の一般的な宗教には何の関わりもない感覚的なイメージと混同されている。

ところで、もう一つのことはインド人の礼拝における神への関わりである。この礼拝は、よくある偶像崇拝である。ただ、最も関心があるのは、インド人にとって神への関わりの中で何が最高のこととして現れるのか、それを問うてみることである。この最高のこととは苦悩であるが、それは自然性を殺すこと、捨身によって自分自身を殺すことである。この捨身は実際に殺すところにまで進んでいくことにもなる。そこから見出されるのが絶えざる犠牲であり、とりわけまた人間の犠牲である。犠牲とは、一部は断念することであり、一部は現世のものの無常を認めることであって、そうして現世のものの無価値を認めることが無価値なものの所有さえ放棄することによって示される、というわけである。〔しかし〕そのような犠牲は何か外面的なものでしかない。より高い真の犠牲とは、人間が自らの恣意、自らの主観的特殊性を普遍的なものによって打ち負かすことである。インド人においては、ただ初歩的な種類の犠牲しかなく、〔そして〕こうした犠牲が生命感情のすべてを、また生命そのものを断念するところにまで行ってしまっている。

しかし、インド人自身は、想像されたものへの関係において、ただ〔自らを〕捨てるという仕方でしか高まることがなく、そこでは自らの自由にまで至ることもないし、自由のうちで自らを保持することもない。そのように高まるためには、〔自らの〕自然的な定在を捨てることが確かに必要である。そこで、人間は単に自然的な自由にとって否定的なもの、すなわち単に自然的な定在を突破しなければならない。しかし、その際、こうした立場は肯定的な立場でなければならないし、純粋な思想へのこうした立場の関係も一つの肯定的なものでなければならない。インド人のこのような高まりは、確かに自然的なものの突破ではあるが、しかしそれでも自然的な定在がこうした頂点で保持されうるわけではないし、また具体化されたり実現されたりしうるわけでもない。こうして、〔肯定的な〕立場がただ妨げになり、そしてその妨げから現れるのが、インド人が自らに課す苦悩であり、自ら引き受ける懺悔であり、責め苦であり、痛みなのである。このように高まるということが自然性に対して否定的なままにとどまっていて、生命のうちに還帰しうることもなければ、そのような還帰のうちで絶対的なものを保持しうるわけでもない。したがって、そこに現れるのは苦悩であって、そこでは人間が自らの自然的な定在において無価値なものとして現れはするものの、だからといって絶対的なものの肯定的な把握に転じうるわけではないのである。

現象はきわめて多様である。インド人の場合、集団がこぞってガンジス川に身を投げたり、飛び込んだりすることがしばしばあるが、それは生きているのが嫌になったからでも、心気症からでもなく、神のために自らを犠牲にしたり、身を捧げたりするためである。彼らは自分の子供でもワニに投げ与えることもするし、籠に入れて木に吊したままにしておくこともする。インド人は自殺することがしばしばあるし、自分を殺させたりもする。神々の山車《だし》が行進する際に、インド人はこの山車で自らを圧死させることがある。祭りの際には、偶像が寺院に、例えばジャガンナート寺院*に運ばれる、といったことがある。一〇〇〇人以上の人々によって引かれる非常に重い山車は、まわりを灯明で飾られている。数百人の人々が、その山車に乗っている。三日間にわたって山車は寺院のまわりをまわり続ける。懺悔をしようとする多くの者たちは、車輪に轢かれようと道で車に身を投じることがしばしばある。何しろ、インド人は懺悔をすることにおいては、いろいろと創意工夫をするものである。あるイギリス人は、二〇年間ひたすら立ったままで眠らないことを自らに課し、そのためにまずは自分を木に縛りつけたような者に遭遇したが、そのような者はもっといる。別の者は、いつも腕を上に持ち上げて絶えず手を組み合わせることを自らに課し、そのため爪が他方の手を貫通して生えてきたという。彼らは物乞いをし、食べさせてもらわなければならない。あるインド人は尖った爪をそのままにして三四年間もベッドで眠り、別のインド人は自分の鼻を見ながら身動きもせずに座り、自分の鼻が食べられるかどうかを期待しさえするのである。こうしたことがなければ、彼らは餓死することになる。同じような過酷なことや自らを捨てることは、数限りなくある。

＊ジャガンナート寺院　ベンガル湾を望む町プリーにある、ヒンドゥー教のクリシュナと同一視されるジャガンナートを祀る寺院。祭りの際に山車に轢かれて死ぬ信者については、宣教師が報告している。

こうして、インド人が一なるもの〔ブラフマン〕と一つになることをいかに知るかということ、そのことこそが唯一の仕方〔梵我一如〕ということになる。一なるものはインド人にとって抽象的なものであり、同様に、このように一つになることは純粋な否定でもある。そのイメージは、人がそのような過酷さをもってブラフマンと一つになる、といったものである。生まれながらのバラモンは、その生まれからして、すでにブラフマンと一つである。バラモンが考えるに、他のカーストは、このように際限なく自らを捨てて自らを殺すという、こうした否定によってしかブラフマン〔と一つ〕になることはない、というわけである。そのブラフマンは、単に否定的なものであり、また単一なものとして考えられたものである。そうした充足をすべて捨てることが、そうしたブラフマンと一つになるための手段なのである。死んだような捨身の普遍的な魂をもつことこそが、インド人が最高に高まることであり、自らを解放することなのである。もっとも、その解放は単に否定的な意味しかもっていないのではあるが。インド人は自己のないところから出発し、ただ絶対的に自分を捨てることによってのみ自らを高める。彼らは満たされた価値が自分を奪い取るものではないことを知っている。このような規定のうちに、インド人の性格全体が要約されているのである。

〔国家の政治的状態〕

〔宗教の〕具体的なことにおける根本規定を見て、結局それが空虚なものであることが認識されたところで、われわれは最後に国家とその歴史に移ることにしよう。国家に関して、われわれはインド人の原理を完全な不自由として規定しておいた。自由の観念は、まったく実現されていないどころか、空虚な抽象のままである。このような観点によって、人倫的なものはすべてその意志や行動から規定され、またそこから人倫的なものに広げられることになる。しかし、インド人の具体的な生活に現にある自己のない状態とか不自由な状態では、われわれが国家と呼ぶものの目的や全体、理性法則や人倫性といったものは生じえないし、現にありえないことになる。というのも、インド人の自由は、まったく無規定で抽象的なままにとどまっているからである。こうして、具体的な諸関係としては、意志の偶然性、つまり体制にも至りえないような恣意以上のものは何も残っていないことになる。中国人の家父長制のような原理も生じえず、ここではその余地もない。中国人の欠点といえば、道徳的な内容をそのまま市民的な法律にしてしまうことであった。インド人において、自由は生活と意識のあらゆる規定から自らを引き下げるという、ただ否定的なものでしかない。そのように、インド人の国家生活の原理は恣意であり、また偶然性なのである。

より詳しい政治状態を考察してみると、その状態はかつてヨーロッパ人が見出したような様相を呈している。われわれは、このような状態について、その一般的な特徴を挙げた上で、次のことを問題にすることにしたい。すなわち、それはこうした状態が今でも存続しているのかどうか、またこうした状態から別の状態が生じているということはないのか、ということである。そこから、こうした状態も最終的に解体して、およそかつての栄光と幸福の状態の残滓でしかない、ということになろう。

最初の点に関して言えば、それはかつてヨーロッパ人が見出したような状態である。ヨーロッパ人は、そのような状態をイスラームとインドの王朝によって支配された大小多数の侯国として見出した。その内部の状態は両王朝の侯国のあり方としては同じであった。後者の〔グプタ〕王朝でインドの侯はラージャと呼ばれ、前者の〔ムガル〕王朝でイスラームの侯〔太守〕はナワーブと呼ばれる。これら〔インドの侯〕国には、もちろん新旧の首長一族がいて、古い一族はたいてい戦士のカーストの出であるが、場合によってはマラータ王国のペーシュワーのようにバラモンのカーストの出であることもある。同時に見られるのは、こうした一族においても継承がまったく不明確な場合もあれば、何か完全に偶然の場合もある、ということである。継承がいつ決められるのか、あるいは偶然的でしかないのか、といったことは、その区別が単に経験的に考察される場合でも、継承の規定の重要性がよく知られている。また、東洋の専制政治の歴史が知らされるようになると、ようやく［人は継承の系列を］評価することを［学ぶのである］。継承がしっかりしていることに必要なのは、単に継承の法律だけではなく、そもそも人倫的で合法的な状態である。そして、このような状態があるところでのみ、王位の継承も明確でありうる。ところが、インドの国家では継承が偶然に委ねられてきた。子供たちは確かに継承するが、それでもそれが誰であるかは明確ではない。私法においても、そうである。『マヌ法典』によれば、兄弟はその性質の善し悪しに従って相続すべきだとされている。そのため、あらゆる決定が、その法典から取り除かれている。まさにそのようにして、王朝〔の王位継承〕においてもまた、確たるものは何もないのである。

それゆえ、インドのかの諸国の歴史は、王侯一族の構成員相互の謀反、陰謀、暴虐、王侯の毒殺といった絶えることのない連鎖であり、また将軍や総じて国家官吏たちの一連の陰謀である。主たる歴史は、こうした陰謀や策謀、殺害や残虐行為のうちにある。未成年者が統治せざるをえなくなるや、こうした事態が生起する。ここで自らと自らの後継者に王位継承を維持しようとする王は、ただ暴力行為によってしかそうできず、自らの側近に絶えず不信感を募らせて、個々のやり方で、厳格さによってではなく、むしろ過酷さによって処罰するのである。ここでは、規則にかなった態度とか、合法的な処罰など場違いである。インドの歴史の主たる光景は、このような忌まわしいものであり、つまらないものである。

対内的な国家法の、より詳しい関係に関しては、この国内の状態は封建状態と対比すると最もよく規定される。この状態は、戦士のカースト出身の一群の小領主や長老のもとで分かれる。戦士のカーストは、土地の主人である。彼らは、自分たち相互にも、また下に対しても、謀反や王自身と同じような残虐行為の手段を用いる。有力者たちは、ある種の貴族制を形成し、また王にとっての評議会を構成している。彼らは税を負担し、また軍務を遂行しなければならない。しかし、彼らは行為すべてにおいて評議を求められ、また恐怖や他の力によって強制されていると感じる時には、ただ〔王に〕従わざるをえない。そうして、王が自らを保持しようとする主たる手段は、黄金のもつ固有の性質であり、力である。王は、軍人に俸給を支払う金銭をもっているかぎり、権力を握っている。王は黄金も金銭も欠くことになれば、権力も欠くことになる。すなわち、すべてが解消されることになる。首領たちは、それぞれが独立してふるまい、制圧し、抑圧し合う。このことは、かつて全体をとりまとめて統一のうちに保持していたモンゴルの王が衰弱したあとに、ヨーロッパ人が見出した状態であった。王が没落したあと、王国は多くの領主支配のうちへと瓦解し、それらの領主支配は暴力によって成り立ちつつ、ならず者が有力者に結びついた時には、策略や力によって構築された。しかし、こうした領主支配のもとにあっても、強力な独裁者が、より大きな王国を、例えばマラータ王国のように形成することがあった。この王国は、さらに別の王国から貢ぎ物を要求したのである。

こうして、インド人は絶えず武装して、隣接する地域と戦闘状態にあり、あるいは内部で抗争していた。暴力的な者は、弱い隣国に攻め入り、全収入の四分の一を支払うように強制した。中でも、マラータ王国の者たちは最も暴力的な者たちであった。四分の一が、しばしば二分の一にまで吊り上げられた。しかし、そのことによって平穏になることなどなかった。というのも、強制を緩めれば支払いが滞《とどこお》り、そうして絶えざる闘争、圧力と抵抗という事態になったからである。このようにして、統治は一方では絶えることのない宮廷内での陰謀となり、また他方では絶えることのない諍《いさか》いとなった。

ところで、問題は次のことである。すなわち、こうしたことは古い歴史的な状態のことだったのか、それともかつて栄えた王国の美しく理性的な初期の状態が解体し、すなわち美しい全体や人倫的状態の先行した素晴らしく幸福な世界が解体した、その最後の状態だったのか、ということである。

当面する次の問題は外からの征服者であり、そうしてこの征服者を解体の原因とみなすことができる。このことについて指摘すべきは次のことである。すなわち、外からの征服者に関して、イスラーム教徒はまったくよその世界として侵入してきたが、それでもイスラーム教徒がインド人の状態を、北方の未開人〔ゲルマン人〕がローマ世界を変えたように変えることはなかった、ということである。それは満州族が中国に入り込んできた場合と同様であった。多くのインドの国は、いずれにしても〔外から〕自由なままであった。このように、外からの支配が完全な変化をもたらすことはなかったのである。

次に問題になるのは、以下のことである。すなわち、われわれがかつての〔インドの〕状態の歴史的特徴について見出すのは、それが常に王朝の麻痺状態や戦争、また政争のような状態しか示していない、ということである。その仕事のうちには、かつての輝かしい状態の痕跡が見出されるとしても。インド人のことをよく知るある偉大な専門家が言うのは、革命、殺戮、野蛮な征服、残虐行為こそが、ありきたりの観察者にはパラダイスであるように思えるこの美しい王国の歴史を形作っている、ということである。ただ詩の中にのみ、それが賛美することにおいて、かつての輝きがある、というわけである。バラモンは、イスラームの征服以前に興《おこ》ったかつての純粋なインドの王国について、夢想して作り話をする。しかし、よく考察してみると、こうした王国のことは夢心地のうちで、また作り話のうちで崩れ落ち、完全に瓦解してしまうのである。

インドの叙事詩は、歴史の基礎の上に〔成立した〕わけではない。インドの叙事詩には、ホメロスのトロイア戦争に対するような関係があるわけではまったくない。（第二巻と第三巻がすでにヨーロッパで公刊されている『ラーマーヤナ』を見よ。）〔インドの叙事詩に描かれた〕物語には、歴史とみなされるものは何もない。多くの諸国家の関係がインドにおける原初のものだったようにも思われる。さらに、これにバラモンと仏教徒の宗教上の不和の伝統が加わる。この不和と併せて、バラモンに対するヴィシュヌとシヴァの信奉者たちの不和が絶えず起こり、その不和は今もなお続いている。祭りの際には、数百万人が集まる広場でひどい流血の争いが生じ、そこでは数千人が死ぬことがある。

このように、全体としてインドの現在の光景は、いつでもかつての状態の光景のままである。個々の王国には確かに必ず美しい時代や繁栄した状態があったし、とりわけアヨーディヤー*侯国がそうであり、さらには内陸部ではそうであった。しかし、言われているように、こうしたことは過ぎ去りつつある契機であるにすぎない。また、この点で統治者の人格の偶然性がすべてであり、すべてが統治者次第である、ということも示されている。専制政治においては、劣った王が内部抗争の拡大の原因になったり、〔国土が〕後継のより強力な支配者のもとで、大地の豊かさによって、すぐさま再び華麗で輝かしいものに高められたりするようなケースもある。自然と同じように、国家の状態は、そこで完全な消滅と最も豊かな成長との間の絶えざる交替を示している。何しろ、インドは最大の諸対立の舞台なのだから。このような状態が全体としてインドにおける古い状態だったように、かつての時代と宗教がより単純だったということも実際にあったことである。ヴェーダという古代の書物のほとんどが、あらゆる時代を通して神々への祈禱文、王への賛歌から成っている。この書物は現代よりも大きな単純さを示している。この書物の中では、それ以上に具体化された内容はまだ述べられていない。

＊アヨーディヤー　インド北部のヒンドゥー教の聖地の一つ。前六世紀にはコーサラ国の首都として栄えたが、一六世紀にはムガル帝国の支配下に入って衰退した。

一般に〔インドの〕政治的、宗教的などの状態全体が、カーストの区別によって条件づけられている。この区別は、異なるカーストの間での結婚の禁止に当時まだ例外があったとはいえ、すでにアレクサンドロス大王の時代には成立していたと思われる。ストラボン*、プトレマイオス*、プリニウス*、アリアノス*が、こうしたことを報告している。インド人にはこのような区別を固定化した王侯の伝統があるが、しかしカーストの発生は歴史の時間を超えたものである。例えば、バラモンは移住してきた民族だと言われているが、しかし僧侶民族なるものが存在しているわけではないし、異なる部族の外からの集合ということで「カーストの発生という」事柄が説明されるわけでもない。というのも、カーストは仕事の区別であり、こうした区別がすでにして国家の一体性の前提になっているからである。国家のうちで、こうした区別の硬直化がその後も続いたのである。

*ストラボン　古代ローマのギリシア系の地理学者・歴史家（前六三頃―後二三年頃）。主著に『地理学』全一七巻があり、その第一五巻にインドに関する記述がある。　*プトレマイオス　二世紀のギリシアの天文学者・地理学者。天文学に関する集大成『アルマゲスト』や地理学の大著『ゲオグラフィア（地理学便覧）』がある。　*プリニウス　古代ローマの政治家・博物学者。主著に自然界の事象を網羅した『博物誌』全三七巻があり、その第六巻にインドに関する記述がある。　*アリアノス　ローマのギリシア人歴史家（九五頃―一七五年頃）。主著に『アレクサンドロス東征記』や『インド誌』がある。

このような区別がインド全体に広がったことは、その全体が一つの王国をなした時代を示すことはできないけれども、その全体がいかにして一つの原理を基礎にしているかを見てみれば容易に説明される。すなわち、ある共通の形成段階で、そうした人倫的状態がある点にまで高まったとき、より未熟な近隣地域の人々は、すでに形成された民族が彼らに示す段階へと容易に改められうる、ということである。そうした未熟な人々は、彼らにとってより高いもの［として］現れるものを進んで取り入れるものである。ついでながら、カーストの区別はインドの国家すべてを貫通しているわけではなく、いまだこうしたカーストの区別にまで至っていない、まったく自然で野生のままの諸民族が今でも多く存在している。それら諸民族においては、形成というものがまだ始まっていない。彼らの交流は塩取引のうちにしかなく、それを除けば彼らは自分たちの山岳地帯のうちにとどまるばかりで、そうした地帯から彼らはただ個別の野生的な産物を生み出すだけであった。ところで、こうしたことは一般にインドの古代の状態について言われていることである。ここで注目すべきは、一八二二年にマインツで出版されたニコラウス・ミュラーのある著作*である。この人物は、古代のヒンドゥー教徒を高く崇敬している。［しかし］『アジア研究』*は彼にはまったく知られていなかったように思われる。彼はただウィリアム・ジョーンズと知り合いだっただけのようで、彼が述べているのは、インドの黄金時代はすでにこうした［古代のヒンドゥー教徒］とともに栄えていた、ということである。ミュラーにおいては少尉や大尉がかなり軽蔑されているようにも見えるが、それでもこうした人たちは、多くの場合、彼らの人生の大部分をインドで、しかもインド人の習俗や言語や宗教をよく理解して過ごしていたのである。

＊ニコラウス・ミュラーのある著作『古代ヒンドゥー教徒の信仰、知、そして芸術』第一巻、マインツ、一八二二年。＊『アジア研究』一八〇〇年代の初期にロンドンで刊行されていた研究紀要。正式名称は『アジア研究あるいはベンガルで設立された協会の紀要』。

〔インドについての歴史記述〕

今われわれは手短に歴史記述家の状況に移ることにしたい。われわれはすでに、インド人が歴史的な観点をもつことがなく、またどのような歴史記述もすることができない、ということを指摘しておいた。そして、このことがインド人そのものの描写を完成させる上で特徴的になる。その違いをイメージ化するためにも、ただ『旧約聖書』がイスラエルの始祖の状態について述べていることに注意を向けておきさえすればよい。インド人は〔このことを〕まったく理解できない。インド人は、そのように理解して表すことがまったくできない。インド人にとっては、あらゆるものの輪郭がぼやけ、無際限な像になってしまう。彼らは分別をもって理解することができない。ありそうもないこととか不可能であることなど、インド人には思いつくことのないカテゴリーなのである。

出来事としての歴史記述は、ある民族の教育において必要な手段としての構成要素をなすものである。というのも、その民族にとって、自分たちの過去は歴史的な形で眼前になければならないからである。こうした〔歴史的な〕像と結びついてこそ、民族は確固として持続するものを有するのである。民族がしかるべきものになるのは、それによって恣意とか偶然性が止揚されることによる。〔民族の〕確固とした状態は、そのように経験的にしか規定されえないものである。ある民族において、性格というものは、ただその歴史によって、すなわち民族がかつての確固とした状態の像をもつことによってのみ定着する。そのことによって、確固としたものが政治的な側面にも生じるのであって、一部では政治的な体制が基礎づけられることにもなるし、また一部ではさらに構築されることにもなるのである。主観的な意味でインド人は歴史をもたないのだから、客観的な意味でも彼らは歴史をもつことがない。まさに彼らは史書をもたないのだから、インド人は真の歴史を何ももっていないことになる。

われわれがインド人において統治年数やその歴史の期間などに関して〔見出す〕大きな数は胡散臭いものである。多くの〔王の〕名前がこのような数と結びつけられているが、しかしこのような数は完全に恣意的なものであり、史実としての重要性をまったく欠いたものでしかない。例えば、ある王は七万年にわたって統治したとされ、あるいは別の王は一万年の間、贖罪に服したとされる。その際には史実が念頭に置かれることなどありえない、ということが分かろう。同じように、そのことは年代を数える際の数にも関わっている。これほど大きな数に天文学的な意味があるとして、まるでインド人がそんなに大きな数になったであろうほど古い〔天体〕観測をしていたような意味はない。

簡単なイメージを与えるために、われわれ〔ヨーロッパ人〕の一年間をインド人の使う数と対比してみよう。われわれの場合、一年間を三六五日と数時間で計算するとき、われわれはそのような数を正確に表すために、数を日や時間などの一定の単位と関係させて用い、そしてそのような関係を分数で表現する。しかし、こうした表現を分数でしなければ、その数はより確定的になればなるほど、それだけより大きくなる。われわれの言う一年間で、月は地球のまわりを一二回で周回し終えて余剰が生じる。ところで、メトン周期*という方式があって、それによれば、月は一九年間で二三七〔二三五〕回の周回をし、したがってわれわれの一九年後に月は再び同じ位置にある、ということになる。そうして、インド人は地球から見られる惑星すべてがいつ一点に合わさるのかを示そうと試みて、そのような関係が対比されるべき分数を大きな数によって表現する。そのようにして、インド人において、それほどまでに大きな数が生じたというわけである。インド人には、さまざまな天文学上の体系があり、その正しさは計算者の正確さ次第である。主要なことは、そのような数が何ら歴史的なものではなく、天文学上の意味を有しているということ、そして「インド人が」正確なことを分数によってではなく、大きな数全体によって表現するということである。さらに注目してよいのは、インド人の歴史についての最良の情報源がインド人自身ではなく、むしろギリシア人やイスラーム教徒だということである。インド人がペルシア人に服従している、というギリシア人の報告は重要なものではない。アレクサンドロス大王は、ただ「インドの」一部を征服しただけで、ガンジス川までは至っておらず、パンジャーブ地方まで進んだにすぎない。また、それに続くギリシアの王たちはインドを占有していた。セレウコス朝*は、バクトリア*の領域を支配下に置いた。イスラームの王がインドの王座をわがものにした、という物語がより詳細になるのは、ようやく紀元一〇〇〇年になってからのことである。すなわち、アフガニスタン人のガズナ朝*が、その支配の本拠地をガズナに置いた、というものである。その後、ティムール*とその後継〔バーブル〕がインドを征服し、モンゴル人の帝国〔ムガル帝国*〕の基礎を築くことになる。しかし、こうしたモンゴル人の王も同じように衰退して没落し、ついにはヨーロッパ人が、ほとんど帝国全体をわがものにするに至ったのである。

＊メトン周期　一九暦年が二三五暦月とほぼ等しいという暦学上の周期。前四三三年にギリシアのメトンが発見したことから名づけられた。　**＊セレウコス朝**　アレクサンドロス大王の後継者の一人であるセレウコス一世がオリエント地方に建国した王朝。その支配は、東方ではインド西北部を含むバクトリアにも及んだ。　**＊バクトリア**　現在のアフガニスタン北部からタジキスタン、ウズベキスタン南部に及ぶアムダリヤ川上・中流域の中央アジア地域の古名。東西交易の中心地をなし、前六世紀にアケメネス朝ペルシア帝国の属領となって、前三二九年には、アレクサンドロス大王の侵入によって支配下に置かれた。　**＊ガズナ朝**　アフガニスタンのガズナを首都にして建国されたイスラーム王朝（九六二―一一八六年）。アフガニスタンからインド北部まで支配した。　**＊ティムール**　中央アジアのモンゴル系軍事指導者。西アジアからインド西北部に至るティムール王朝を築いた（在位一三七〇―一四〇五年）。　**＊ムガル帝国**　ティムールとチンギス・ハンの血を引くバーブルによって、インドのデリーを首都に創始されたイスラーム王朝。その名称は「モンゴル人の帝国」に由来する。一六世紀初頭に北インドを、さらに一八世紀初頭にはほぼインド全域を支配したが、一八世紀後半には衰退し、一九世紀初頭にイギリスの占領下に入った。

歴史の資料として、より重要なのは、インド国内の記録、すなわち石碑や銅板などに刻まれた碑文である。それらの碑文は、一部はかなり古い字体で刻まれていて、サンスクリットに似ている。［そして］碑文には一定の日付が与えられているが、それらは記念碑が据えられた日付にすぎない。その他にも、王たちの名前一覧集成といった自国の資料もある。特にウィルフォード大尉*は、こうした名前一覧を収集して研究し、そのうちのいくつかは最も高く評価されている。しかし、こうした名前一覧は、インド人の中では多かれ少なかれ信じられているものの、それを所有していたウィルフォードの鑑定によれば、名前一覧の中で、それぞれの冊子ごとに相当に食い違っているという。そのため、イギリス人は近年、大いに苦労してきている。地理学的な記述としては、プトレマイオスの〔インドについての〕記述は正確なものであることが分かっている。彼にとって、ガンジス川の一地域であるアラーハーバード*や他の多く［の地域］は、すでに知られたものであった。

＊ウィルフォード大尉　フランシス・ウィルフォード（一七六一―一八二二年）。東インド会社の将校としてインドに滞在し、土地の測量を行うとともに、インドの古代神話を収集するなどしてインド学の発展に寄与した。　**＊アラーハーバード**　インド北部のガンジス川流域の都市。ヒンドゥー教の聖地の一つ。

ところで、王たちの名前一覧は相互に極端に矛盾し合っている。バラモンたちは、その名前一覧に関して、時代を一部では天文学的に、また一部では歴史的にアレンジしたり決定したりすることが彼らにとっては最も重要である、という態度をとる。バラモンは、名前一覧の空白を、しばしば思い込まれた王の名前で埋めることになる。〔彼らは〕重要な王の名前を省いたり、その統治年代を別の年代に書き換えたり、王や王朝を先入見や取り違えからまったく別の時代に置き換えたりもする。彼らが年代の遠く離れた先祖からその間を抜かして至近の子孫まで飛ばすことなど、異例のことではない。それで、このように王について示されることは、まったくもって神話的である。次のような報告をウィルフォードがしている。彼が語るところによると、インド人のある歴史記述家が彼に次のようなことを伝えたという。すなわち、その歴史記述家は、空白をまったく概略的に名前で埋め、国々を一つにまとめ、そして彼の先祖の年代記述家も同じようにそうしたのだから、それは正当化されるのだ、と言うのである。

さらにインドの歴史の混乱に輪をかける、もう一つの胡散臭い事情は、インド人は縁遠い諸民族の歴史であっても自分たちの歴史のうちに組み込んでしまう、ということである。先ほどの名前一覧の中には、たいていヴィクラマディチャ*という名前が現れ、計算してみると彼はだいたいキリストの五〇年ほど前に生きていたのかもしれない。この人物が誰だったのかは、ほとんど不明である。イギリス人がより詳しく調べたところ、この有名な名前の九人を探し出し、それはある小国の王であったり、インド全体の王であったりしたことが分かったという。ある人によっては、その王が長寿を得るために大きな犠牲を捧げたとも語られている。その王は自らを殺すことを望んだが、その願いは聞き入れられず、そこで神は彼に一〇〇〇年間の揺るぎない統治を約束したという。一人の処女と一人の大工に一人息子が生まれたとされ、それでこの息子はヴィクラマディチャを退位させたという。この子供は明らかにキリストである。つまり、キリストがなしたことは、インド人流のやり方で手を加えられて、このような物語の中に見出されるのである。

＊ヴィクラマディチャ　インドの伝説上の人物。知恵と勇敢さと寛大さで名高い。

黙示録*の書が完全にインド流に歪められ、タルムード*の文書もまた同様であることが見出される。同じように、ソロモンの歴史、またイスラーム教徒やイスラームの他の王たちの歴史がインドの歴史に組み込まれていることも見出される。ムハンマド*の詳しい歴史が物語られ、しかも彼はインドで生まれたという。それから、ムハンマドはアラビアに到達したはずだ、というような物語は有害でいかがわしいものであり、したがってそのような歴史は物語られるべきではない。特にまたノア*と彼の三人の息子の歴史がインド〔の歴史〕にも現れるが、それでもその息子たちの名前は紛れもないものである。インドの歴史は、そのような脈絡の中にある。きわめて詳細な研究を行ったベントレーは、先のヴィクラマディチャが、ようやく紀元一一世紀か一二世紀に属しうると考えている。

＊黙示録　「ヨハネの黙示録」のこと。『新約聖書』の最後に配されている書。　＊タルムード　モーセが伝

えたとされる口伝律法の文書群。ユダヤ教徒の信仰上かつ生活上の律法の基礎をなすもの。＊ムハンマド　メッカに生まれた預言者でイスラーム教の創始者（五七〇―六三二年）。六一〇年にアッラーの啓示を受け、その教えは迫害を受けながらも布教によってアラビア半島全域に広がった。＊ノア　『旧約聖書』「創世記」に登場する人物。神の指示によって箱舟を造り、三人の息子を含む家族と動物たちとともに洪水の難を逃れたとされる。

天文学上の文書について指摘すべきなのは、そうした文書が椰子《やし》の葉に書かれているために長持ちせず、それゆえ古い写本もないので〔次々と〕転写されなければならない、ということである。そこで見出されるのは、書き写す人がきわめて恣意的に改変するのを恥としていないことである。そのことを顧慮しても、なお大変な不分明さが支配的である。

バラモンにはそもそもどのような欺瞞が許されるのか、そのことについて証明したのがウィルフォードその人であった。ある学識あるバラモンがギリシアやエジプトの神話と類似した特徴をプラーナ文献＊から抽出するはずであった。ウィルフォードはこのバラモンを長年にわたって用いてきたし、それで今回も成り行きを見守っていたところ、ウィルフォードは、ある特定の言葉のもとに〔複数の〕別の時代があるのを見出した。すなわち、ウィルフォードが発見したのは、くだんのバラモンがウィルフォードの望みえた原本のデータを改変してしまった、ということである。そのバラモンは、そのことを発見されると、高々と誓って、自分の正しさを同じように誓ってくれるはずのバラモンを一三人も連れてきたのである。

＊プラーナ文献　ヒンドゥー教に関わる事柄を百科全書的に網羅した聖典の総称。

〔インドの芸術〕

ところで、インドにある芸術作品に関して言えば、ボンベイ〔現在のムンバイ〕の高地にあるエローラ＊〔石窟〕の中に、また特にコロマンデル海岸＊に見出される。それらの芸術作品は、現在ではきわめて詳細に記述されているし、また研究されてもいる。ニーブール＊は、こうした芸術作品に最初に注目した。山全体が掘り出されて、寺院、円柱、大きな彫像、その他たくさんの諸対象が岩に彫られたが、それらは驚嘆に値するほどの努力の成果である。壁には神話上の図柄が描かれている。これらの作品は上代に帰せられている。しかし、これらの像から明らかになるのは、それが今日の神話上の体系を越え出るものではない、ということである。［というのも］これらの像は今でもなおバラモンのもとに見出されるのと同じ形態だからである。そのような寺院が見捨てられていることは、イスラーム教徒の狂信から容易に説明される。すなわち、イスラーム教徒はそれらの寺院を汚し、冒瀆し、そこに大砲を撃ち込んだのであり、その結果、インド人はそうした寺院をもう使わなくなったのである。それらの寺院の年代についてのより新しいイメージは、紀元後に製作が行われたということ、インド人がそれらの製作にとりわけエチオピア人を使ったということ、そしてそれらのエチオピア人が一部ではギリシア起源の、また一部ではエジプト起源の寺院についてエジプトで見たものをただ模倣したにすぎなかった、ということである。そこにはギリシア的な作品に由来する線や比が見出されるが、それらはただ、それを知らない人々によっても、そのように表現されうるものである。これらのエチオピア人は、そうとは知らずに、そのような類似に従って仕事をしたのである。

＊エローラ　インド西部の村で、六―一〇世紀頃に高地の山腹を彫って造られた石窟寺院群に数多くの彫刻や絵画が遺されている。＊コロマンデル海岸　インド南東部の海岸。ヒンドゥー教の聖地の一つであるカーンチープラムには寺院が建ち並び、マハーバリプラムにも多くの石窟寺院や石造寺院が遺されている。
＊ニーブール　カールステン・ニーブール（一七三三―一八一五年）。ドイツの地理学者で探検家。博物学的探検隊のメンバーとして一七六〇年からエジプト、アラビア、シリア、インドにまで探検調査を行い、ムンバイでは一四ヵ月にわたって調査を行った。

〔インドの世界史的な連関〕

〔インドについての〕二つの世界史的な問いは、インド世界には理念それ自体の進展としてそもそもどのような進展があるのか、そしてインド世界には他の世界と連関があるのか、〔あるとすれば〕それはどのような連関のうちにあるのか、ということである。

第一の問いについては、すでに最初に考察しておいた。中国は家父長制的な全体であり、その全体性としての一体性が根本規定をなしている。インドの原理はその理念の第二の契機をなすもので、すなわち区別、しかも確固とした固定的な区別である。このような区別は、一体性の精神に支配されているはずの人間の区別としてありながら、単に自然的な区別のままにとどまり、そして階級間の上下の硬直化にまでなっている。区別がそのように硬直化しているので、そこには不平等しかなく、区別や多様性が現にあるとはいっても、理性性や自由、また政治的な状態の余地などは、まったく見出しえない。そうして、このような区別は固定的になり、そしてこれがインド的なものの原理をなしているのである。

このような原理も世界史的な連関のうちでは別の原理をなしている。とはいっても、その原理は遡ってみて中国と連関しているわけではなく、前方に次なる諸原理と連関しているわけでもない。こうして〔インドの〕世界史上での進展は、ただそれ自体であるだけである。――したがって、動物や草花はシステムをなすようにして存続するけれども、それでもそれぞれが個体としてそれだけで独立していて、種が別の種と関連し合うこともなく大地から現れる、というようにして存続するのである。連関というものは、それだけで独立してあるものではなく、ただ反省する精神にとってのみ現前するものである。〔インドにおける〕こうしたことは非理性的なあり方としての自然のあり方であり、そしてこのような自然性のうちにあるインドの原理は、ただ概念から見てこのような連関のうちにあるだけで、いまだ現象のうちにあるわけではない。

インド世界が他の世界と歴史的な連関のうちにないのかどうか、という第二の問いは肯定的に答えられなければならない。というのも、こうした〔歴史的な連関という〕ことには、区別とか差異とか外に向かって歩み出ることといった原理の概念が、すでに含まれているからである。中国的なものは、それだけで独立して完結している。しかし、区別というものは外に向かって歩み出なければならないし、またインドの原理はそのようにして他の原理との外的ではあるが世界史的な連関をも含むことになる。しかし、こうした連関であっても、ただ受動的な関係という、いわば行為を欠いた無言のままの広がりでしかありえない。というのも、区別が抽象的な原理であることによってインド世界は個体性を欠いているからである。そこに［個体性が］あるとしても、それはただ専制政治の恣意でしかない。したがって、それは個体性を欠いた連関なのである。この側面については、さらに手短に述べなければならない。

こうした連関の一つの側面は、すでに前に言及しておいたように、インド人がいつもあらゆる諸民族の、とりわけ西洋の諸民族の欲望の対象であった、ということである。そのため、インドは早くから交易をしていた。外来の諸民族は、インドの財宝である真珠や宝石や香料を不当に自分たちのものにした。それより詳しい諸要素は、われわれには関わりのないものである。こうした連関は、一部には陸上での、また一部には海上でのものであった。インド人自身も海運と貿易を推し進め、［そして彼らは］南方の海からある民族の来訪を受けていた。こうしたことは、すでにギリシア以前の時代に生じていた。エジプト人、ギリシア人、ローマ人たちが、インドとの連関のうちに入っていた。喜望峰の岬を回航することは、近代の歴史の主要な要素をなしている。インド人自身も推し進めていたこうした貿易は、すでに重要なものではなく、概して古いもので、それは状況全体には何ら影響を及ぼすことはなかったし、インド人においても、かなり前に終わったものである。それとともにカーストの原理の形成や儀式への隷従も進んで、カーストは浄と不浄に従って厳しく分けられることになったのである。

こうして、インドは早くから南方の海からの訪問と連関を得てきた。そのことについて指摘しておくべきは、アジアとインドに向けた貿易は、喜望峰をまわる海上航路の発見が最終的に画期をなすまでは、長い間シリアとエジプトを通って陸上で行われていた、ということである。岬まわりのこうした航路は、エジプトやシリアやアラビアの野蛮な状態に対する応急手段であるかのようなイメージが、またより近い自然の道がエジプト経由で通じてはいるものの、そこではスエズ地峡*がおそらく分断していると考えるイメージが、しばしば抱かれがちである。もちろん、古い道がスエズ地峡を経由して通じてはいた。しかしながら、こうした道は限りなく容易な道などではなく、したがって別の道はただ応急手段でしかない、ということにもなる。というのも、インドからスエズに向けての航海は、一年のうち三ヵ月しか可能ではないからである。それは、一年の大部分は反対方向に風の吹くモンスーンと闘わなければならないからである。この季節を利用することなくアラビア湾まで来ようとするなら、ここでは妨げになる北風が吹いてくることになる。現在ではエジプトは平穏ではあるが、それでも海上航路のほうが選ばれる。ヘイスティングズ卿は先年、二人の船長を両方の経路でイギリスに向けて送り出したところ、喜望峰まわりの船長は他方の船長より二週間早くロンドンに到着した。この後者の船長は、それと同じとき、バブ・エル・マンデブ海峡*と同じ緯度にいて、スエズ〔地峡〕を越える道をとっていた。エジプトを経由すべく航行したこの船長は、〔航行に〕都合のよい季節ではあったが、しかし一部では陸上の道を行かざるをえなかったために三週間遅れて〔ロンドンに〕到着した、というわけである。アラビア湾でも、陸風を利用する小さな船でしか航行されない。こうして、より近いように見えるこのような経路も、より新しい〔喜望峰まわりの〕海上航路より不利なのである。したがって、インドは〔対外的な〕連関において、貿易に関しては受動的な関係にあった。

＊スエズ地峡　エジプト北東部の紅海と地中海の間の地峡。一八六九年にスエズ運河が完成して、ヨーロッパとインドなど西太平洋諸国を結ぶ最短の海路となった。＊バブ・エル・マンデブ海峡　アラビア半島南西部と東アフリカの間の狭い海峡。潮の流れが速い上、季節風のため帆船の航海は困難とされ、「涙の門」と呼ばれてきた。

連関の第二の側面は、インドからの伝播である。近代になると、インドが西洋と関連する独特な現象が見られる。古代インドの言語であるサンスクリット*は、今に生きているインドの諸言語すべての母型であるだけでなく、そこから多くの言語が発生し、それらすべてがサンスクリットを母型としていることが認められている。ヴェーダはサンスクリットで書かれている。カーリダーサの戯曲『シャクンタラー』*（『運命を決する指輪』）もまた、一部はサンスクリットで書かれている。ヒンドゥスターニー語*に関して言えば、これは本来のインド語ではなく、一つの混合語である。サンスクリットは、インド言語の母型であるだけでなく、古代ペルシア語にとっての祖語でもあり、そしてさらに、一方ではギリシア語、ラテン語、ゲルマン語と、他方ではエジプト語と関連している。ここで挙げられている諸言語の語根もまたサンスクリットのうちに見出される。語根が同一であることが示される以上に、なお文法体系や特に動詞の変化の〔サンスクリットと〕ギリシア語、ラテン語、ゲルマン語との一致には驚くべきものがある。特にボップ教授*が、そのことについて有名な研究をしてきた。この研究は、当然のことながらヨーロッパ世界を驚かせた。本来、インドではサンスクリットが聖典〔ヴェーダ〕の言語だが、それはわれわれ〔ヨーロッパ人〕にとってラテン語がそうであるのと同じである。インドにはサンスクリットがあるが、他方ではペルシア語、〔エジプト語、〕ギリシア語、ラテン語、ゲルマン語もまたあることになる。こうした連関は、シリア語やヘブライ語からは切り離されている。したがって、〔言語的な〕連関はそれ以上に進行することはなく、遮断されるのである。

＊サンスクリット　インド＝ヨーロッパ語族のインド＝アーリア語派に属する言語。その最古の形は「ヴェーダ」に見られ、その後は文書の公用語や宗教・文学用語としてインドや東南アジアに普及した。＊『シャクンタラー』　インドの詩人カーリダーサ（グプタ朝の四世紀後半から五世紀前半）がシャクンクラー姫とドゥフシャンタ王の結婚指輪をめぐる数奇な恋物語を描いた戯曲。サンスクリット文学の代表とされる。一七八九年にウィリアム・ジョーンズによって英訳が出版され、二年後にそのドイツ語訳が出版された。＊ヒンドゥスターニー語　インド＝アーリア語派に属する代表的な言語。ヒンディー語とウルドゥー語の混合語。＊ボップ教授　フランツ・ボップ（一七九一－一八六七年）。ドイツの比較言語学者。『ギリシア・

ラテン・ペルシア・ゲルマン語の動詞変化との比較におけるサンスクリットの動詞変化体系について』（一八一六年）でインド＝ヨーロッパ語族の比較研究を確立した。一八二一年にはベルリン大学の東洋文学員外教授に就任し、ヘーゲルとも親交があった。

こうしたことはインドの民族性のきわめて古くからの伝播を説明するものである。それでも、このことはインドが元の国とみなされるべきだ、というように考えることはできない。むしろ、古代ペルシア語*やゼンド語*はサンスクリットと類縁関係にあることが示されており、サンスクリットに隣接して位置していることになる。ゼンド語はサンスクリットの娘ではなく、両者にはより古い［共通の］起源があるように思えるほどの関係にある。このようなゼンド語は、インドの北方、すなわちバクトリアやカシミール地方、アフガニスタン、パロパミサス*にその座を占めている。これらすべてはサンスクリットと類縁関係にある言語が支配的だった土地である。そこは、サンスクリットが今もなお生きている国語であり、そして本来のインドにおけるよりも純粋に話されている地方である。こうして、サンスクリットの地域に属するのはこのような北方の地方であり、そして〔サンスクリットの〕伝播は、諸民族の移動としてイメージするなら、この北方の地点から出発したものとして［考えることができるし］、あるいはむしろこの地点は伝播が生じた地点より北方の地点であることになる。

＊古代ペルシア語　インド＝ヨーロッパ語族の一分派であるイラン語派に属し、古代ペルシア帝国の公用語として使用された。ゾロアスター教の聖典『アヴェスター』に用いられたアヴェスター語に類似する。＊ゼンド語　ゾロアスター教の聖典『アヴェスター』の注釈『ゼンド・アヴェスター』に用いられたことから「ゼンド語」が想定されたが、言語史的には存在しない。＊パロパミサス　現在のアフガニスタン西部のバードギース州に属するパロパマイソスのギリシア語名。バクトリア語の発音表記が元になっている。

このように、ただ言語のうちにのみ見られる民族移動は、歴史のあらゆる規定件を前にしては、それ自体、音もなく無言である。いまだまったく〔民族〕形成に属しもせず、そこまで至っていない状態の中でも、伝播は音もなく進んでいく。現存する歴史的な〔伝播の〕痕跡について、〔カール・〕リッター教授は彼の『ヨーロッパ世界への入口』〔一八二〇年〕の中で、大変な努力をもって、きわめて才気にあふれ、機知に富んだ仕方でまとめ上げた。しかし、言語の伝播はまだ揺れ動いている領域で、きわめて冒険的でほとんど立証されておらず、そこでは多くの場合、ただ音韻の中にある類縁関係が判明しただけである。伝播のこのような道は、中央アジアに諸民族が層をなして存在していたということによってイメージすることができる。すなわち、インドから北方に進んでいって、カスピ海の周辺で分かれ、一部は南方〔イラン方向〕に、一部は北方に、ギリシア方向に向かってアルメニア*や小アジアを経て黒海に達する、等々というイメージである。連関の主要な契機は、リッターが立論しているように、コルキス*やファシス*やアゾフ海*といった黒海沿岸の地点に結びついている。リッターは、こうした地点との商業上の連関、すなわちインドや中国にまで延びていた内陸部の商業上の連関を指摘している。ファシスにおける諸民族の名前とインドにある名前の類似性は注目すべきである。ファシスにはエジプト人が住んでいるとヘロドトスが伝えているのは、そのことと結びついている。もちろん、ヘロドトスはエジプト人をそこでは外国人として想定しているのではあるが。こうしたことは歴史的な痕跡である。これらの諸民族がインドの精神をもたらしたわけではない。というのも、その伝播は歴史以前の時代に属しているからである。これらの諸民族は、彼らがもたらしたものを、幸運か必然かはともかく、払い落としてしまっている。こうして、以上のことがインドの外に向けての歴史的な連関である。インド人は征服することはなく、ただ征服されただけで、外に向かった個体性ではなかったのである。

＊アルメニア　イラン北西部からトルコ北東部にかけて広がる高原地域。アケメネス朝ペルシア、マケドニア王国、セレウコス朝の支配下から前一九〇年に王国として独立した。＊コルキス　黒海の東沿岸で、現在のジョージアに重なる地域。かつてコルキス王国があった。＊ファシス　現在のジョージア西部から黒海に流れるリオニ川（古代ギリシア名でファシス川）の河口にある町の古名。現在はポチと呼ばれる。＊アゾフ海　黒海北部の内海。海峡で黒海とつながり、北はウクライナ、西はクリミア半島に接する。

サンスクリットをギリシア語、ドイツ語、ラテン語と比較してみると、そこにはペルシア語とも共通する多くの語根が見出される。これは質料的な側面であって、より理念的な側面は文法上の類似性である。文法体系は、それ自身のうちで十分に形成されていることを示すだけでなく、文法についての多くの学術書もまた存在する。インド文学には、文法が高度に形成されていることもまた見出される。こうしたことから、人はよく、概してインドにおける早くからの教養の高さを推論するのである。しかし、言語から教養一般が形成されるという推論は、まったく根拠のない推論である。事柄を経験的に注視してみれば、すでにその反対のことが見出される。教養のよく形成された民族には、ヨーロッパでは単純な文法があるものである。感覚的対象についての表現の豊富さは、教養よりもむしろ無教養の印である。ドイツ語には音に関して多くの区別もある。このことは一つの豊かさではあるが、しかし高く評価することはできない。むしろ、文法の形成のほうが民族の教養の印とみなされるものである。しかし、このような〔文法の〕形成は、しばしばまったく些末な区別の多様性ということになることがある。例えば、英語は文法という点では非常に単純である。それに対して、無教養な民族では、教養段階に入るところで小さな区別にこだわる、ということが見られる。われわれは、例えばアラブ人やトルコ人の文法学者のうちに、感覚の大変な鋭さとともに、その後退の印としての大変な偏狭さや、あるいはいまだ高くにまで成長していない教養といったものを見出してしまう。ギリシア人やローマ人は、衰退の時代にあって、ようやくにして文法を発達させ始めたのである。

〔仏教と諸宗派〕

ところで、まだわれわれにはインド世界と今もなお類縁関係にあるものを手短に見ておくことが残されている。すなわち、それはラマ教とも結びついている仏教に帰属する種族の範囲に関わるものである。

われわれはすでにインド人の精神を夢想する精神として見たが、その精神はその表象として両極に分裂している。それでもなお、この精神には類似し合った形態がある。その表象のうちにわれわれが見たのは、この精神が正気を失ってさまよっていることである。その精神の根本は〈あらゆるものの一なるもの〉と言えるが、その一なるものは多様でたくさんの自然と精神の形態をとり、ばらばらに散乱している。また、その一なるものは、一面ではその表現がいまだ感覚的であるが、他面では最深の思想をそのうちに含んでもいる。別の側面から見れば、夢想することに対して現実のほうはどうしようもない奴隷状態であり、その奴隷状態のうちで〔現実は〕人間の区別のあり方に固定され、〔現実の〕形成すべてがそのあり方に依存している。こうした夢想の生活としての、真理を欠いた現実のうちにある夢中の状態に対しては、さしあたり無邪気な夢想の生活が成り立っている。その生活は〔人間の〕あり方の、かの区別まで進んでいるわけではなく、それゆえまた奴隷状態の中に消えてしまっているわけでもない。むしろ、その生活は、より未熟なまま、しかしまたより単純に現実のうちにとらわれているものの、またより単純にその表象の形態化のうちにある。このような形態の精神は全体の中で同じ精神ではあるが、しかしこの精神は自らのうちに集中し、そのために自らの表象をよりいっそう統一して、現実の中でより自由にふるまい、カーストの区別を自らに負わせることもない。それゆえ、カーストの区別は何か従属的なものでしかない。以上が、インドと類縁の〔仏教の〕世界の性格である。

その世界に属しているのは、一定数の非常にさまざまな民族であり、国である。それらの歴史は、一部はただその一定数にだけ限定されるものであり、一部は注ぎ込んでもその後まもなく消えてしまうほど途方もなくあふれ出すほどで、ここでは考察できない。こうした世界に属しているのは、とりわけインドの東、南、南東、北東にある地域で、すなわちセイロン*、アヴァ*、一部にはこのアヴァ王国と、一部にはシャム〔現在のタイ〕の位置するインドの東側の〔インドシナ〕半島である。インドの東方の半島、それからさらにインドそのものの北東にはヒマラヤ山脈の連なりがあり、そしてヒマラヤ山脈の北ではタタール地方全域を通ってアジアの東の周縁〔極東〕にまで至る。次のような諸民族のすべては、このあたりに属している。すなわち、モンゴル人やカルムイク人といった民族は、チベットやタタール地方、とりわけその高地に住んでおり、さらには高緯度では北氷洋にまで至る。これらの部族は、すべてこのあたりに属している。すでにインドということで指摘しておいたように、本来のインドはバラモンのインドと呼ばれ、それに対置されうるのが仏教のインドである。

＊セイロン　インド亜大陸の南東に位置する島（現在のスリランカ）。上座部仏教（南伝仏教）の中心地の一つをなす。＊アヴァ　かつてビルマ（現在のミャンマー）全土を指す名称として使われた。アヴァ王国はビルマ北部に一四世紀半ばから一六世紀半ばに栄え、上座部仏教が浸透していた。

ブッダについては、中国の仏と同じ一つのものだと考えられており、セイロンでは特にゴータマと呼ばれている。そのブッダは〔バラモン教の〕ブラフマーに対しては別のものである。ブッダもまた〔もともと〕インドにいたが、今でもなお一部ではその故郷にいる。これら〔仏教とバラモン教の〕両宗教のどちらがより古く、またより素朴であるかが今でも大きな論争になっている。両宗教にとって、それぞれ根拠はあるけれども、しかしその根拠が明確に言明されていない。明らかに仏教のほうがより素朴な宗教であり、そのような宗教として仏教は最古の宗教かもしれないが、しかしまたそれ以前の宗教〔バラモン教〕の改革の結果かもしれない。すでにギリシア人において、インドの宗教に関しては次のような区別が見出される。ギリシア人はインド人の二種類の僧侶、すなわちサマナ僧*とラマ僧のことをすでに知っており、〔さらに〕彼らはガルマン*のことも知っていて、このガルマンはすでにクセルクセス*〔一世〕の軍隊にいたゲルマン人の中に入り込んでいた。また他面では、ギリシア人はバラモンやマギ*のことも知っていた。サマナ僧という名のもとに仏教徒が理解されていることは、サマナ僧がよくゴータマとも呼ばれていることからも説明がつく。このように、仏教はより素朴な宗教なのである。

*サマナ僧　古代インドにおいてヴェーダから区別される仏教などの修行僧のこと。「沙門」とも表記される。　*ガルマン　森の中で修行し、村で托鉢することもある行者。　*クセルクセス　ペルシア帝国アケメネス朝の王クセルクセス一世（在位前四八六―四六五年）。ギリシア遠征を遂行したがサラミスの海戦で敗

れ、遠征は失敗に終わった。　＊マギ　古代ペルシアの祭司のこと。メディア王国の祭司階級に起源がある。

ブッダは、それ自身、バラモンたちのもとで〔ヴィシュヌ〕神の九番目の化身として姿を現し、初期のマウリヤ朝*諸王の教祖でもある。というのも、太陽の王と月の王の間を区別するのが一つの伝統だからである。ブッダは王とか師とか神として表象され、そしてブッダの最後の弟子たちは仏教徒に尊崇されている。こうして、ブッダはバラモンたちのもとに姿を現しもするが、逆に仏教徒もまた〔バラモン教の〕神々についてのインド人の表象を再び自分たちのもとで通用させようとする。仏教徒においては、他のバラモンのインド人にとって聖なる場所の多くもまた聖なるものである。チベットでは、〔インド人と〕同じようにガンジス川が聖なるものである。セイロンでは、そのような聖地に巡礼したことが大きな功徳とみなされる。仏教徒はガンジス川沿いの一都市であるワーラーナシー*から知恵と学問が授けられるのを認めている。このように、仏教徒もチベット人もインドに言及している。かつて両者は一体だったのである。このような素朴な宗教はバラモン教的なものの改革によって生じえた。しかし、仏教的なものの歳月がより長いということのほうが、むしろありそうである。

＊マウリヤ朝　古代インドの王朝で、前三一七年頃にチャンドラグプタ（「月に護られた者」の意）によって建国された。第三代アショーカ王はインド亜大陸全域を統一し、仏教を庇護した。　＊ワーラーナシー

ガンジス川中流域にあるヒンドゥー教最大の聖地であるとともに、ゴータマ・ブッダが初めて仏教を説いた聖地でもある。

確かにまた、インド人の宗教改革者がいた。インドにおけるいくつかの種族は特にカーストの区分というこうした奴隷状態から自らを解放したのであり、とりわけインダス川の北方地域を占めるシク教徒*がそうであった。二〇〇年前にはイスラーム〔ムガル帝国〕の圧迫がまた〔シク教徒を〕憤慨させ、そしてある宗教改革者〔グル・ハルゴービンド〕が登場した。彼は暴力によってではなく、ただ考えによって自らの人民とともに両面〔ヒンドゥー教とイスラーム教〕の迷信からの独立を達成しようと試みた。この男性の後継者がイスラーム教徒によって処刑された時に初めて、その後継者の友人たちがイスラーム教徒とインド人に対抗して行動した。この人民は今でも一種の共和制をなして生活している。こうして、ここには宗教改革によって宗教を確たるものにした人民がいるわけである。それにしても、仏教徒は、あらゆる歴史的な痕跡からして、かなり古い民衆であるように思える。

＊シク教　一六世紀はじめに教祖グル・ナーナクによって創始された。カースト制の否定や、すべての人は平等である、という考えによってインド北部パンジャーブ地方に信者が広がり、ムガル帝国による支配に対して一七世紀前半には第六代グル・ハルゴービンドのもとで抵抗して戦った。

第二はこの宗教〔仏教〕の性格を示すことであり、第三はその歴史的な過程の報告である。この宗教は、あらゆる観点からして、よりいっそう人間的である。このことについては、神の表象に関して次のような事情がある。すなわち、仏教徒にとって、彼らの最高の神は一面では〔ゴータマ・ブッダという〕人間だったということであり、他面では彼らの神は彼らにとって今もなお生きており、したがって彼らは一人の生きている人間を神として崇拝しているということである。

その最初の契機は、ブッダに関わる事情である。ブッダの地上での生活について、仏教徒には他のインド人に見られたのと同じような奇抜な物語がある。すなわち、「ブッダは」化身であり、しかも〔ヴィシュヌ神の〕九番目の化身であって、神として崇拝されなければならない、というものである。彼は涅槃*、すなわち最高の解脱の状態に至っている。そこでは、精神は自らのうちに滅して何ものにも執着することなく、あらゆるものから自由になっており、そのかぎりでわれわれはそれを至福の状態と呼ぶことができる。仏教徒にとって、このような状態に達するのは死後のことである。涅槃に至っている人は、ブッダになっている。こうして、ブッダであるゴータマは真の神である。彼は何か自然存在であるのではなく、天や太陽であるのでもなく、本質的に人間だった。同時に仏教徒がブッダについて語るには、彼は永遠であり、不死であるという。仏教徒はブッダに、われわれが最高存在に与える性質のすべてを付与するのである。彼らは寺院の中で〔仏〕像という形のブッダを崇《あが》めるのであって、寺院の中でブッダは一部には座った姿をして、一部には立った姿をして、彼の弟子たちとともに崇められる。このように、一面では、仏教徒にはブッダが安置された寺院がある。ブッダに奉献されたこうした寺院の他にも、例えばジャワ島*にあるようなピラミッド型の建物〔ストゥーパ〕があり、それらはどこまでもどっしりしている。そこにはブッダの遺骨〔仏舎利〕や、一部には、彼の身体は死後に白檀《びゃくだん》の薪《たきぎ》の上で荼毘《だび》に付されたと物語られているにもかかわらず、ブッダの身体の遺物が保存されているという。こうして仏教徒は存在していた人間として神を表現するのであり、ここにはブッダの死が彼らの崇拝の一契機であるという〔仏教に〕固有のことがある。ゴータマはセイロンの〔上座部仏教の〕神ではあるが、またチベットを経て北氷洋に向かって〔緯度を〕上げていく。

*涅槃　原語はサンスクリットの「ニルヴァーナ」で「炎の消えた状態」を意味する。修行を積んで煩悩を断ち切り、輪廻から解放された最高の悟りの境地を言う。　*ジャワ島　インドネシアを構成する島の一つ。その中心にあるボロブドゥール寺院遺跡は九層から成るピラミッド構造のストゥーパ（仏塔）で、釈迦の遺骨や遺物を収める。

さて、ここでは、生きている人間への崇拝はその人間が最高位のラマ*（僧侶）であることと結びついており、神は仏教徒にとって、そのラマのうちに現前している。そのような生きた化身は、インドそのもののうちではボンベイ〔現在のムンバイ〕の近隣にも見出される。そこでは、神のそのような化身が家族のうちで伝えられ、象の頭をもってイメージされ、描かれるガネーシャ*の化身である。あるイギリス人将校は、今でも生きている神を訪ねた。その神は三〇歳の人間で、まさに神として崇められていた。似たようなものは、より大きなあり方で、ヒマラヤ山脈の背後で北東に広がる地域である本来のチベットを故郷にしている。次のようなラマ三人が崇められている。第一はラサにいるダライ・ラマ*であり、第二はタシルンポにいるタシ・ラマ*であり、第三はターラナータ・ラマ*で、ハルハ族*の住むウルガ〔ウランバートル〕の仏教徒ラマでもあり、その地はヒマラヤ山脈の向こう側にあり、バイカル湖の南方、チンギス・ハンの故郷である〔モンゴル〕高原の斜面にあたる。これらは現存する神として崇められている人間で、その人間への礼拝は仏教と、しかもブッダがあたかもここに生きて現存しているかのような表象と結びついている。ここでより詳細な話になると混乱が大きくなるが、それでもインドと比べて卓越したところは、多くの神々である守護神や霊すべてに対する一なるもの〔ラマ〕の支配が基礎になっている、ということである。ラマのことは近年、ターナー大佐がタシ・ラマのもとに外交使節として滞在していたことで、われわれにより詳しく知られるようになった。大佐がそこに滞在していた時は先代のラマがちょうど死んだところで、人々が言うにはラマは遠くに行かれたという。その時のラマは、まだ二歳であった。

*ラマ　チベット語で「聖人」を意味し、チベット仏教（ラマ教）の高僧のこと。　*ガネーシャ　デカン高原一帯を中心に広くインドで信仰されてきたヒンドゥー教の商業と学問の神で、その姿は象の頭をもつ。

＊ダライ・ラマ　チベット仏教の最大宗派であるゲルク派の最高指導者。観音菩薩の化身とされ、ラサにあるポタラ宮を居城とする。＊タシ・ラマ　チベット仏教ゲルク派の第二位の宗教指導者。阿弥陀如来の化身とされ、タシルンポ寺の座主で、パンチェン・ラマとも呼ばれる。＊ターラナータ・ラマ　チベット仏教の一宗派であるチョナン派の宗教指導者。モンゴルでの布教活動によってモンゴル人から絶大な信頼を得た。＊ハルハ族　モンゴル高原北東部を流れるハルハ川に由来するモンゴル民族の一部族。

このようなラマたちは、精神的な指導者であるとともに世俗的な指導者でもある。世俗的な指導者であるのは、直接的にはただチベットにおいてのことである。モンゴルの部族によっても、ラマは精神的な指導者として崇拝されており、政治的な事柄で相談されることはあっても、精神的には神として崇拝されている。ラマの他に、それでもなお多くの神々がいて、ブッダ、すなわちゴータマなどもそうである。ところで、そうした最高位のラマについては、彼らはきわめて高慢で、常軌を逸した言動でこの上ない尊大さにまで至っている、というようなイメージがあるかもしれない。それでも、実情はまったくそんなことはない。ターナー〔大佐〕は、タシ・ラマのところで外交使節をしていた際、その時のラマが二歳の子供であることを知ったが、その子供の代わりに摂政がいて、イギリスの外交使節はその摂政に表敬訪問をしたのだった。もちろん、その子供については、多くのことが語られることはなかった。その子供は動かずにじっと座っていて、よく聴き、よく見るように教育され、しつけられていた。子供のそばには父親と母親がいて、そしてその子供はまったく礼儀正しく落ち着いた態度であった。お茶がポットで提供され、そこから摂政自らがお茶を注いで飲んだ。ポットのお茶が飲み干されたとき、その子供はポットが空になったことに気づき、まわりの〔お付きの〕者たちのほうに振り向いて、もっとお茶を出させるようにしたが、その時にもその子供はやはり礼儀正しく落ち着いた様子であった。僧侶たちは卓越した性格の持ち主をラマに選んでいる。先代のラマに関して言えば、最も高潔にして謙虚な人物として称賛されている。彼はよく教育されていて、尊大さと高慢さからは程遠く、臣民に対しては慈悲深く、臣民にとって最善のことをあらゆる側面から意図している。このように、ラマによる統治は見出されうるかぎり最も父性的な統治のうちの一つである。さて、こうしてラマは、彼を介して神が人民の前に現前し、そうして神が人民のことを気にかけてくれる、そうした人物なのである。その関係は、そもそも汎神論に完全に似通ったものである。それでも、それはインド的な汎神論のように、すべての山や川、すべてのバラモンが神的であり、したがってバラモンのうちにブラフマーが直接に現前しているようなものではなく、無限に極端な汎神論がラマの勤行のうちで一なるものへと収斂しているのである。このような諸民族は、自由における彼らのより高い位置によって、そもそもインド人から区別される。彼らは神を人間として想定し、また自分たちの神を親しく直観し、そのようにしてより自由な神へと至ることによって、自分たち自身を神のうちに認識するのである。

カーストに関して言えば、カーストはセイロンにも現存するが、それは厳密な形であるわけではなく、ただ職人にとってあるにすぎない。それでも、カーストは部分的には、インドにあるようなものとはすでに異なっている。インドのカーストにおいては、別のカーストのふるまいを、それが自分に対するものであっても決して行うことはできない。しかし、ここ〔セイロン〕では、本来であれば別のカーストにのみ適合することでも、各人が自分で行えるなら許される。また、〔職人より〕高いカーストもなければ、戦士のカーストもない。一八一三年以来、セイロンの内陸部もよく知られるようになっている。ビルマ王国〔現在のミャンマー〕やシャム〔現在のタイ〕にはカーストは現存しないし、チベットやセンゴル人においても、なおさら現存しない。こうしたことは、自由で勇気のある、またより友好的な生活という大きな違いをなすものである。

　こうした民族には僧侶がいて、彼らはとりわけチベットで、またビルマ王国でも、大きな僧坊の中で一緒に生活している。チベットでは、僧侶の数は一僧坊で二〇〇〇人を超える。こうした僧侶たちが特別なカーストをなすことは決してなく、諸個人として民衆全体から出て〔出家して〕いる。チベットでは、四人の息子のうち一人は僧侶にならなければならず、そうなるように育てられなければならない、という規則が通用している。チベットでは、こうした僧侶には自分の土地収入があり、また布施によって生活している。ビルマ王国では、僧侶は主として自発的な布施によって生活しており、僧侶は朝早くから街路に出て〔托鉢し〕、住民からの布施を待つ。彼らは、ここでは羅漢*と呼ばれている。こうした僧侶たちは、作法全体に関してもバラモンとは異なっている。彼らはチベット人から比丘《びく》*と呼ばれ、一般にバラモンとは対照的に、高慢さがまったくなく、慎み深く、よく教育されていて、思いやりがある。それに対して、バラモンは冷酷で高慢であり、不親切である。チベットの僧侶たちからは余剰が貧しい者たちに分け与えられ、また旅人は誰もが僧侶のもとに泊めてもらえるのである。

＊羅漢　サンスクリットで「尊敬と供養を受けるに値する者」を意味するアルハット（阿羅漢）の略称。供養を受けるにふさわしい者ということから、「応供《おうぐ》」とも訳される。＊比丘　サンスクリットで「ビク」は「食を乞う者」を意味する。男性の出家修行僧のこと。

〔チベット仏教には〕二つの宗派があって、そのうち一つの宗派〔ニンマ派＊〕では結婚が認められているが、もう一つの宗派〔ゲルク派＊〕では認められていない。後者の宗派が、今では最も広がっている。両派は衣服によって、〔しかも〕赤と黄色の衣服によって区別され、流血の闘いにまで至るほど敵対している。両派ともに信心深く、よく教育されており、寺院でも僧坊でも礼拝を行っている。礼拝における両派の主要事は、最大限の声で唱える読経である。外交使節は、ある僧院に住んでいて、とんでもなく力強い声が不思議でたまらなかったという。

＊ニンマ派　八世紀後半にパドマサンバヴァによって開かれたチベット仏教最古の宗派。枝分かれしたサキャ派とともに「紅帽派」と呼ばれる。サキャ派の座主は妻帯が許されている。＊ゲルク派　ツォンカパ（一三五七―一四一九年）が開いたチベット仏教の一宗派。「黄帽派」とも呼ばれ、ダライ・ラマが最高指

導者になって最大宗派になった。厳しい戒律により、僧侶は妻帯が禁止されている。

ところで、モンゴル人やチベット人に関しては、彼らは最も親切で、正直で信頼でき、よく気がついて面倒見がよく、インド人が悪魔的で卑劣で下劣であるのとは隔たっている、と書かれている。これらの民族は信頼し合って友好的に平穏な生活を送っている。僧侶たちは国全体に対して信心深い。平信徒の誰もが平穏に悩みもなく自分たちの仕事に就いている。全体として、彼らは平和的である。また、チベットはほとんど戦争から免れたままである。さらに指摘されうるのは、肉食が一部これらの民族では、特にビルマ人においては禁止されている、ということである。とはいっても、こうした規則は多かれ少なかれ制限を受けるもので、王にこうした規則を尊重する意思があるかどうかは、まさに王次第である。モンゴル人やカルムイク人もまた、肉食を抑制し、動物を殺すことを悪とみなしている。特にカルムイク人は、とてもお人好しで、頭脳のある野生動物を殺すことはせず、大地に放ったままにしておく。このようなモンゴル人とチベット人は全体として平穏に生活しており、モンゴル人は全体として遊牧民で、家父長的な状態には本来ないので、生まれによってある者が漠然とした力をもつにすぎない。モンゴル人の指導者は、確かに生まれによって決められている。しかし、全体として家長は家族のもとで決められ、そして政治的なことは多かれ少なかれ民族全体の事柄ということになる。これらの諸民族は現在ではほとんどがロシアの支配下にあり、一部は中国の支配下にある。一七六九年から一七七〇年までに、ロシア領内のおよそ七万から八万家族のカルムイク族がボルガ川とドン川沿いのロシア領から〔清朝〕中国領に逃げ込んだ。というのも、ロシア人がダライ・ラマとの関係を破棄しようとしたからである。

インド人の愛らしい軟弱な弱さよりも、こうしたより自由なあり方をしている人のいい諸民族は、もちろん自分たちの外に出ることもできるし、それから川の流れのように荒々しく全域にあふれ出て、民族全体として——世界を彷徨する戦士種族というのではなく——内側でふつふつと発酵していって、それから遠方まで休むことなく移動し、すべてを荒廃させて征服することもできる。しかし、そうしたにわか雨は流れ出すこともあれば、引くこともある。こうした〔にわか雨のような〕ことが永続することはなかったし、特に国を創建したこともなかった。とりわけチンギス・ハンの治世下では、そのような川の流れが生じたし、シュレジエンの境界にまで広がった。また、その後ティムールがモンゴル人の王になったし、あるいは彼はより本来的にはトルコ人だったのだが、またそのように世界を駆けめぐる前衛でもあった。ティムールの本来の出発点、すなわち彼がそこからあふれ出した根源的な種族は、モンゴル人ではなくトルコ人だったのである。

こうして、以上の世界は全体としてインド的なものに属している。インド人はその区別が硬直化した一つの全体をなしているが、この諸民族は内面的な教養を形成するまでには至っておらず、それ以上にばらばらになっている。もっとも、それら諸民族はそのことによって、より自由ではあるけれども。今や、われわれはインドから第三のアジアの国であるペルシア帝国に移行することになる。

〔第三章〕ペルシア

〔概観〕

われわれは、ここ〔ペルシアについての論述〕では、一面では資料が比較的少なく、他面では資料が比較的よく知られているので、より簡潔にすることができよう。しかし、ペルシア帝国に関しては資料がきわめて不十分である。われわれは、この帝国をもって、ようやく本来の世界史に足を踏み入れることになる。中国は重要で本質的な要素ではあるけれども世界史の連関の外にあり、またインドには沈黙して音もない、より内面的な連関という別の要素があるけれども、その連関は行動につながらず、ただ過ぎ去っていくだけである。しかし、ペルシア人には本来の意識された〔外に〕開かれた連関がある。中国とインドでは、外に向かう歴史について語ることが少なく、その内部で充足していたため、それだけにわれわれはペルシアについては外部から知ることになるが、それだけその世界の内部については知ることが少なくなる。中国とインドの世界は、われわれの時代にもなお現存しており、したがってその世界はより明確になりうる。〔それに対して〕ペルシア世界はずっと前に消滅してしまった世界である。ペルシア世界の内部について周知の、また非常に古いものとして示されている要素は、あらゆる歴史に耐えて生きながらえて、今でもなお畏敬の念を起こさせる遺跡として現存しており、そして最近になってようやく明るみに出ることになったものである。

ペルシア帝国をより詳しく考察してみると、われわれはここにまず一つの帝国を、すなわちまったく異質な（もちろん相対的にでしかないが）要素をそのうちに統合した一つの全体を見出すのである。ここに一つに統合された諸民族は、言語でも習俗でも宗教でも、きわめて異なっている。この帝国は非常に長く、また輝いて存続したのであり、そしてこうした〔諸民族の〕連関のあり方を、国家の理念がこれまでの諸要素よりも何かより近くに現れるものとして考察することができる。というのも、ここには中国におけるような家父長的な道徳もないし、インドにおけるような〔カーストの〕区別の硬直もないからである。モンゴル人の素早く流れ広がる世界潮流もないし、トルコ帝国の圧制という否定的なものもない。ここに見られるのは、諸部族がそれぞれの自立性を残しつつも一つの統一点に依存している、そのような統一体である。その統一点によって、諸部族は均衡を保ち、〔また〕平和を維持することができたのである。インドとモンゴルの世界は後方アジアに属しており、〔そして〕後方アジアにおける自己感情のあり方全体がヨーロッパ人のそれとはまったく異なっている。今なおペルシアに依存しているものにあっては、その自己感情は異なっている。現在のペルシアには、ヨーロッパ人とより近い血縁関係にある、より美しい人間である別の人種が根づいている。かの地を監督下に置いていたイギリス人のエルフィンストーン*は、カブール国とカシミールを訪れて、われわれに〔次のように〕報告した。すなわち、彼はペルシアとインドの違いがどれほどであるか、その印象を記述し、〔また〕ヨーロッパ人はインダス川に至るまでは、まだヨーロッパにいるように思うことができる、とも語っている。インダス川を越えるや、ただちにすべてが別になる、というわけである。ペルシアに至って、われわれはこの帝国が外に向かい、そしてようやく世界史に接するのを見出すのである。

＊エルフィンストーン　マウントスチュアート・エルフィンストーン（一七七九―一八五九年）。イギリスのインド行政官で、一八〇一年にはインド西部の都市プーナの宮廷駐在官補佐となった。

われわれは今や、この帝国のうちで、その原理を述べなければならない。それは先立つ諸原理の統合である。ペルシアのうちで、中国の原理とインドの原理が一つになっている。中国では、全体の統合は外面的な道徳的意志の支配のもとにあり、その道徳的意志が人間の最も内面的な意志をも規定するものであった。それに対して、インド人の原理は、生まれのままに硬直化した絶対的な区別という原理であった。ペルシア帝国のうちにわれわれが見出すのは、諸民族として個別化したものの区別である。そして、確かにその〔諸民族の〕区別は自由にされながらも、それでもその区別は克服され、一つの統一点によって束ねられている。こうして、ここに自由なままの個別化は、その個別化を束ねる一つの点に戻っていくことになる。このことが第三の必然的な契機である。われわれがより詳しく考察しなければならないのは、それらの〔諸民族の〕区別であって、その区別の統一が全体をなすのである。

その区別を外面的かつ地理的に考察してみると、ここでは高地が低地や大河の広い谷間と相克するに至っている、と言うことができる。インドでは、生活が高地から切り離されて、湿潤な谷間の地域に広がっているのが見られる。ペルシアでは、両方〔高地と谷間〕の原理が相克の中で相関しながら、一つになっている。全体の一部が高地であり、それがペルシア*という一般的な名前になっている。その高地には山脈がより接近して、その山脈につながる谷間が属している。別の部分がティグリス川、ユーフラテス川、オクソス川（アム川）*、そしてヤクサルテス川*の谷間の地帯である。

＊ペルシア　その語源はイラン系民族が前七世紀までに定住したイラン高原の南西部「パールサ」地方（現在のイランのファールス地方）に由来する。　＊オクソス川（アム川）　ギリシア語でオクソス川、ペルシア語でアム川と呼ばれ、現在は「アムダリヤ川」と呼ばれる。イラン高原の北東部を流れて中央アジアの平原を分け、歴史的には北方遊牧民に対する境界をなしてきた。　＊ヤクサルテス川　ギリシア語文献に見られる名称（現在のシルダリヤ川）で、ペルシア語の「よい川」に由来する。アムダリヤ川と並行して、その北東部を流れる。

高地を規定するなら、それは中国のタタール人が住むような高い土地ではなく、谷の平原に面して〔高い土地より〕相対的により低い土地であり、それゆえそれぞれに肥沃さの特徴をそなえている、ということである。インダス川はインドとペルシアの境界をなしている。

ペルシアは、この川の西方にあって、インダス川とガンジス川の谷よりも高くにある。インダス川の水源のさらに〔北の〕向こうには、一般にヒンドゥークシュ山脈*と呼ばれる、より高い山脈があり、その東には、なおもより高い部分があって、そこには中国人とモンゴル人が住んでいる。ヒンドゥークシュ山脈から西にカスピ海のほうに向かって一つの山脈〔バーバー山脈〕が走っており、そこから北に向かってオクソス川という現在のアム川が流れ出している。この川は、以前はカスピ海に流れ込んでいたが、現在ではアラル海に流れ込んでいる。オクソス川の水源あたりで谷は狭くなっており、そして北に延びる別の山脈〔パロパマイソス山脈〕が始まる。これら両山脈の角でオクソス川が源を発し、その川の側面は谷になっている。この角は重要な地点で、そこには現在の都市バルフであるかつてのバクトラ*があり、より以前の文化の拠点をなしていた。ここからは、ヒンドゥスターン*のほうに向かってカブール*までは遠くない。〔バルフの〕南東にはヒンドゥークシュ山脈があり、カブールにはこの山脈を越えてくることになる。バクトリアがその東〔西〕に位置するこの山脈には、バルフの西側でホラーサーン*が接しており、さらになお、その西側に向かってアリア〔ヘラート〕、メディア*、イラク、そしてアゼルバイジャンがあって、そこではアルメニアの山岳地帯が形作られている。そこから南西にティグリス川とユーフラテス川の谷が始まり、その谷は北西から南東方向に走っている。ペルシア湾のほうには別の山脈〔ザーグロス山脈〕が湾に沿って延びている。とりわけ、この山脈にかけては、古代のパールサ、すなわちペルシアが位置している。この山並みは、さらにインドの海に接近し、そしてインダス川に沿ってスライマーン山脈につながっている。以上の台地が、広く漠然とした名前でイランと総称されており、われわれの考察の中心点をなすものである。北にはバクトリア、東にはインド、西にはバビロニアやアッシリアが、さらにその西にはシリアやアルメニア、さらには小アジアがある。こうした地域で、ペルシアがその役割を演じるのである。

＊ヒンドゥークシュ山脈　アフガニスタンの北東部に延びる山脈。その東には、より高いカラコルム山脈、さらにはヒマラヤ山脈が続いている。＊バクトラ　現在のアフガニスタン北部のバルフ川流域の都市バルフに比定される古代のバクトリア王国の首都。前六世紀頃にはアケメネス朝ペルシアのもとに組み込まれ、東西の交易路のオアシス都市として栄えた。ゾロアスター教の中心地と考えられる。＊ヒンドゥスターン　ペルシア語で「ヒンドゥー（インド人）の国」を意味する。ここでは北インドのインダス川上流の地域を指す。＊カブール　ヒンドゥークシュ山脈の南麓の都市で、現在のアフガニスタンの首都。歴史的にはペルシア帝国のインドへの侵入路ともなった。＊ホラーサーン　古代ペルシア語で「太陽の昇るところ」を意味する。アムダリヤ川の南、バクトリアの西に広がる地域。古くからオアシスが東西交通路の要衝をなし、また北方遊牧民に対するペルシア歴代王朝の防衛ラインでもあった。＊メディア　イラン高原北西部の古い地域名。前八世紀初期にインド＝ヨーロッパ語族のインド＝イラン語派に属するアーリア人の一系統であるメディア人がメディア王国を建国し、エクバタナを首都に前七世紀から栄えた。前五五〇年にアケメネス朝ペルシアに敗れ、ペルシア帝国の属州となった。

この帝国をなす要素は、第一にバクトリアにおけるゼンド民族、もう一つ別の側にはアッシリアとバビロニアの民族、第三に本来のペルシア人であるメディア人、そして第四は地中海にまで至るシリア人である。

〔バクトリアとゾロアスター教〕

ゼンド民族*という名前は、アンクティル・デュペロン*というフランス人が一七五〇年代に発見してラテン語で出版した、その文書がそもそも書かれていたゼンド語に由来する。この文書は『ゼンド・アヴェスター』*という明確な形をしてはいないけれども、疑いもなく、そもそもは古代ペルシア人の宗教であった光の宗教の教説を含んでいる。その教祖の名前はゾロアスター*で、古代の人々がすでにそう呼んでいる。このゼンド民族が古代ペルシア人とつながっていることは疑いないが、しかしキュロス*の治世下に登場した古代ペルシア人がこのゼンド民族だけをなしていたわけではないことも、同じように疑いの余地なく明白である。アンクティルは、このような文書を、今もなお拝火教徒として東インドに住んでいる現在のパールシー教徒*のもとで発見したのだった。特殊な共同体がカスピ海の南のほうに見つかっており、彼らは自分たちだけで閉鎖社会を作っている。先のゼンド文書には不備がないわけではない。しかし、最も重要なことは、これらの文書によって知られるようになっている。これらの文書は、新たな発見であった。文書は自己完結的なもので、古代ペルシア人の宗教との連関のうちにあるが、それでも一つの固有の全体をなすものである。

*ゼンド民族　ゾロアスター教の聖典『アヴェスター』の注釈（『ゼンド・アヴェスター』）に使用された

「ゼンド語」からヘーゲルは「ゼンド民族」を想定しているが、民族学的には存在しない。＊アンクティル・デュペロン　フランスの東洋学者（一七三一―一八〇五年）。インド・イラン研究の先駆者。インドに渡ってパールシー教徒から『アヴェスター』の写本（「ゼンド文書」）を入手し、『アヴェスター』解読の道を開いた。＊『ゼンド・アヴェスター』　ゾロアスター教の聖典『アヴェスター』の中世ササン朝ペルシアの公用語パフラヴィー語による注釈。アンクティル・デュペロンが一七七一年に全三巻としてフランス語で出版した。デュペロンが「ゼンド」を一つの言語（ゼンド語）として想定したことは、現在では誤りとされている。＊ゾロアスター　ゾロアスター教の開祖（ペルシア語で「ザラスシュトラ」）。前七世紀頃に東イランに生まれたと推定される。アフラ・マズダーの啓示を受けたその教えは、前六世紀にかけてゾロアスター教としてバクトリアを中心にアケメネス朝ペルシアに広がり、三世紀以降にはササン朝ペルシアで国教化された。＊キュロス　アケメネス朝ペルシアの初代国王キュロス二世（在位前五五九―五三〇年）のこと。古代エジプトを除く全オリエント諸国を統一した。＊パールシー教徒　「パールシー」はインドで「ペルシア人」を意味する。ペルシアからインド北西部に移り住んだゾロアスター教徒のこと。「東インドに住んでいる」とするヘーゲルの表現は間違い。

ゼンド民族の本拠地については、今のところなおも論争が続いているが、その本拠地はあらゆる調査によってオクソス川流域のバクトラを首都とするバクトリアであるように思われる。バクトラそのものはバルフ川流域にある。バクトリアは、カブールからそれほど離れてはいない。そこに至る道程は、ウィルフォードが述べているように、だいたい八日ほどの旅である。宿駅の中でも注目すべきはザッハーク城＊（フェルドウスィー）で、それは古い説話の中で大きな役割を演じている。第二の宿駅はバルフ‐バーミヤーン＊（バルフは一般に都市を意味する）で、ウィルフォードはこれについて、ペルシア人がこの都市をしばしばバルフと混同している、と述べている。バルフ－バーミヤーンの近くには、ゴルゴラ*という別の都市の注目すべき遺跡が今でもある。ここには岩に掘られた無数の、一万二〇〇〇にも及ぶ洞窟が見られる。さらに城壁の址《あと》と二つの巨大な〔仏〕像が見られるが、それらの像のイスラーム教徒による破損は大きい。実際にアクバル*は大砲をそれらの像に向けて撃ったが、その際、その脚からは血が流れていたという。こうした点で、ここでは数多の要塞化が行われたに違いないこと、また伝説によって多くの記憶がかつての英雄たちに結びついていることが十分に示されるのである。アレクサンドロス〔大王〕は、バルフを越えてインドに向かう道をとったのではなく、そこからパロパマイソス山脈*を南方に迂回している。パロパマイソス山脈は、バクトリアの東側にあって、ヒンドゥークシュ山脈のより北の地点にある。

*ザッハーク城　ペルシアの詩人フェルドウスィー（九三四－一〇二五年）の叙事詩『シャー・ナーメ（王書）』に登場する暴君ザッハークの居城のこと。*バルフ－バーミヤーン　バーバー山脈の北側の渓谷にあり、歴史的に古くから東西の交易路の要衝をなす。現在ではバーミヤーン古代遺跡群が世界遺産に登録されている。*ゴルゴラ　バーミヤーン近くの政治・経済の要衝都市だったが、一三世紀はじめにチンギス・ハンによって支配される。現在では、遺跡が世界遺産として保存されている。*アクバル　ムガル帝国の第三代君主（在位一五五六－一六〇五年）。帝国繁栄の基礎を築き、領土も北西部ではカブールを直轄地として、カシミール地方にまで広げた。*パロパマイソス山脈　ヒンドゥークシュ山脈の北西、バーバー山脈の北にある山脈。その南にはバーミヤーンが位置している。

ところで、このようなバクトリアがゼンド民族の劇場であり、ゾロアスターの生きた場所であることは疑いない。アンクティルおよび彼に従うドイツ人もまた、アルメニアをゾロアスターの祖国とみなす一方で、しかしバクトリアをゾロアスターの活動の本拠地とみなしている。ゾロアスターはここバクトリアでグスタスプ王の治世下に生きていたことになり、この王はダレイオス・ヒュスタスペス*と同一人物とみなされていた。しかし、ゾロアスターの時代がもっと古い時代だったことは、『ゼンド・アヴェスター』に描かれた状況全体から明らかである。ダレイオスをグスタスプに変えるという年代順の結合関係は、後代のペルシアの歴史記述家が記録した情報に基づいている。しかし、こうした情報はきわめて疑わしい。ゼンド文書には、トゥーラーン民族、つまりトゥーラーン人*の名前は挙げられているが、しかしペルシア人、メディア人、ニネヴェ〔古代アッシリアの首都〕、バビロン、バクトラといった名前は出てこないし、キュロスに関係づけられるものも出てこず、ジャムシード*という名前が神話上の最初の王として挙げられているだけである。この王はアケメネス*と理解され、キュロスもこの王に由来するはずである。さしあたり最も重要なのは、ゼンド文書のうちにはペルシア帝国の名高い諸民族や王については何も見出されない、ということである。

***ダレイオス・ヒュスタスペス**　アケメネス朝ペルシアの第三代の王ダレイオス一世（在位前五二二―四八六年）。エーゲ海からインダス川に及ぶペルシア帝国最大の版図を統治し、彼の治世下でゾロアスター教

が盛んになった。　＊トゥーラーン人　中央アジアでイランの東北部、アムダリヤ川以北に住む遊牧民族として、一般的にイラン人から区別されて呼ばれた。　＊ジャムシード　ゾロアスター教の神話においてイラン最古の王朝の王の一人とされる。　＊アケメネス　アケメネス朝ペルシアの始祖とされるが、伝説上の人物で、事績は不明である。

もう一つ重要なことは、ゼンド文書がわれわれの眼前に示している状態全体、すなわちすでにきわめて大きな形成をなしている民族の状態である。インド人におけるように四つの身分が「生じている」。さらに農耕、村落の統轄者、街路、区域、都市、地方、そしてその他にも内的な組織化と生活の快適さに向けた進歩を暗示するようなものが見出される。しかし、われわれがギリシア人を介してペルシア帝国を知っている、そのようにありうる帝国の規定については何も見出されない。それは宗教や市民生活の状態に関する法律についても同様で、それらの法律すべてが〔のちの〕ペルシア民族の状態よりも、もっと素朴な民族の状態を示している。

ゼンド民族については、ゼンド文書の中に「アーリア人」*が名前として現れ*、また土地については「アーリア」あるいは「ヴェジョ」という添え名をともなった「アリエナ」（本来の純粋なアリエナ）が現れる。この土地の本拠地はバクトリアである。アリエナは、より詳しくは「偉大なアリエナ」とも呼ばれている。それから、このイラン*がペルシアになる。イランはさらに高地を越えて広がり、メディア人やアルメニア人はそのもとで理解することができる。かの文書が部分的に書かれているゼンド語はインドのサンスクリットに似ており、したがって両言語は同じ根をもっているように思われる。国土の連関は、南の部分でインダス川のもとにあるわけではなく、カブールから北のほう、イランの中央部にあって、そこにはさらにホラーサーンがある。ゼンド文書から明らかになるのは、指導者や身分の区別は見出されるにしても、この民族が素朴な習俗のうちにあった、ということである。われわれが最初に考察しなければならない主要な事柄は、ゼンドの教説であり、またマギ〔祭司〕の教説である。この教説は、発展した形態になっているにしても、今もなお現存している。

＊アーリア人　サンスクリットの「高貴」に由来するインド＝ヨーロッパ語族の一派。中央アジアの遊牧民を起源にして、イラン高原に入った一部がペルシア文明を発展させた。他方、インダス川上流域に入った一部がガンジス川流域にも広がって、インド文明を発展させた。＊イラン　もともと「アーリア人の国」という意味で、アーリア人は自国を「イラン」と自称した。「ペルシア」はイランに対する外国からの呼び名。

このマギの宗教に関して言えば、それはペルシア人一般のより高い精神的な要素をなすものである。われわれがペルシア人の宗教に見るのは、自然崇拝ではあっても偶像崇拝ではなく、インド的な不道徳とは完全に異なっていて、ここにはわれわれに吹き寄せる、より高い息吹とも言うべきものがある。それは崇拝される諸形態の基礎をなす太陽や月のような個別の自然物などではない。インド人においても、思想によって捉えられれば形態のうちにとりまとめられる普遍的な有効性はあるとしても、そのような形態化そのものの性格が再び感覚的なものであり、その有効性もただ自然的なものでしかない。われわれが〔インドにおいて〕ブラフマンを見たのは、無規定な一体性としてのことであって、精神という現実に具体的なものとしてのことではない。〔これに対して〕ペルシア人においては、確かに自然崇拝もあるが、しかしそれはただ思想のように純粋な、普遍的で単純な物理的本質としての光に対する自然崇拝である。思想は、光を前にすることによって、同時に自分自身を予感し、感じ取っている。もちろん、ペルシア人は光をニュートン*のようにイメージしているわけではない。光は崇拝という形で崇《あが》められているのであって、ただ感覚的な直観のうちにあるわけではない。むしろ光は心情であり、その心情はこうした〔感覚的な〕直観において自分のうちに入っていき、そのようにしてまた対象を自分のうちに見るようになり、そしてそのとき光という純粋な対象の自己内存在がそのまま思想という精神的なもの一般になっている。その自由な思想はまだ自由な基礎にはなっていないが、感覚的なものが直観されてはいる。しかし、その感覚的なものは、完全に普遍的なものとしての感覚的なものであり、したがって思想という形式のうちにある。そして、こうした感覚的なものが内的なものとして意識されるかぎり、その意味するものは思想であり、認識や知であり、また善である。こうしたことが、概してペルシア人のより高い立場をなしている。こうして、ペルシア人の魂は、より高い純粋さへ、すなわち思想という普遍的な形式における感覚的なものへ高められているのである。

＊ニュートン　アイザック・ニュートン（一六四二―一七二七年）。イギリスの物理学者・天文学者。光についてては、プリズムを使った光学実験によって、太陽光を屈折率の異なる単色光の混合とした。

あらゆる宗教において、まずはその形態化に、それからその意味に留意しなければならない。それぞれの宗教において直観は擬人的なものだが、重要なのはその意味である。インド人において、その意味は宗教の形態そのものがまた感覚的な意味を有しているということだが、他方ペルシア人においては、感覚的なものが思想の形式のうちにあるということである。ところで、ペルシアの宗教では対立が、すなわち以下のような偉大な二元論が思想の形式と直接的に結びついている。

二元論は哲学的な考察において一つの規定をなす。その内容が真理を含むはずだとすれば、その規定は究極の固定的なものとして考察されうるわけではなく、むしろ対立の統一が真理の原理をなす。ペルシアの宗教のうちには、善と悪、光と闇、オフルマズド〔アフラ・マズダー〕＊とアフリマン〔アンラ・マンユ〕＊という絶対的な対立が見出される。そうして両極は、絶対的な統一というあらゆる哲学の真理の原理に反して、相互に独立して並び立っている。というのも、〔両極が〕このように相互に没交渉で対立し合っているのは、ただ〔光と闇という〕自然的なものだからである。インド人においては、絶対的な汎神論がある。ペルシア人においては、感覚的な事物の無限な多様性がこうした二元論に還元されるが、そのことについては、その二元論こそがまさにペルシア人の直観の偉大さをなすと言わなければならない。それは、この二元論が善と悪などといった隠喩的な意味のうちにあることによる。このことが示しているのは、インド人の前述のさまざまな混乱が、対立という、より単純な規定に収斂して解消していることによって、まさにペルシア人のうちに思想の要求が芽生えるようにして現れている、ということである。こうして、まさに東洋のこうした二元論のうちに、ゼンド宗教〔ゾロアスター教〕の単純化された思想の偉大さの証明が存している。

＊オフルマズド〔アフラ・マズダー〕　ゾロアスター教の最高神。「知恵（マズダー）ある神（アフラ）」を意味し、善悪の対立を裁く最高善かつ光の神とされる。中世ペルシア以降は、ササン朝ペルシアの公用語パフラヴィー語で「オフルマズド」と呼ばれた。　＊アフリマン〔アンラ・マンユ〕　ゾロアスター教で最高神オフルマズドに対抗する悪と闇の神。パフラヴィー語で「アフリマン」と呼ばれた。

われわれは対立を、光と闇という抽象的な対立と具体的な対立というように、二様に区別しなければならない。

［1］最初の〔抽象的な〕対立を取り上げるとすると、われわれはこの対立に関して、ペルシア人がこの対立を究極のものとしてそのもとにとどまっている、というようにペルシア人の責任を免れさせることもできる。しかし、むしろペルシア人においては、〔光と闇の〕

両極がそこから生じる統一もまた見出されるのである。このような最初の統一は、それら両極の創造者として唯一のズルワーン、*すなわち創造されざる時間を意味している。光の王であり、世界の創造者であるオフルマズドは、この〔創造されざる〕時間によって創造されたものとして立てられている。こうして、ゼンド文書を二元論の非難から免れさせたいという要求がある場合には、こうした統一で間に合わせることができるかもしれない。しかし、このこのような統一は、ここではそれほど重要ではなく、むしろそれよりも興味があるのは、より具体的なその後の宗教である。というのも、この創造されざる時間は、それ自体が抽象的な統一にすぎず、絶対的な重要性もなく、光のように崇拝されることもない、平凡なものでしかないからである。〔時間に対して〕光は一なるものであり、闇と悪であるアフリマンから永遠に克服されるはずのものなのである。

*ズルワーン　世界の創造に先立つとともに世界の終末後も永続する時間として「限界なき時間」とされる。中世ゾロアスター教では、「時間」を意味する創造神ズルワーンからオフルマズドとアフリマンが生まれて分裂し、善と悪が戦うことになったとされる。

こうして、オフルマズドは光である。オフルという名前は「支配者」や「最高支配者」に由来し、マズダーやマズという名前は「大きな」や「偉大な」、また同様に「神」に由来している。したがって、オフルマズドは「偉大な最高支配者」を意味している。オフルマズドは光の支配者であり、自らの創造物としてのあらゆる事物の創造者であり、また善の創造者である。しかし、オフルマズドは太陽とか火〔そのもの〕ではなく、太陽が火そのものの覆いであるように、むしろ火の流動性なのである。火や太陽はオフルマズドの物質的な面である。光があるところにオフルマズドは現前している。それは、そもそもあらゆる創造のうちにあって、卓越したものである。そして、悪や闇が見出されるところには、アフリマンが現前することになる。

素朴なゼンド文書そのもののうちに、オフルマズドについても、より深い形而上学的な規定が現れる。ゾロアスターの教えはほとんど、オフルマズドへの問い〔とその答え〕のうちで述べられている。ゾロアスターはオフルマズドに、例えば「御身は何と呼ばれるのでしょうか」と問い、オフルマズドは次のように答える。「愛であり、あらゆる善の原基であり、学問の天賦の才であり、栄光と栄光を与えるものであり、現実性と可能性の根拠であり、充溢と至福であり、善の純粋な意志である」。こうして、オフルマズドから生じるあらゆるものは生き生きとして、多くの対象がオフルマズドの顕現として崇拝されることに結びついている。そうして〔オフルマズドの〕言葉が崇拝されれば、その言葉は生ける言葉であり、教えの言葉であり、そして〔『アヴェスター』の〕除魔法書や祈禱書ということになる。これらの言葉はすべて多かれ少なかれ人格化されてはいるが、それでもこのようなあらゆる人格化においてオフルマズドの統一性が最も重要なことであり続けるのである。

月と太陽と他の五つの星もまた崇拝されていた。これら五つの星については、それらが存在していたのかどうか、またそれらがどの惑星だったのかは突き止められていないが、これらの星のもとにミスラ*もまた登場する。それでもミスラは、こうした光の存在のうちの一つとしてあるだけで、後世に通常あるように顕彰されていたわけではない。ミスラは一部では男性として、一部では女性として登場する。のちに、こうした形態は高く持ち上げられ、その形態に伝達の使命があてがわれたことで、ローマ皇帝の時代に西洋で崇拝されるようになったのである。このような〔ミスラ〕礼拝はドイツにもローマの軍団を介して入ってきた。しかし、ゼンド文書の中で、ミスラは他の存在の下位に一つの存在として位置しているにすぎない。善と悪の対立についても、ゼンド文書における場合より、のちによりいっそう強調されることになった、という事情がある。ある時代における形態が別の時代にどのようにして別の〔規定〕をもつようになったのかという事情に関しては、仔細に見られなければならない。近年ミスラについては大いに論争の的になっているが、そのような形態から後年に何が作られるようになったかということによって、もともと古代にあった事実を考えてはならない。

＊ミスラ　もともと古代イランの民間で信仰されていた太陽神にして契約の神。のちにゾロアスター教に取り入れられてアフラ・マズダーに従う神格として位置づけられ、さらに古代ローマ帝国に伝えられてミトラ教となった。

オフルマズドの他に、それより下位で崇拝されていた別の存在が、〔七人の〕アムシャ・スプンタ*である。これらは太陽や月の他の五つの星というわけではなく、むしろ一般に世界の守護霊である。オフルマズドは第一の霊であり、太陽は第二の霊である。このような多様性は、光としてオフルマズドであり続ける実体の統一性を阻害するものではない。なおも、例えば七人のアムシャ・スプンタがいるというように、別の擬人化も生じる。彼らはいつもただオフルマズドの補助者として現れるだけで、そこから週の七つの曜日に彼らの名前がついている。こうしたことが〔アムシャ・スプンタの〕主要なイメージになっている。光〔オフルマズド〕に対しては闇というアフリマンの領域が対立し、そこにはあらゆる悪しきもの、死せるもの、不純なものが属している。こうしたことが大きな対立をなしている。

*アムシャ・スプンタ　ゾロアスター教の最高神アフラ・マズダーに従う七人の善なる守護霊。

〔2〕さらになお、もう一つ別の、より具体的な対立に言及しなければならない。すなわち、ゼンド文書の中でオフルマズドの二つの純粋な世界のことが問題になっており、そのうちの一つの世界は地上の世界一般としての感覚的に直接的な世界であり、感覚的に生ける人間の定在である。このような生ける現実性から区別されて、ある種の精霊の世界が立てられている。個別的なものである木、川、山、人間といったものには、ある種の精霊の世界、すなわち至る所に現存して浄福の国を故郷にするフラワシ*の世界が与えられている。活動や生

命があるところ、その至る所にはフラワシがいる、というわけである。フラワシについては、原初的なもので至る所に存在するものだと言われている。これは、われわれがプラトンのイデアを現実世界から分離して霊魂として表象するような、そういった観念である。こうして、それは善の現実世界に対して、それだけで独立してある精神という観念の領域である。こうしたことが、ゼンド宗教の主要なイメージである。

＊フラワシ　古代イランの祖霊信仰がゾロアスター教に取り入れられて精霊となり、天上界から地上に降下して自然の森羅万象に宿り、さらに守護霊として人間にも宿って各人の人格をなすとされる。

〔ゼンド民族の祭祀〕

今、さらにゼンド民族の祭祀について、それが法的、人倫的、また宗教的な方法としてどのように執り行われたはずかが問題になる。オフルマズドに礼拝がなされ、そして木を植えたり耕作をしたりすることによって光が崇拝されている。規則の全体は、ゼンド民族の民すべてがオフルマズドの国の民であること、そうして善や生命あるものを広げることが要求されること、そしてオリエントの宗教からしてさまざまにある不浄に注意すべきこと、こういったことを統合している。〔例えば〕死んだ犬というものは不浄である。そういった不浄をなくすために、多くの規則が存在しているわけである。

［1］第一に、オフルマズドに仕える人に指示されるのは、考えの神聖さによって自らを

純粋に保つこと、言葉の神聖さによって、また行いをともなって、オフルマズドへの祈禱と礼拝の行動によってなすべきことをきちんと執り行うこと、そして掟に則って自分をしっかり保持すること、などである。これらは一部では民に課された［規則］だが、そのもとには道徳的な規則もまた含まれている。こうした規則のもとで、生ける精神としての神の啓示が理解されるのである。

ゼンド民族には、三様の法律がある。第一の法律は、個人の保障に関係するもので、例えば傷害に関わる刑法である。流血するほど他人を殴ったり、殴るような動作をしたりした者は刑罰を、特に鞭打ちを受ける。死刑は見られない。多くの場合、刑罰は死後に科せられる。注目すべきは、法律を含む一連の文書は完全であるように見えるのに、ここには殺害や故殺の犯罪者についてまったく言及がない、ということである。のちに、もちろんより発展した状況では刑罰が取り入れられてはいるが、それでも親殺しには刑罰がない。なぜなら、こうした犯罪はあまりに恐ろしくて起こりようがなかったからである。

法律の第二の種類は、不浄のことを顧慮した、むしろ宗教的な規則に関するものである。この場合、第一のことは、もし誰かが聖人に侮蔑の言葉を吐いたり、オフルマズドの掟に従わずにわがままな生活を送っていたりすれば、その者には罰が下される、ということである。

第三の種類は、ミスラに対する罪過、とりわけ道徳的な掟を含むものである。ミスラは、人間におけるより内面的なもの、より高いものの主宰者として登場する。このようなミスラは、はるかにより高く尊敬されていて、道徳的な逸脱に対する罰は、それだけにより厳しいものである。合法性の規則もまた、その掟のもとにある。特に違約した場合には、三〇〇回の革の鞭打ちの罰が科せられる。金銭を盗んだ者は、その他になお、あの世で三〇〇年にわたって地獄での罰を受けることになる。こうしたことがミスラの掟である。こうして、民の掟は教養の大変な素朴さを示すものであり、そのもとには、例えば自分の仕事の領分をおろそかにしてはならない、というような大半は道徳的な多くの掟がある。

［2］次に言及すべき第二のことは、供犠である。〔ゼンド民族の〕供犠には、他の諸民族におけるように各人が自分の所有物を〔神に〕捧げたり、自らや自らの所有物を重要なものではないと神に向かって宣言したり、〔自分の所有物の〕一部か、あるいは自分自身をまったく無用かつ不要なものとして神に献じたりするような、そういった意味はない。このような供犠は、インド人の場合には生命を神に捧げるところまで行ってしまい、したがって「インド人は」こうした絶対的な否定性のうちで、ただ一つの価値だけを手にしようとするわけである。ゼンド民族は〔確かに〕自ら生け贄を捧げはする。動物の生け贄が差し出されるし、実際にそうしたことがある。〔それでも〕家畜が焼却されたり、何かが無用に捨てられたりすることはなく、供犠はただ祭司が動物の生け贄に際して定まった祈禱を捧げることのうちにある。こうして〔供犠において〕執り行われるのは、家畜を祓《はら》い清めることだけであって、しかもそれは祝祭に際して生け贄に供される場合に限られている。日常的な祓い清めのために、はっきりとした言葉で祈禱が唱えられても、その祈禱は、しかし供犠として見ら

れるわけではない。こうして、オフルマズドを崇拝していることを自ら証し立てるために自分に対して否定的なことを行う、ということは、そもそも見られないのである。

［3］本来の宗教的行為は、ハオマ*の記念と栄光のために、そしてゾロアスターが改革者である宗教の本来の創設者の栄光のためにパンと聖杯を授ける、という行為である。ハオマの栄光のためには特別な祭りがあり、そこでは無発酵のパンが奉献されて食され、またハオマ液から作られた飲料を注いだ聖杯が差し出されて飲まれる、というものである。こうしてハオマは啓示するものであり、そしてハオマはまた植物でもあって、それでその液体が飲まれるわけである。こうしたことは、われわれキリスト教徒の典礼における聖餐式*を何か暗に示唆するようなものである。そもそも〔キリスト教の〕教父たちもまた、ローマ時代のミスラ礼拝のうちに、さらになおキリスト教の時代にも、このような儀式を目の当たりにして、邪悪な悪魔たちがこのような儀式によって善を覆い隠そうと企《たくら》んでキリスト教を愚弄しているのだ、と述べている。ゾロアスターは、ハオマに次のように語らせている。「感謝の祈りをしながら私に供物を捧げて私を口にする者は、私からこの世の富を受け取ることになる」と。ハオマを記念する以上のような祭りは、家畜を生け贄に供する際にも、供犠として催されていた。

＊ハオマ　ペルシアなどで生育する薬効のある植物。その液体から造られた酒が神聖な神酒として特別視され、ゾロアスター教において神格化された。＊聖餐式　キリストが十字架に架けられる前にパンとぶどう

酒によって行われた最後の晩餐を基に、キリスト教会がその再現として聖体拝領を行う典礼。

以上がゼンド民族の古い宗教で、ペルシア的なものやメディア的なものに入り込んでいくことになった、その基礎をなすものである。それは光が崇拝の対象であることによって、きわめて純粋な自然宗教であり、そして祭祀の関係全体が対象そのものとして同じように純粋に保持されている。それは自然宗教であるからこそ、その祭祀もまた純粋に行われうるのである。こうして、以上のことが全体として、東方部分に自らの本拠地を有するペルシア帝国の精神的な要素をなしている。

〔アッシリアとバビロニア〕

外面的な富という別の華麗で豊かで感性的な要素を、われわれは〔イランの〕西側、ユーフラテス川とティグリス川流域のバビロニア*とアッシリア*に求めることができる。ここでは、われわれはほとんど歴史上の情報しか有していない。こうした側面の精神的なことについては、われわれにはほとんど与えられていない。これら諸民族を輝かしいものとする伝説は最古の歴史まで遡るものだが、それでもその歴史はきわめてぼんやりしており、矛盾しているし、多面的でもある。そうして、王の名前や王国の一覧が多くの困難をもたらすことになり、ここでは特に批判も必要になる。しかし、これら諸民族の内面的な性格まで見通すことは〔われわれには〕許されず、われわれは主要な契機で満足せざるをえないことになる。

＊バビロニア　メソポタミア南部のティグリス川とユーフラテス川の中・下流域に栄えた王国。古バビロニア王国（前一九―前一六世紀）は、のちにアッシリアに支配され、アッシリアの衰退後には新バビロニア王国（前七―前六世紀）が興って勢力を拡張したが、アケメネス朝ペルシアに征服されて属州となった。

＊アッシリア　メソポタミア北部のティグリス川とユーフラテス川の上・中流域に栄えた王国。前二三五〇年頃にアッカド王朝が成立し、前八世紀末にはアッシリア帝国サルゴン朝下でオリエント世界を統一するも、前六一〇年に滅亡した。

第一はアッシリアだが、その名前はきわめて曖昧なものである。おそらく、それはティグリス川中流域の、とりわけその東側にある主要地帯のことである。さらに、その東にはメディアが、北にはアルメニアが、南にはメソポタミアがあって、そのメソポタミアは、時にはアッシリアに、時にはバビロニアに組み入れられる。現在のクルディスタン＊の一部はアッシリアである。ギリシア人にあっては、アッシリアはバビロニアおよびメソポタミアを意味している。アッシリアの中で、古代都市はアッシュール＊、およびニネヴェ＊、つまりニノスの偉大な都市と呼ばれていた。その位置は肥沃な土地にあるが、それでも文化はここではバビロニアにおけるほど高い段階を保っていたとは思えない。ニネヴェがどこに位置していたかは正確に確定できないが、それでもその場所は現在のモースル周辺に位置している。

＊クルディスタン　「クルド人の地」という意味。ティグリス・ユーフラテス川の上・中流域を中心に、現

在のイラン西部、イラクとシリアの北部、トルコ東部、アルメニア南部に広がる山岳地域の名称。＊アッシュール　ティグリス川中流域の西岸にあったアッシリア最初の首都。ニネヴェの下流に位置する。＊ニネヴェ　アッシリアの伝説上の王ニノスが創建したとされるメソポタミア北部の古代都市。ティグリス川の中流域、現在のモースルの東対岸に位置していた。

その〔アッシリアの〕南部はバビロニアであり、バビロン＊、つまりバベルは、ニネヴェと同じように、その名前がよく知られている。ニネヴェがティグリス川沿いにあるように、バビロンはユーフラテス川沿いにある。それはバアル＊の都市であり、太陽、つまりコールの都市でもある。ニネヴェと同じように、バビロニアにも二重の必要性が見られる。すなわち、それは〔第一に〕遊牧生活という単なる牧畜一般を捨てて、第二にまた、農耕や手工業や商業に移って法律上認められた市民的生活を送るということであり、遊牧民のままとどまっている諸民族から自らの安全を守るということである。そのことについて、古くからの言い伝えでは、かつてこの谷間の土地を遊牧民が通り抜け、そのときその遊牧民は都市の生活を圧迫していたという。アブラハムは、ユーフラテス川のこの地域からカナン＊に向かって、山の多いパレスチナに入ってきた。その〔バビロニアの〕土地は谷間の土地として非常に肥沃な土地であると述べられている。そして、バビロンはそれに加えて、ユーフラテス川とティグリス川を使った商取引にとって非常に便利な位置にあり、両川は水運と農耕のために運河で結ばれていた。水運はペルシア湾を越えて、ここ〔バビロン〕まで及んでいたのである。

＊バビロン　メソポタミアのユーフラテス川下流域に位置し、貿易や商取引で重要なバビロニア王国の古代都市。『旧約聖書』では「バベル」と表記される。＊バアル　嵐と慈雨の古代オリエントの神。セム語で「主」を意味する。＊カナン　地中海とヨルダン川の間の地域。「乳と蜜の流れる地」として神がアブラハムの子孫に与えることを約束したとされる。

これらの都市で本来われわれの目を引かざるをえないのは、両都市〔ニネヴェとバビロン〕の途方もない規模である。そして、神殿と城壁の巨大な建造物がまた有名で、それらは驚異的な作品であり、古代から部分的には保存されていたか、あるいは少なくとも廃墟という形で今でもなお見られる。セミラミス*の壮麗な建物は特に有名である。こうした栄華の時代に関しては、厳密な意味で史実としては何も述べることができない。セミラミスの名は一般に称賛され、数多くの偉大なことがこのセミラミスに帰せられてきた。バビロンには紀元前七〇〇年〔頃〕になお栄光の時代があったが、そのために建物が最後の〔新バビロニアの〕時代に初めて築かれたものでなかったのかどうかは定かではない。

＊セミラミス　魚の女神デルケトーの娘とされるアッシリアの伝説上の美貌の女性。ニノス王に寵愛され、王の死後は女王として君臨する。「バビロンの空中庭園」を造らせたことで知られる。

それら諸民族の精神や習俗や性格について、われわれはほとんど知ることはない。最高に美しい建造物がバアルの神殿だったことは、つとに述べられている。人々は太陽を崇拝しているが、それに加えてミュリッタ*の礼拝は自然全般に対するものである。概して近東には全般的な自然への崇拝がある。ピュシス〔自然〕は、さらにギリシアとイオニアの哲学の主たるテーマをなしていた。

*ミュリッタ　アッシリアで崇拝されていた豊穣多産の女神。

バビロンについては、ヘロドトス〔『歴史』一・一九六〕だけがわずかばかりの習俗の特徴をわれわれに伝えてくれている。そのうちの一つは、バビロンでは神殿の中に個々の女性部屋が設《しつら》えられていて、それは〔女性が〕神殿にお金を奉納した外来者に身を捧げる「ための」ものである、ということである。こうした習俗のうちでは、外来者が神殿のように便宜をはかられていたはずだと見られてはならず、むしろここにあるのは宗教的な特徴をもったアスタルト崇拝*という自然崇拝である。第二の特徴は同じような〔お金の〕要件に関わるもので、すなわち若い女性が毎年競売によって結婚させられ、そうして最も美しい女性には高値がつけられ、そのお金が醜い女性や比較的高齢の女性の嫁入りの支度金にまわされる、ということである。ここには女性に対する敬意は何も見られない。というのも、ここでは女性の気持ちから口をはさむことは許されてはいないからである。若い女性が夫の選択に際して意思表示をすることは、そもそも東洋的ではなく、概して最初からヨーロッパ的なことである。それでも、そこには生活の共同性、習俗の同等性、万人への配慮といったものを見ることができる。ヘロドトス〔『歴史』一・一九七〕は、さらに第三に次のことに言及している。すなわち、家族の中に病人がいる場合、その病人は広場に置かれ、そのことによって通りがかりの人たちがその病人によい知恵を授けることができた、ということである。こうしたことはまた、生活の共同性や一般的な親密さを証明するものでもある。

＊アスタルト　地中海地域で広く崇拝されていたセム系の豊穣多産の女神。

ここに見出される土地の歴史的契機について、今や述べなければならない。最もよく知られた名前はニノスである。都市ニネヴェの創建者にしてアッシリア帝国の救い主であるニノスは、紀元前二〇五〇年〔頃〕に生きていたと伝えられる。ここでも、伝説は他のところより、例えば中国におけるより、さらに遠く遡る。ニムロド*をバビロニア王国の救い主とする『〔旧約〕聖書』の伝説は、おおよそこの時代に属している。ニノスについて伝えられているのは、彼がバビロンを征服し、その上で北東に向かって、バクトリアとメディアを征服した、ということである。このような報告を、小キュロス*の時代にペルシアの宮廷にいた医師クテシアス*がしている。このクテシアスは、とりわけニノスのバクトリアとの戦いについて語っており、バクトリアはニノスに多くの辛労を負わされたはずだという。クテシアスは

〔ニノスによる〕バクトラの包囲攻撃について特別に語っており、そのバクトラは〔ニノス軍の〕将軍〔オンネス〕の妻であるセミラミスの進言によって攻略されたという。その際に挙げられている場所〔バクトラ〕は、オクソス川沿いの現在のバルフにぴったりあてはまるわけではなく、むしろバルフ-バーミヤーンにあてはまる。その征服のために、セミラミスは将軍に一七〇万人の歩兵、一〇万人の騎兵、一万台の武装車両を供与したはずだという。このようなセミラミスは、のちにニノス王自身の妻となり、さらにのちには自ら女王になったともいい、概して神話的規定と歴史的規定の間を揺れ動いている。神話的な形姿をした魚の女神デルケトーが彼女の母親だと伝えられている。このようなセミラミスには、一部にはバビロンの創建が、また一部にはバビロンの拡張と首都への選定、さらにはバアル神殿の創建といった功績が帰せられる。彼女は〔この神殿に〕ユピテルとユノとミネルウァの三体の黄金彫像を建てさせたという。クテシアス自身も、ユピテル〔の彫像〕を見たとしている。しかし、これらの彫像の名前は、おそらくただギリシア人の報告者によるものにすぎない。というのも、ギリシア人は、あらゆる神話に彼らの神々を持ち込んで、そのことによって自分たちの神々の叙述のために〔もともとの神話の〕価値の一部を奪ってしまうからである。さらに、セミラミスについては、エチオピアやエジプト、そしてインド遠征も伝えられている。その最後のインド遠征の際に彼女は損害をこうむったが、彼女を破った王は、それでもインダス川を越えて彼女を追うことを許されていなかった*という。われわれは、彼女の〔インド〕遠征について耳にするように、ディオニュソスの似たようなインドに向けての遠征や、また〔エジプト王〕セソストリス*の似たような遠征について読むことがある。しかし、こうした遠征が何か史実上のことを含んでいるとしても、それが取るに足らないことであることは、ただ受け入れるしかない。こうした物語のうちに何か史実上のことがあるとしても、それは確証のない時代に属することであり、したがってそのような征服によっては何の進歩ももたらされはしない。しかしまた、それはおそらく、こうした征服がそもそもオリエント諸民族の単なる空想やまったくの作り話であるとも言える。というのも、東洋人に特有のことではあるが、外国のことを知るようになると、新たな場所についてより広く知ったということで、その外国の言い伝えや出来事について話を拡張することがあるからである。このような現象は、至る所に見出される。

＊ニムロド　『旧約聖書』「創世記」にクシュ（ノアの三人の息子の一人であるハムの子）の息子として登場し、古バビロニア王国の王とされる。　＊小キュロス　アケメネス朝ダレイオス二世の次男。兄のアルタクセルクセス二世に反乱を起こしたが、戦死した。キュロス二世と区別するために「小キュロス」と呼ばれる。　＊クテシアス　古代ギリシアの都市クニドスの出身。前五世紀に活躍した医師で歴史家。アルタクセルクセス二世による小キュロス遠征に随行した。主著に『ペルシア史』がある。　＊ディオニュソス　ギリシア神話に登場する豊穣とぶどう酒の神。ぶどう栽培とワイン製法によって自らの神性を認めさせるため、ギリシアからエジプト、シリア、さらにはインドにまで遠征したとされる。　＊セソストリス　エジプト第一二王朝の王。ヘロドトス『歴史』二・一〇三に「アジアからヨーロッパに」遠征したという記述がある。

このように、ニノスとセミラミスは、この時代の中心人物である。クテシアスや他〔の歴史家〕は、この二人に続けて、部分的に辻褄の合わない王の長い系列を挙げているが、それによると、〔アッシリア〕帝国は一〇〇〇年、ひょっとすると一三〇〇年も続いたはずだということになる。ここに登場する主役はサルダナパロス*で、彼は紀元前八二〇年に没落している。かつて征服された属州が反乱を起こしたのである。サルダナパロスは、のちにそもそも一つのシンボルに、すなわち根っからの好色な王のシンボルになった。しかし、ニネヴェで三年間にわたって包囲されたあと、自らの家族全員と財宝を一緒に薪の山の上で燃やしたことが彼に帰せられる。それは、東洋的な高貴さ、すなわち自ら屈服させられた者と認めることのオリエント的な無能を証明する一つの特徴である。

*サルダナパロス　アッシリア帝国サルゴン朝の最後の王アッシュールバニパル（在位前六六八―六二七年）に比定される伝説的な王。

〔メディア王国と新バビロニア王国〕

アッシリア帝国の没落のあと多くの独立した諸国家が建設されたと伝えられており、それらは今でも歴史的な痕跡をとどめている。メディアとバビロニアが今や登場することになり、この新バビロニア王国については、とりわけ女王ニトクリス*が話題になる。特に多くの成果、部分的にはセミラミスが完成したとされるような成果までもが、このニトクリスに帰せられる。ユダヤ人の報告に従って、独立した新たなアッシリア帝国をしばしば想定したくなるほどである。この時代ともっと古い時期のさまざまな報告を一つにまとめることは絶えず試みられてきたが、しかし虚しい努力に終わってしまっている。というのも、資料が根本的に一つにまとめることができないような状態だからである。

*ニトクリス　ヘロドトス『歴史』一・一八五によれば、セミラミスに続く第二の女王で、ユーフラテス川の堤防構築などによってメディア人の侵入を防いだとされる。

それと同時にわれわれが主に利用できる資料は、〔第一に〕ギリシア人のものである。その最も主要な資料は、ディオドロス、*ヘロドトス、あとはクテシアスのもので、クテシアスは資料をその土地の保管所から入手するようにしたとしている。第二の資料は、ユダヤ人の『〔旧約〕聖書』である。ヘロドトスとクテシアスは、おのずと相違している。第二の資料は、ユダヤ人の『〔旧約〕聖書』である。というのも、ユダヤ人の二つの王国は、*アッシリア帝国および〔新〕バビロニア王国との関係のうちにあるからである。第三の資料はペルシア人の、しかも後世の著述家たちの言い伝えや報告であり、この報告が最も重要なものである。とりわけ有名なのが、フェルドウスィー*の叙事詩『シャー・ナーメ』である。彼が伝えた歴史は、他の者によっても、*ほとんど同じように構成されている。フェルドウスィーは一一世紀にガズナ朝のスルタンであるマフムード*の宮廷で暮らしており、彼の詩はイランの古い英雄伝説を対象にしたものである。ゲレス*は

〔『シャー・ナーメ』からの〕抜粋を作って、〔その抜粋を〕ギリシア人の報告と一致させようと努力した。その努力は輝いてはいるが、それでもよく見てみると、煙になって消えてしまう花火でしかない。

＊ディオドロス　シケリア生まれの古代ギリシアの歴史家（前二一年頃没）。エジプトやローマを旅行して『歴史叢書』を著した。以下、『歴史叢書』からの出典箇所については、巻数と小節番号で示す。＊ユダヤ人の二つの王国　前一一世紀頃にカナン（現在のパレスチナ）に建国された古代イスラエル王国が、ソロモン王の死後、前九二八年にイスラエル王国とユダ王国に分裂した。イスラエル王国は前七二一年にアッシリアによって滅ぼされ、ユダ王国も前五八六年に新バビロニア王国によって滅ぼされて、一部はバビロンに捕囚された。＊フェルドウスィー　イランのホラーサーン出身の詩人（九三四―一〇二五年）。その代表作が、ペルシアの歴代の王や英雄を伝える『シャー・ナーメ（王書）』で、ガズナ朝の王マフムードに献呈された。＊ガズナ朝　トルコ系のイスラーム王朝（九六二―一一八六年）。ガズナを首都に、アフガニスタンからホラーサーン一帯を支配した。＊マフムード　ガズナ朝の最盛期をもたらした王（在位九九八―一〇三〇年）。最初に「スルタン」の称号を用いた。＊ゲレス　ヨーゼフ・ゲレス（一七七六―一八四八年）。ドイツの思想家で歴史家。ハイデルベルク・ロマン派の機関紙『隠者新聞』（一八〇八年）の創刊に参加し、後年にはカトリックの立場から歴史研究に従事した。ここでのヘーゲルの論述は、『フェルドウシーのシャー・ナーメに基づくイランの英雄叙事詩』（一八二〇年）を念頭に置いたもの。

このような英雄伝説においては、他の資料と同じように〔成立〕事情が考慮されなければならない。ギリシア人の報告は彼らの近くに位置しているメディアに関係しているし、ユダヤ人の報告はバビロンに関係している。フェルドウスィーの語る伝説はペルシアの歴史全般を射程に入れているはずだが、しかし彼の行動範囲は、かの別の〔ギリシア人やユダヤ人の〕報告とは異なる圏域にあるように思われる。彼はすでにイスラーム教徒であって、もはやペルシア人ではなかった、ということが考慮されなければならない。彼はかすかな追憶だけをもって英雄たちの古い宗教を語っているにすぎない。〔ペルシア〕民族の魂は、彼のうちにはもはや生きていない。彼における主要な対立は、台地のイランと、オクソス川の北にあってカスピ海にまで至る土地であるトゥーラーンとの対立である。この地域が彼の主たる〔活動〕地点である。ところで、彼の物語る出来事や行為は、現実にそこで起こったか、あるいはその周辺が彼にはただなじみだったのかもしれない。〔そして、後者の場合には〕こうした周辺地域のことが、彼にはただ眼前に思い浮かんだだけのことである。彼の出身地は、メディアの東方、オクソス川の谷に下っていく山岳地帯のホラーサーンである。太陽の昇る国であるこのホラーサーンを支配していたのはガズナ朝で、その人民がトゥーラーン人と戦ったのだった。この国のスルタンは、このホラーサーンから出征した。フェルドウスィーの想像力にとって、また彼が生きていた王朝にとって、この地域は最も重要であり、だからこそ彼はこの地域を彼の物語の源泉にしえたのである。ヨハネス・フォン・ミュラーも、こうした伝説で苦労して、それらを厳密に年代順に整理しようとしながら、それでも前述したことからも理解できるように、成果なく無駄に終わっている。

ところで、フェルドウスィーと東洋人が〔ペルシアの〕歴史をどのように取り扱っているかを、われわれが別のところから知る歴史に照らして見ることができる。アレクサンドロス〔大王〕の痕跡は、インドではまったく発見されたことがない。［しかし］アレクサンドロスは、例えば前方アジア〔近東〕ではイスカンダルとして広く知られている。ところで、われわれは歴史そのものがどれほど恣意的に扱われているかを見てみよう。フェルドウスィーは、イランの王の一人がルムのピリッポスと戦って打ち負かし、賠償金を支払うように強いた次第を語っている。このイランの王は、それからピリッポスの娘を娶ったが、その娘は口臭がしたので追い払った。そこで、この娘は父親のもとでイスカンダルを産んだのだという。このようにして、アレクサンドロスはペルシアの王の先祖として示されるわけである。同じようにまた、イスカンダルの行いが冒険あふれるものとして描かれている。

今や登場する民族は、メディア人である。彼らの土地は、一部はカスピ海の南に、一部は南西方向にあって、〔北は〕カスピ海に、また〔南は〕ティグリス川に向かって傾斜している山岳の高地にある。われわれが見るのは、メディア人が古い時代には闘争のうちにあったこと、すなわちアルメニア人、シリア人、バクトリア人、サルト人*、オクソス川の北の平原の、かつてトゥーラーン人と呼ばれていた居住民との戦いのうちにあったことである。メディア人のもとにはマギがいる。現在のハマダーン地方に、エクバタナ*が首都として定められていた。メディア〔王国〕は、一部にはサルダナパロス*に対する反乱の先頭に立ったアルバケスに関して言及されるし、また一部にはデイオケスに関して、都市の建設や、法律の制定や、また王の選出を最初に促し、彼もまた選出されたことがヘロドトスによって言及されている。われわれがメディア人に見る主要な事柄は、山岳民族としての彼らにおいて、形成の時代がバクトリア人やバビロニア人に遅れをとってしまった、ということである。山岳民族であるメディア人も主要な民族の一つではある。

＊サルト人　中央アジアにおけるイラン系やトゥルク系のオアシス定住民の総称。　＊エクバタナ　メディア王国の首都。ヘロドトス（『歴史』一・九六―九九）によると、初代国王デイオケスは丘の上に宮殿とそれを囲む城壁を造らせ、その外周に人民を住まわせたという。　＊デイオケス　ヘロドトス（同所）によると、人々はデイオケスを王に推薦し、彼もそれを受け入れて、エクバタナを首都にしてメディア王国を建国したとされる。

別の側面にあるのがカルデア・バビロニア王国＊〔新バビロニア王国〕で、それはカルデア人がバビロニア人と合体した王国として登場する。カルデア人は、一部では山岳地帯にとどまっている〔かぎりでは〕山岳民族として現れるが、一部ではバビロニアにおける支配的な民族として現れる。『キュロスの教育』＊でも、ティグラネスはカルデア人のことを山岳民族としてキュロス〔二世〕に紹介しており、〔それに基づいて〕キュロスはカルデア人と関わり、また〔カルデア人を〕同盟者としている。われわれは、ユダヤ人を介して、このようなカルデア人のバビロニアのうちに、とりわけその偉大な発展の状況を知っている。〔ユダヤ人の〕ダニエル＊その人はバビロンの総督だったし、彼の定めた施設が大規模な事業組織の存在を証明している。われわれはまた〔カルデア人のうちに〕マギの多様な種類を見出すのであって、それは一部にはヒエログリフのような文書の解読者であり、また［一部には］占星術師であり、占い師でもある。そのようにカルデア人はまた占い師の特別な部類を形成している。この王国は、その通商活動や警察の指令や星辰の観察によって、その当時よく知られるようになっていた。それでも、彼らが占星術において、長期にわたる綿密な〔天体〕観察によって得られる以上の知識をもっていなかったことは間違いない。初代の王であるナボポラッサル*の年代計算法は有名である。しかし、その計算法が確かに人民の使用するところにまでは至っていなかったこと、そしてのちに歴史記述家のためのものになったことは信じることができる。それ以外でも、この王国は近東に形成された主要な王国の一つではある。

＊カルデア・バビロニア王国　メソポタミア南東部のカルデアと呼ばれた地域にセム系遊牧民が定住して前六二五年にバビロンを首都に建国した王国（～前五三九年）。新バビロニア王国ともカルデア王国とも呼ばれる。　＊『キュロスの教育』　古代ギリシアの著述家クセノポンによるキュロス二世の生涯を描いた物語。　＊ダニエル　『旧約聖書』「ダニエル書」で伝えられるユダヤ人。新バビロニア王国の第二代の王ネブカドネザル二世に選ばれて、バビロン総督に任命された。　＊ナボポラッサル　アッシリアの支配下にあったカルデアから反乱を起こしてバビロンに入城し、新バビロニア王国の初代の王（在位前六二五―六〇五年）となった。

〔ペルシア帝国の歴史と国家体制〕

ペルシア帝国の諸契機を考察した今、われわれはキュロス*〔二世〕がこのペルシア帝国をいかにして統合したのかを考察しなければならない。ペルシア帝国はキュロスによって創建されたが、彼はペルシアのアケメネス家出身のペルシア人であり、またメディア王家とも血縁関係にある。この帝国の東の境界を、われわれは知らない。〔キュロスの他に〕なおまた、スーサ*から王が現れるが、その王はバビロニアの側にいたことになる。

＊キュロス　メディア王国の王アステュアゲスの娘マンダネとペルシア王国の王カンビュセス一世との間の息子。アケメネス朝の初代国王キュロス二世（在位前五五九—五三〇年）。エジプトを除く古代オリエント諸国を統合して大帝国を築いた。　＊スーサ　イラン高原の南西部に位置する都市。この都市を中心にエラム王国が栄えたが、前五三九年にアケメネス朝ペルシア帝国の支配下に入った。

キュロスが行った第一のことは、メディア王国の支配者になったことである。ヘロドトスによれば、この王国の王〔アステュアゲス〕はキュロスの祖父だったが、この祖父をキュロスは打ち破ることになったのである。メディア人は、ペルシア人と同じように山岳民族であり、その当時はまだ粗野で、教養を形成するまでには進んでいなかった。アステュアゲスの物語のうちに、きわめて冷酷な性向が見出される。彼は例えばスキタイ人を使っていたが、このスキタイ人が鳥獣の肉を見つけることができなかった時には、猟の獲物の代わりにその猟師の子供を殺して、その人肉を王であるアステュアゲスに供したという。別の場面で語られているのは、この王が〔臣下の〕ハルパゴス*の息子を殺して、この父親に〔息子の人肉を〕料理して出させた、というものである。それも、ハルパゴスが〔赤子の〕キュロスの命を救った、というのが理由である。このことに対する復讐のため、ハルパゴスは〔アステュアゲスを〕征服する軍隊をキュロスに差し出したという。このように、われわれは〔アステュアゲスの〕それほどまでに冷酷な性向を見出すのである。

＊ハルパゴス　ヘロドトス『歴史』一・一〇八―一二九に登場する王アステュアゲスの腹心の臣下。

キュロスの第二の征服は、クロイソス*を討伐することであった。ヘロドトス〔『歴史』一・七三以下〕が語るには、自らの〔メディア〕王国がハリュス川*まで達していたアステュアゲスは〔リュディア王国の〕クロイソスの妹と結婚しており、そのこともあってクロイソスがアステュアゲスの救援に駆けつけ、そのためクロイソスは〔キュロスによって〕戦いを挑まれたという。クロイソスは、かつてメディア人と戦っていて、五年間の戦いのあと、それに続いて和平を締結した。その条件が、バビロンの王〔ラビュネトス〕によって仲介されたこの結婚である。このように、われわれは、かの諸王国間の外交上の連関を見るのである。戦いの〔詳*しい〕歴史は省略してもよかろう。〔結局〕キュロスは〔リュディア王国の〕サルディスを征服し、それからというもの、ペルシア人はその〔領土の〕豊富さから見ても豊かになった。そのことによって、ペルシア人はようやく生活の便利さというものを知ることになったはずである。それから、キュロスは小アジアの海岸地帯をも服属させ、ギリシアの多くの植民都市を征服した。こうしたイオニアのギリシア人に新たな故郷を求めて航海に出るよう、ビアス*が助言したはずである。しかし、彼らは祖国〔イオニア〕をあとにする勇気を示すことはなかった。ペルシア人は、こうした征服によって、ギリシア人と接触することになったのである。

*クロイソス　前七世紀から前六世紀にかけて小アジアに栄えたリュディア王国の最後の王。キュロスとの戦いで敗北し、リュディア王国は前五四六年に滅亡した。クロイソスは捕虜になったが、キュロスに命を助けられ、その後はキュロスの参謀役として仕えた。*ハリュス川　小アジアを流れる川〔現在のクズルウルマク川〕。かつてリュディア王国とメディア王国がこの川を挟んで戦ったが、和平を結んでこの川を国境とした。*サルディス　小アジア西部に位置するリュディア王国の首都として栄え、王国滅亡後はアケメネス朝ペルシアの太守が置かれた。*ビアス「ギリシア七賢人」の一人。ヘロドトス『歴史』一・一七〇によると、イオニア人にサルディニア島に移って全イオニア人の町を建設することを勧告したという。

キュロスの第三の戦いは、〔西方は〕バビロンから地中海にまで至るシリアを征服することであった。最後は、キュロスは〔東方で〕マッサゲタイ人*や、ペルシア人の言い伝えでトゥーラーンを意味するオクソス川の向こう側でスキタイ民族*と〔戦った〕ということであった。ここ〔マッサゲタイ〕でキュロスは死んだ、とヘロドトス〔『歴史』一・二一四〕は語っている。さらに彼が語るには、マッサゲタイ人は金と銅には夢中だが、銀と鉄にはそうでもないという。バルト海沿岸の巨人塚にも鉄は見出されず、「むしろ」銅だけが見出されるが、それはマッサゲタイ人にとっても同様である。キュロスはマッサゲタイ人との戦いの中で死んだ。このように、彼は統合した前方アジアを支配下に置くという自らの使命をもって死んだのであり、それ以上の目的があったわけではない。彼が行ったのは西方を経由しての前方アジアの諸民族の統合であった。こうした統合には、政治的かつ宗教的な意味以上のものはない。

＊マッサゲタイ人　前六世紀から前一世紀にカスピ海東側の中央アジア平原で活動した遊牧民。女王トリュミスの軍は、キュロス率いるペルシア軍の攻撃を打ち破った（前五三〇年）。＊スキタイ民族　前七世紀から前三世紀にパミール高原西部から黒海北側にかけて活動した遊牧騎馬民族の総称。

われわれは、次のようなペルシア帝国の特徴を強調しなければならない。その帝国は、一つの形態であるよりも、むしろ多くの部族が一つの結び目で結合したものである。それは一種の自由な諸民族連合とも言うべき固有のものであり、一つの中心点において、すべての〔諸民族の〕輝きが反射しているようなものである。それは同じ習俗や法律から成る政治的な全体ではなく、多くの諸民族がそれぞれの本来の個性のままとどまっている。諸民族は、すべてそれぞれの特性を保持していて、一つの全体に統合されることはなかった。この帝国の傑出したところは、まさにそれぞれの部分が、例えばユダヤ人にも見られるように、それに固有の形態を許容されているということ、またこうした諸民族がただ一点に集まっているにすぎないということである。キュロスは〔バビロン捕囚から解放して〕ユダヤ人に彼ら自らの民族生活を再建することを許容したし、またこのように〔民族の〕個性を許容することこそがキュロスの偉大さをなすものである。〔各民族の〕王たちは、一部にはその部族支配を維持したし、それどころかキュロスの贈り物は彼らの領土を拡大することでもあった。これ以上多くの諸民族の特性にまでは、われわれはほとんど目を向けることができない。

しかし、ユダヤ人や他の民族についてわれわれが見るのは、それらの民族が硬直した個性にとらわれていて自らを普遍的な思想や法律に一体化させることができず、むしろそれらの民族すべてが自分たちの完全に定まった本性を固守している、ということである。それでも、それら諸民族は、それぞれに孤立した状態にあったわけではなく、むしろ敵愾心にまで進んで、互いに相容れることのない、きわめて複雑な関係に入ることにもなる。そこでペルシアの強固な力だけが、それら諸民族を結び合わせ、外に向けて敵対的に動くことのないように仕向けることができたのである。われわれは、ユダヤ人の預言者の〔言葉の〕うちにユダとイスラエル両王国の争い事やエジプトなどに対する嘆きを読み取れば、預言者たちが他の民族に対してそのような憎しみをいかにしてもつようになりえたかを容易に理解することができる。このことからわれわれが学ぶのは、キュロスによる〔ペルシア帝国の〕統合が前方アジアにとっていかに有益なものになったか、ということである。のちにわれわれはこうした強固な力の代わりにイスラーム教の狂信が現れるのを見ることになるが、その狂信はあらゆる個体性の完全な破壊というまったく反対のものをもたらすことになった。ローマ人やギリシア人もまた、これら諸民族に対して同じように外からの力としては優勢ではあった。しかし、イスラーム的な狂信は、前方アジアそのものから生じながら、これら諸民族の個性をすべて破壊し、あらゆる区別を抹殺する、というものであった。その原理は、そこではあらゆるものが同等でありながら、しかし同時に政治的な関係を形成する能力がないことを示すものでもある。こうして、前方アジアの唯一の理性的な関係は、自分自身を破壊することのないよう、これら諸民族が〔ペルシア帝国の〕強固な力によって〔統合へと〕強いられた、ということであった。

ところで、ペルシア的な支配のより詳しい事情に関しては、われわれはペルシア人を無教養な山岳民族として理解している。ペルシア人は自分にとってよそ者である他の諸民族を支配する中核をなして、かつまたそれら諸民族と融合することなく、むしろ支配を自らしっかりと保持していた。谷間のほうに自ら降りていったペルシア人は、ただ一方の脚では谷間に立ちながら、別の脚では山岳に立っている。それと同じように、今日でもなお満州族は中国内で確かに支配はしているが、それでも自らを引き止めて、いつでもなお戦う民族であり続けている。そして、皇帝は毎年しばらくの間は長城の向こう側に行って、野生動物の猟に夢中になるなどして、自らの騎兵たちと天幕の中で生活をともにしている。インドでもまた、そうしたことがある。イギリス人はインドで支配はしているものの、それでも自らを元気づけてインド的な原理に染まらないように、すなわちその原理によって自分たちが被支配民族の原理に落ち込まないように、よその土地でも自分たちの根をしっかりと維持している。そうして、ペルシア人は、こうした固有性のうちで自らを保持するために、〔最後は〕もちこたえることがなかったとしても、しばらくの間は力を尽くしたのである。われわれがペルシア人に見るのは、自立性、勇敢さ、自由、一定の奔放さと偉大さ、ある野生のもとにのみ生じうる習俗としての心的態度といったものである。〔しかし〕その野生が基礎になってはいても、生活の特殊性が崩壊した場合には、その野生も〔諸民族の〕より大きな多様性のもとで弱々しい柔軟性のうちへと溶け込んでしまう。このように、ペルシア人は本来は自らを保持しようと努力した。その国家体制は、多くの異なる諸民族が関連し合う中での単一性だったのである。

ペルシアの王は、有力者たちによって取り巻かれ、またマギたちによって教育され、ギリシア人によって大王と呼ばれて、教養を身につけ、学問的に教育された上で頂点に立った。彼は早くから宦官によって養育され、七歳になると、あらゆる身体技能を一七歳になるまでに教え込まれ、戦闘行動にも目覚めさせられた。それから、彼は四人の教師をあてがわれ、そのうちの一人は賢者であり、王にゾロアスターの教説を教えた。すでに前に述べたように、ゼンド文書の市民的かつ宗教的な掟は、教養を身につけた世界民族のもとでは維持されえなかった。われわれが王たちのまわりに見るのは、たいていはペルシア人の帝国の有力者たちである。彼らの行政機構のうちには、〔ゾロアスター教の〕光の国が模倣されている痕跡が見られる。というのも、ゼンド民族が七人のアムシャ・スプンタを崇拝していたように、ペルシア帝国の有力者や裁判官について語られる場合には七という数字が読み取られ、そうして王はいわばオフルマズドに喩えられもするからである。しかし、このようなイメージのより明確な形成が歴史的に跡づけされることはない。

　ペルシアの有力者たちは愛国的な態度を歴史的に示し、そうして帝国の保持こそが利己心や自分だけの利益よりも高い関心事であった。陰謀は、むしろ血筋の王子たちのもとに生じるものである。マギたちがカンビュセス*〔二世〕の死後に王位を奪って、しばらくの間、〔帝国を〕支配したことがある。しかし、帝国の有力者たちは、アケメネス家を王位に据え、ペルシアの王朝を保持するために結束した。帝国を保持するという帝国の思想こそが彼らの関心事であった。マギたちの追放のあとにわれわれが見るのは、ヘロドトス〔『歴史』三・八四―八六〕が描写しているように、誰も自分だけのためにあくせくすることのない帝国にとって、どのような国家体制が最良であるか、という熱のこもった協議が有力者たちの間で行われた、ということである。彼らが君主政体に決めたあと、〔王の〕選定の決定は、朝日に向かっていなないた馬の主が王たるべし、とされた。われわれが見るところでは、これらの有力者には軍隊の指揮官が一五〇〇人もしっかりとついている。これらの有力者と王を支えるために、すべてのサトラップ*〔太守〕が四ヵ月分〔の税〕を調達することによって、各属州は税を納めた。クセノポンが語るところによると、王〔キュロス〕はある祝祭において騎士全員の先頭で王の城から行進してきたという。さらにクセノポンは、キュロスが自らの軍隊に完璧な軍規と厳格な服従の規律を示したことなど、多くを語っている。クセノポンの『キュロスの教育』は確かに〔一つの〕小説ではあるが、それでもその一般に認められた筆致は確実に真実のものである。征服された部族はサトラップによって統治されたが、こうした統治は、諸民族すべてがそれら固有の習俗のまま存続していたことによって、むしろ普遍的な監督だったようにも思われるのである。

＊カンビュセス　キュロス二世の息子で、アケメネス朝ペルシアの第二代の王カンビュセス二世（在位前五三〇―五二二年）。王位奪取を恐れて弟のスメルディスを殺害したが、マギの謀反によって自害した。
＊サトラップ　ペルシア帝国統治下の属州の行政長官。「太守」や「総督」と訳される。

ペルシアの王は、あらゆる所有物の主とみなされた。王が到来するところ、貢ぎ物はすべてが王に属す印として王に献上され、またそのすべてがただ王の許可によるものとされた。しかも、ペルシアそのもののうちでは、王は贈り物を分け与えた。こうした統治のもとで、多くの諸個人が莫大な富を手にするということが見られた。〔ペルシア帝国内の〕すべての人々は、王やサトラップに決められたものを納めなければならなかった。それで、クセルクセス〔一世〕はギリシアから土地と水を要求した。属州は租税として、アラビアが乳香、テイルスが紫衣《しえ》などというように最も高価なものだけを納めた。それぞれの属州が、それぞれに最も卓越したものを王に献上したのである。

さて、このように、われわれはペルシア帝国を、ペルシア民族を盟主とする多くの諸民族の統合として理解する。そうして、われわれは諸民族のこうした多様性がギリシアに対する戦い〔ペルシア戦争〕に巻き込まれるのを見ることになる。それは〔ペルシア帝国の軍隊が〕その固有性に従って連隊に分けられるというのではなく、むしろ〔軍隊の〕算定、服装、武器、軍規、ふるまい方など、それぞれに諸部族に由来して異なっている、ということである。そのような〔軍隊の〕行軍は、さながら民族移動のようで、ヘロドトスもまた語っているように、故郷で一緒に住んでいた戦士たちは戦いの中でもそのままでありたいと望んでいた、というわけである。われわれの見るところ、〔ペルシア帝国の軍隊は〕東部の後方アジアはしっかりとして閉鎖的だが、それに対してアジアの西部では開けっぴろげで、それぞれに特殊な個性に分散している。われわれの見るところ、このような〔異なる〕諸部族がペルシア帝国のもとでようやく一つに統合され、そうしてそれぞれの個性が敵対的になることはなかった。純粋なものとしての光の崇拝者であるペルシア人は、憎しみや敵対的な特殊性に縛られることなく、寛大で、全体を越えて浮遊していたと言える。

カンビュセス〔二世〕に対立したダレイオス・ヒュスタスペスについては、ヘロドトスの『歴史』から、ペルシア人がこのような寛大さについての意識をもっていたことが明らかになる。ヘロドトスは、ダレイオス・ヒュスタスペスの名前を、彼がインド人とギリシア人をともに引き連れていたとして引き合いに出している。ダレイオスはギリシア人に、自分の死んだ両親を食べたいと思わないかどうか、尋ねてみた。そのとき、何人かが嫌悪の念をもって、あとずさりする、ということが起きた。そこで、ダレイオスは振り返り、インド人に死者を焼きたいと思うかどうか、尋ねた。そして、これらのギリシア人が他の人々〔インド人〕からすれば習慣になっている〔火葬の〕ことを嫌悪したとき、ダレイオスは誰もが自分の習俗のもとにとどまらざるをえないものだと述べたという。われわれは、今ここで、いくつもの特殊なことを見まわすことはできない。こうした特殊なことのいくつかは、むしろ人間的と呼べるような状態まで成熟することを示す、それら特殊なことのうちにある要素をもって際立たせることができる。

〔シリアと沿岸地帯〕

われわれは、さしあたって以下の要素をシリアの沿岸地帯に沿って取り上げ、そしてそのあとで四番目としてエジプトに移行することにしたい。シリアの諸要素は、フェニキアの商業活動、アスタルトとアドニス*の宗教、そしてユダヤ人の宗教である。

*アドニス　元来はフェニキア神話の植物の神だが、ギリシア神話に取り入れられて、アプロディーテに愛された美少年とされる。

フェニキアの商業活動の拠点は、たった二時間ほどの幅の狭い縁をなすフェニキアの沿岸地域にあり、その東側では背後がレバノン〔山脈〕に限界づけられ、またそのことによって、その沿岸地域は内陸部である大陸から守られている。縁をなすこのような海岸地域にはティルスなどの一連の諸都市が形成され、それら諸都市には商業活動がそれぞれの固有性と特殊性をもって生じたが、それは孤立しており、国家という全体の契機をなすものではなく、抽象的に独立したものであった。われわれはこうした商業活動が一部には国の内陸部に進んでいくのを見るが、その活動は内陸部まで及ぶ一方、紅海にも及び、それから特に地中海にまで延ばされたのである。フェニキア人は、紫衣やガラス製品などが立証しているように、非常に生産的で独創的であることが分かる。しかし、フェニキア人において最も際立って注目に値するのは、広い範囲にわたり、かつ堅実な彼らの航海である。それは地中海と大西洋を南へ北へと、またロードス島やキプロス島やタソス島*など至る所に植民地を設けるというように、地中海のあらゆる方面に向けて行われた。そこ〔タソス島〕には、金鉱山があった。さらに、サルディニア島*、スペインのマラガ*やカディス*にも、同じようにティルスを起源とする植民地があった。フェニキア人は、アフリカでも、〔地中海の〕南側にウティカ*やカルタゴ*などを築いた。カディスから出発して、フェニキア人は大西洋を、さらにはアフリカの海岸線を南に下って航海したし、それどころかアラビア海からアフリカを迂回して航海した。さらに、フェニキア人はブリタニアの島々に向かって帆走し、そこで彼らはコーンウォール*で錫《すず》を、そしてバルト海沿岸のオランダからは豪華な琥珀《こはく》を買いつけたのである。

*タソス島　エーゲ海の最奥の島。フェニキア人が最初に入植し、金鉱山を開発した。*サルディニア島　イタリア半島の西方に位置する島。前八世紀頃から、フェニキア人は島の各地に入植した。*マラガ　スペイン南部の地中海に面した港湾都市。前八世紀頃にフェニキア人によって築かれ、「マラカ」（フェニキア

語で「塩」を意味する）と呼ばれた。＊カディス　スペイン南西部の大西洋に面する港湾都市。前一一〇〇年頃に、フェニキア人によって地中海と大西洋を結ぶ交易の拠点の一つとして築かれた。＊ウティカ　現在のチュニジア北東部にあった古代港湾都市。前一一世紀頃にフェニキア人が入植した。＊カルタゴ　フェニキア人によってティルスを母市として建設され、北アフリカの地中海に面する海洋都市国家として繁栄した。第三次ポエニ戦争で陥落し（前一四六年）、ローマの属州になった。＊コーンウォール　イングランド南西端の地域。錫の産出で知られる。

このように、われわれが見るのは、自分たちのやり方で商業活動に勤《いそ》しみ、その時代に世界を発見した民族である。［そして］われわれがここに見るのは、これまでアジアの中に見ることのできなかった特徴である。すなわち、それは自らに依拠して自然に対峙する人間であり、海という最も荒々しい威力を超えて自然の克服者になるというものである。中央アジアでは人間は自分を超えた威力として自然を崇拝するにもかかわらず、しかしここ〔フェニキア〕では人間は自然に対峙して自らを守り、自然を乗り越えて自らを防御しようとする。そうして、ここに現れているのは、アジアの自然礼拝とは相容れない要素、つまりこうした自然の威力からの解放である。そうした〔自然の〕危険を自らに引き受ける人々は、ちっぽけで臆病な、また慎重で愚鈍な数多《あまた》の〔自然〕礼拝から解放されている。自らを信頼することに目覚めた精神生活によって、人間はこうした〔自然への〕依存やちっぽけな儀式にはそっぽを向くことになる。そうして、このような生活は、これまでとは異なる精神生活をなすことになるのである。

〔シリアの〕第二の要素は、宗教的な違いである。この沿岸地域では、自然が普遍的なものとしてアスタルトやキュベレ*などの名前で崇拝された。これらの神礼拝は一面ではきわめて官能的でもあれば放埒でもあるが、それでもインドの神礼拝のように死んだ冷ややかなものではなく、その祭儀でむしろ〔人々は〕熱中して熱狂的になる。インド人は没意識性のうちでのみ、すなわち没意識存在や没自然性という精神の死のうちで、より高いものへの高揚を与えられるのであって、そのことによって人間はその高揚において価値を保持するわけである。しかし、ここ〔シリア〕では、先に述べた宗教のうちに熱中の要素が現れるのが見られる。その熱中は、もちろん乱痴気騒ぎとも称されうる放埒まで行ってしまうが、しかしインド人とは対照的に、そこには敵対的なものを超えた、すなわち自己感情を温存する有限性を超えた、より高いものへの高揚があり、〔また〕その高揚はなお自己意識を保持するものだったのである。

＊キュベレ　前八世紀頃から小アジアやシリア、さらにはエーゲ海の島々に信仰が広がった大地母神。その神礼拝は、野性的な音楽と踊りとともに乱交的儀式をともなった。

これに関連して触れておくべきは、ビブロス*におけるアドニス神礼拝であり、これはキュベレやアピス〔古代エジプトの聖なる雄牛〕とも響き合っている。アドニス礼拝は二つの部分から成る。第一の要素はアドニスの死〔を悼む〕祭儀であり、第二の要素はアドニスの復活である。第一の要素は葬儀であり、そこで女性は死んだ主人や死んだ神を嘆き悲しみ、度を越えた悲嘆に身を委ねる。こうしたことはフリュギア*にも、さらにはより広くエジプトにも見られる特徴であるが、東洋の精神には縁遠いものである。インドでは、インド人は自分を苦しめても嘆くことはなく、女たちは嘆くことなくガンジス川に身を投じる。女性は苦痛もなく自らを焼き、自らを苦しめることのうちに意味を感じ取る。そして、すべては苦痛もなく、悲嘆もなく、悲嘆に無関心なまま行われる。こうした無感覚のヒロイズムの中にこそ、〔インド人の〕高揚がある。

*ビブロス　レバノンの地中海沿岸の古代都市。フェニキア人発祥の地と言われ、またアドニス祭の中心地としても知られる。*フリュギア　古代アナトリア（現在のトルコ）の中西部の地域。女神キュベレは、もともとフリュギアの山岳地域で「山の神」として信仰されていた。

悲嘆というものは、否定的なものはあるべきではない、ということを含んでいる。インド人の場合でも悲嘆には否定的なものがあるはずだから、彼らの感覚にも悲嘆に対立する〔肯定的な〕ものがあるだろう。しかも、シリアの海岸地域やフリュギアにも、またフェニキア人においても、さらにはエジプトでも、苦痛は栄誉を得ていて、またそれが許容されてもいる。ここでは、人間的な苦痛にはっきりと敬意が払われている。ここでは、最も深い苦痛は最も意味のあることなのである。その際、人間は苦痛のうちで自分自身を、自らの至福を、自らがこのものであるという自分の特殊性を、つまりは自らの現実性を感覚している。そして、人間はここでこの感覚を知り、自らこうした人間として、ここに現在していてしかるべきなのである。こうしたことが、まさに人間的なのである。苦痛は〔確かに〕否定的なものという感覚ではある。しかし、そこには同時に無限の肯定もまた含まれている。〔苦痛は〕単に抽象的な否定性ではなく、同時にむしろ、こうした否定的なものに関係する肯定的なものという自己感情である。こうして、われわれはここに、人間的に感じるということが生じているのを見るのである。

〔ユダヤ人の宗教〕

第三に触れておくべきはユダヤ人*の宗教の出現であるが、その原理はここではまだ孤立していて一面的である。その原理は、神が自然存在でもなく、感覚的なものという目に見えるものでもない、というもので、それは存在するものを観念として把握することである。

*ユダヤ人　ヘブライ人とも呼ばれる古代イスラエル人。始祖アブラハムに率いられて前二〇世紀頃から「カナンの地」（現在のイスラエル）に定住し、唯一神ヤハウェを信仰するユダヤ教を形成した。

ユダヤ人の神は、ただ観念にとってあるにすぎない。ペルシア人にとっての光は、ここで観念にまで開花して、完全に精神化されたものの、しかしまだ抽象的でしかない。人は観念の原理をインド人のあの宇宙霊のうちに、すなわちインド人が自ら〔一体化して〕それになるブラフマンのうちに再認したいと思うこともありえよう。しかし、気づかれるのは、ブラフマンが最初のものとしてただ存在する物質的な基礎である、ということである。その内容をなすのは、観念そのものではなく、むしろ存在する普遍的な実体性であり、普遍的な自然存在なのである。インド人がそれに自らを高めるブラフマンは、彼らによって崇拝されているわけではなく、むしろ自らに集中して空虚な直観に至り着くインド人自身なのである。そのようにインド人がブラフマンを崇拝するのだとすれば、彼らは自分自身を崇拝していることになろう。というのも、彼らにとって、このように〔自らを〕抽象へと高めることこそが、ブラフマン〔そのもの〕だからである。しかし、ユダヤ人の宗教においては、神が捉えられる純粋な観念は――とはいっても、本質的には客観的なのであるが――、その純粋さのうちで、人間の側からの崇拝の対象であり、観念の神である。そして、そのように人間は、こうした対象への関係をもって、なおもそれに肯定的に関係し、その関係のうちで自分自身を保持するわけである。それに対して、インド人は、観念に関係しながらも、その沈潜のうちで自らを断念し、自分自身を空虚にしてしまうのである。

こうして、ここに〔ユダヤ人の宗教において〕、東洋的な原理を転換する契機、すなわち自然から精神に転換する契機が始まることになる。東洋人は、自然こそが基礎であり、最初のものであり、また永遠のものである、と言うが、そのような自然から彼らはそれ以上のものに到達している。ところが、われわれが今ここに見るのは、ユダヤ人においては逆に精神的なものが最初に基礎としてある、ということである。しかし、この〔ユダヤ人の〕宗教は、その精神性という原理にその普遍性を付与するにはまだ至っていない。精神的なものはまだ自由な観念ではなく、むしろその観念は〔ユダヤ人の〕地域性と結びついている。それは単に抽象的な〔神の〕観念であって、いまだ具体的なものではない。というのも、その観念は、その抽象作用以外には、ただユダヤ民族だけの神でしかないからである。われわれが以上の三つの要素のうちに見るのは、人間が自然を超えて高まることであり、自然の要素を自らのために使用することであり、〔それから〕抽象的なものとしての純粋な観念が承認され、そして苦痛がそれに値する契機を受け取ることである。それは新たな自己意識という契機であって、そこにあるのは、人間がまったく新しい別の課題を解決するために自らに用意する、ということである。こうした課題を解決することが〔課された〕国として、エジプトが考察されなければならない。

〔第四章〕エジプト

〔概観〕

ところで、こうした課題の解決は、この〔エジプトの〕民族の個性のうちで謎が立てられはするけれども、その謎が解決されることはないように思われる。東方では概して竜やケンタウロスや巨人が想起されるように、エジプトではさしあたってスピンクス*のイメージが思い浮かべられうる。東洋では、一般に形態の歪みが重要であった。スピンクスはもちろんエジプトの象徴で、この二重の形態は半分が動物で、半分が人間であり、そしてそれは確かに女性である。それは動物的なものから自らを引き剝がし、自らを動物から解き放って、すでに自分に目を向けるようになった人間的な精神である。それでも、その精神は自分を完全に把握しているわけではなく、いまだ自由であるわけでもなく、自らの脚で立っているわけでもない。

＊スピンクス　古代エジプトの王の頭部とライオンの身体が合体した聖なる石像。古王国時代のギザの大スピンクスが有名。女性や聖獣の頭部をもつものも見られる。

迷宮のようなエジプトの巨大建築は、半分は地上に出て、半分は地中に隠れている。王国全体が生の国と死の国に区分され、〔死の国は〕アメンテス*に奉献されている。そこにはメムノンの巨像*が建てられているが、それは朝日があたって音を響かせる像である。メムノンは輝く朝焼けの中で響き始める。しかし、それはまだ自分自身から鳴り響く精神の自由な光ではなく、像から音が響くだけのことである。〔精神の自由な光ではない〕というのも、エジプトの言葉はいまだなおヒエログリフ*であって、まだ言葉そのものとしての文字ではないからである。われわれがその文字を理解するのは、それをただヒエログリフとして捉える場合だけである。そして、そもそもエジプトに特有の性格は、謎であるスピンクスやヒエログリフである。エジプトは、不思議の国として現れ、かつ不思議の国のままであり続けている。

＊アメンテス　古代エジプト神話で「ドゥアト」とも呼ばれる冥界のこと。オシリス神が司るとされる。
＊メムノンの巨像　ルクソールにあるアメンホテプ三世神殿の入口に建つ巨像のこと。夜明けにうめき声のような音を発することから、トロイア戦争で討たれたメムノンが母親を慕って泣く声とも伝えられる。
＊ヒエログリフ　古代エジプトの神聖文字のこと。一七九九年に発見されたロゼッタストーンを手がかりにして、一八二二年九月のシャンポリオンによるパリ学士院での報告によって解読の基礎が築かれた。

ヘロドトスは、エジプトですべてを見てまわったし、エジプトの神官たちとも知り合いだったが、それでもエジプトの深い宗教的なことについては何も語っていない。ディオドロスも、アウグストゥスの時代に、同じようにエジプトを訪れている。ディオドロスは、われわれにエジプトの宗教について多くの情報を提供してくれている。しかし、古代において、こうした知識やそれが教えられる可能性があったにもかかわらず、エジプトの宗教についてのディオドロスの情報に対しては、対立し、矛盾し合うイメージがすでにあった。近代においては、この二五年来、われわれにとって、この国は〔エジプト遠征を行った〕フランス人によって改めて再発見され、解明されて、新たな叙述が次々と提供されてきた。しかし、われわれにはなお、より深い発見に至る鍵が欠けている。そして、この鍵はエジプトの言語作品〔ヒエログリフ〕であるが、しかしわれわれはそのような言語作品を持ち合わせていない。

エジプト人は、言語で書かれた書物をもたず、一部にはただヒエログリフで、あるいは彫像という形や建築術の作品によって表現することは知っていたが、〔表音〕文字言語のような記号はもっていなかった。そのことはたまたまのことであるようにも思われるが、しかしエジプト人の観点からすると相応なことである。精神を表す記号は、ここではなお直接性のうちにある。歴史記述家がエジプト人のホメロス〔のような詩人〕や劇作家に言及することはない。ヘロドトスやディオドロスは、エジプトに滞在はしていたけれども、〔エジプト人の〕書物については何も伝えていない。のちにエジプトの王の指示でヘブライ語の聖書がアレクサンドリアで翻訳されてからも、エジプト人はギリシア語の作品に頼っていた。エジプト人の書いた文字作品が言及されたためしはない。確かにプトレマイオス*〔一世〕は神官のマネト*にエジプトの歴史を書くように依頼し、そしてそれが『エジプト誌』として実現はした。しかし、遺っているのは、ただ〔歴代王の〕一覧だけであり、国民的な作品になりえたであろう著作ではなかったように思われる。こうして、エジプト人の精神が表現されているような固有の言語作品［はなく］、あったのは外国語のものだけである。そうして、われわれは外国人の報告を基にして、また建築術の無言の作品から、エジプト人の生活を推定せざるをえないのである。

＊プトレマイオス　プトレマイオス一世。マケドニア王国の貴族の子として生まれ、アレクサンドロス大王に仕えた。大王の死後、エジプトのプトレマイオス朝初代ファラオ（在位前三〇五―二八二年）となった。

＊マネト　プトレマイオス朝の神官の代表で歴史家。古代ギリシア語の『エジプト誌』全三巻を著したが、失われ、断片が引用されて知られるのみである。

歴史上の主要な契機に関しては、エジプトのペルシア帝国への関係に言及しなければならない。エジプト人が服従したのは、キュロス〔二世〕ではなくカンビュセスである。われわれは、その服従のきっかけについて、ヘロドトスの報告〔『歴史』三・一〕に従って次のように述べることができる。ヘロドトスが物語るには、〔ペルシアの〕カンビュセスは、あるエジプトの眼医者に促されて――というのも、エジプトでは眼病がよくあったので――アマシス*〔二世〕の娘を妻に所望したという。この眼医者は、アマシスが他でもなく自分を他国

〔ペルシア〕のキュロスのもとに遣わしたことへの仕返しから、カンビュセスをそそのかしたのである。アマシスは恐怖からこれを断るわけにはいかないと思い、それで自分の娘をあえてカンビュセスに与えないわけにはいかなかった。それでも、アマシスはカンビュセスが自分の娘を妾にしかねないのではないかと心配であった。そのため、アマシスは彼自身が王位を失脚させた先王〔アプリエス〕の娘を〔カンビュセスのもとに〕送り出したのである。このような計略は、エジプト王のなす特色と見られる。カンビュセスのもとに到着したこの娘は計略をばらし、その憤慨した者〔カンビュセス〕は宣戦を布告した。そして、カンビュセスはアマシス（彼はこの間に死んでしまった）の息子であるプサメティコス*〔三世〕をいくつかの戦闘で打ち破った。ヘロドトスは、こうした機会に、人の心を打ついくつかの事の成り行きを物語っている。カンビュセスは、その結果、プサメティコスの最も気品のある娘に水汲みのような卑しい仕事をするように命じ、そして同時に幾人かの人物に〔プサメティコス〕王を監視するよう委ねた。その際、プサメティコスはあらゆる辱《はずかし》めにも、またカンビュセスによって死刑を宣告された自分の息子についても冷静を保ったままだったという。しかし、ついにプサメティコスは、彼の父親の友人で死にそうな老人のことで、わっと泣き出したという。このことがカンビュセスの注意を引き、彼が〔プサメティコス〕王に事の次第を問うたところ、この王は次のように答えたという。自分の娘や息子のあのような不幸は、あまりに大きく、つらすぎて身体が硬直してしまったが、最後のより小さな不幸には人間的に同情して泣き出してしまったのだという。カンビュセスはただちにプサメティコスの息子の死刑執行を取り消してやめさせようとしたが、しかし死刑執行はすでに行われていた。そこで、カンビュセスは王に娘を返し、王と娘の名誉を回復した。この王が立腹することがなかったら、カンビュセスはこの王を再び統治の座につけたことであろう。キュロス〔二世〕もクロイソスに対して同じようにふるまったのであり、カンビュセスがエジプトの王を自分のもとにとどめておいたとすれば、その王はそれにふさわしいものになっていたであろう。こうした事の成り行きは、ペルシア人の性格を証明するものとして興味深いものである。

＊アマシス　エジプト第二六王朝（前六六四―五二五年）の王アマシス二世（在位前五七〇―五二六年）。イアフメス二世とも称される。カンビュセスによるエジプト遠征を前に没した。＊プサメティコス　エジプト第二六王朝の最後の王プサメティコス三世（在位前五二六―五二五年）。カンビュセスのペルシア軍との戦いに敗北して、王朝は終焉した。

〔エジプトの歴史の成り行き〕

エジプトのより古い歴史について、主要な契機だけ〔を述べておこう〕。エジプトのより古い歴史に関して指摘しておくべきは、その歴史がきわめて高い水準にまで達している、ということである。神官がヘロドトスに、エジプト人は最古の民族であり、最初の人間である、と断言したというのは、よく知られたことである。〔エジプト人の〕生活の最高度の共同性は、歴史上のことであり、また実際にありえたことである。ナイル川の上流に確かに歴史的に最初の国家が現れたのであり、それは最初の国家形成である。上流にあるテーベ*は共同生活が現れた最古の地点である。時の経過とともに交易はさらに中エジプトに移り、そうしてナイル川が支流に分かれるところで、メンフィス*が本拠地になった。のちに本拠地はサイス*に向かってデルタ地帯に移された。このように、ナイル川の上流域から下流域への移動は最初の歴史的な成り行きである。ローマ時代に本拠地は再び〔上流の〕ヘルモポリス*に移され、ハドリアヌス帝はそこにアンティノウス*を記念してアンティノウポリスを建設した。

***テーベ**　ナイル川上流の上エジプトに位置する古代エジプトの宗教都市。太陽神アメン・ラーを祀るカルナック神殿やルクソール神殿がある。　***メンフィス**　下エジプトに位置するエジプト古王国の王朝（第三〜第六王朝）の都。商業・貿易の中心都市としても繁栄した。　***サイス**　ナイル川河口のデルタ地帯に位置する古代エジプトの都市。女神ネイトを守護神とし、第二四王朝と第二六王朝の都が置かれた。　***ヘルモポリス**　上エジプトに位置する古代エジプトの宗教都市。トト神の崇拝地として知られ、古代ギリシア・ローマ時代に栄えた。　***アンティノウス**　ローマ皇帝ハドリアヌスの寵愛を受けた男性（一一〇頃―一三〇年）。若くしてナイル川で溺死した。

第二の歴史的な成り行きは、エジプトがある時はいくつかの統治（州）に分裂し、またある時は一つの統治に統合された、というものである。セソストリス*は紀元前一四〇〇年に初めて諸州すべてを統合したはずで、第二の統合はプサメティコス*〔一世〕に帰せられる。分裂の場合には、ヘロドトスが述べているように、諸州がそれ以前の分散化においてもなお共同の結びつきを主張しようとし、そのため中エジプトでエジプト西方の谷間にあるメロエ湖に迷宮*が建造された、というわけである。

*プサメティコス　エジプト第二六王朝の初代の王プサメティコス一世。アッシリア帝国の支配から脱してサイスを拠点に下エジプトを統治するとともに、上エジプトも統合した。　*迷宮　ヘロドトスの『歴史』二・一四八によれば、一二に区分されたエジプトの一二人の王の友好協定を記念して建てられたとされる巨大な建造物。

第三の主たる成り行きは、初期に見出される王であるファラオと、それに結びついた神官の両者が〔ある時には〕一つに結びつき、〔また別の時には〕引き離されて区別される、といったことである。

祭司国家とか祭司団というイメージは今の時代には好まれるもので、その場合には高位聖職者が同時に総司令官でもある、などといった具合である。〔しかし〕こうしたことは空虚なイメージである。エジプトでは、歴史的に聖職者は明確だし、それと並んで王もまた明確である。というのも、現実の国家は本質的にいつも同時に世俗的な国家だからである。宗教上の職と王としての〔世俗的な〕職は異なっていて、分離されなければならない。個人は同じ個人でありえても、それでも〔職としては〕概念に従って分離している。

このように、歴史的にエジプトでは聖職者と王の両者が国家のうちで一つに結びついているのがしばしば見られるが、しかしまた時折、対立のうちにあって完全に分離しているのも見られる。最も高いピラミッドを建てた王であるケオプス*〔クフ王〕やカフラー*は、神官たちの邪魔立てをし、聖職者の敵であった。そこで、神官たちは自分たちを抑圧しているに違いないと考えた王に対抗して、エチオピア人に助けを求め、〔そして〕神官がもう一度、また主導権を獲得した。こうした神官が自ら王になったことがあったが、メロエ*に向けて退却するように戦士階級に強要したのは、まさにそのような神官王である。神官と王のこうした両面を指摘しておかなければならない。

＊ケオプス　古代エジプト第四王朝（前二六一三頃―二四九四年頃）の第二代のクフ王で、ギリシア名がケオプス。ギザ最大のピラミッドで知られる。＊カフラー　古代エジプト第四王朝の第四代の王。ギザで二番目に大きいピラミッドで知られる。＊メロエ　ナイル川上流の都市。前六世紀以降、鉄器製造の中心地となり、アフリカ黒人によるメロエ王国の首都として繁栄した。

第四は、エジプト人が全体として外国に対しては自らを閉ざして保持した、ということである。

古い言い伝え〔ヘロドトス『歴史』二・一〇二―一〇四〕はアジアに向かったセソストリスの大行軍について語っているし、〔また〕セソストリスについて彼がアジアで放浪したことが確かに言われてはいる。このことが歴史的に真実だとしても、またテーベの浮彫がこれに関係しているとしても、それでもそれは古代に属することである。そして、このようなずっと以前のことは、もはや影響が存続しているわけではないし、何らかの痕跡を残しているわけでもない。

エジプトは、のちの時代にも海軍力を保有しなかったし、外国人に対しては海の側から自国を閉ざした。こうした隔絶した関係が、長い間エジプト人の生活の根本的特質をなしていた。そして、エジプト国家は、その歴史の最後の時期になって、ようやく外国人や他の諸民族とのつながりをもつようになり、その時代から歴史もまたより明確になってくる。

この時期は〔ペルシア帝国の〕カンビュセス〔二世〕による征服に先立つおよそ一二〇年前に属しており、その征服によってエジプトは没落することになった。とりわけプサメティコス〔一世〕は、首都をサイスに移し、多くの諸国を統合して、外に向かって他の諸民族と結びついた。これら諸民族は一部はギリシア人であり、また一部は小アジアのカリア人*で、彼らは頻繁に〔エジプトに〕移ってきて三万人にも達し、エジプトの軍隊の基本的な構成部分をなしたほどである。シリア人、ユダヤ人、バビロニア人との戦いも、この時期に属している。しかし、このような戦いについては、歴史上の情報から見ても、ほとんどその意義を理解することはできない。このあとの王たちは、特にまたキュレネ*と戦った。南アフリカやヒクソス*との別の関係は、むしろ一時的なもので、より古い時代に属しており、一部は取るに足らないものである。

＊カリア人　小アジア南西部の沿岸地域カリアの先住民。プサメティコス一世は、カリア人をギリシア人とともに傭兵として雇った。＊キュレネ　北アフリカのリビア沿岸に前六三〇年頃にできた古代ギリシアの植民都市。＊ヒクソス　シリア・パレスチナ地方を起源とする人々。ナイル川のデルタ地帯に入って古代エジプト第一五王朝を樹立し、「異国の支配者たち」とも呼ばれた。

〔エジプト人の生活〕

さて、エジプト人の生活に関しては、以下のことがわれわれの関心をより惹きつけるに違いない。エジプトというものは重要な課題である。ヘロドトス、［また］シケリアのディオドロス、そしてエジプト人について語った古代の人々は、彼らがきわめて卓越していたことを証明している。ヘロドトス〔『歴史』二・四〕は、エジプト人は彼が訪れて実際に見たあらゆる民族の中で最も理性的な民族である、と述べている。このことによって、われわれを驚かせるのは、［一面では］アフリカ人の愚鈍さであり、他面ではエジプト人の反省する悟性の精神、悟性的な秩序、きわめて優れた施設、そして感嘆に値する美しい芸術作品、特に建築作品である。

基本的に指摘すべき第一のことは、エジプトの地理上の関係である。よく知られているように、エジプトはナイル川の谷間から成り立っていて、それは全体として一〇〇〇マイルを越える長さがあり、同時に谷間としてあるところではかなり狭くなっている。その谷間は南から北に向かって広がっていき、およそ七度半の〔傾斜〕角度で延びている。そして、丘陵のなくなる平らな土地であるデルタ地帯は、およそわずか一度半の角度になる。谷間であるところでは、その幅はただ五〜六時間である。このような谷間が、ナイル川の谷間である。ナイル川と太陽〔の運行〕に結びついたその川の氾濫がすべてであり、エジプト人の全生活がそれに依存している。彼らの土地はナイル川を通じて給水され、ナイル川は彼らに水を供給している。雨はほとんど降らず、あるいはカンビュセスの時代にかつてあったように、何かの前兆として降ることがあるだけである。ナイル川の水は飲まれもする。住民は密集していて多様性はなく、〔そしてまた〕広大なナイル・デルタ地帯にもほとんど多様性はない。泥から成るナイル川のデルタ地帯では、農耕が際立っている。若干の部分は沼地になっているが、それでも全体としてはきわめて単調である。川と太陽は関係し合っており、それで太陽がある特定の位置にある場合には川が氾濫するように、ナイル川もまた太陽と結びついて、〔エジプト人の生活に〕関係する条件全体をなしている。

〔エジプトの〕土地は外から、一部は海によって、一部は灼熱の砂漠によって囲まれ、そして南に向けた川を介する結びつきは、その急流のために不可能である。天候の変化はなく、あるのはただ川の氾濫の規模の大小という量的な区別だけである。そのように閉ざされた土地は、何年も雨が降らないだけに、より一定した明確な周期でナイル川の氾濫をこうむることになる。穀物の不毛は、ナイル川の水位があまりに高すぎるか、あるいはあまりに低すぎるかによる。そうして、〔ナイル川が〕氾濫した場合には、ヘロドトス〔『歴史』二・九七〕はその土地をエーゲ海になぞらえて、村がエーゲ海の島々のように聳《そび》えて浮かんでいるかのようである、としている。村は堤防で守られている。洪水のあとに種が蒔かれ、それからやがて年に二回収穫される。氾濫のあと、すぐにカエルや無数の虫といった動物の世界が現れる。エジプトを征服したアラビアの将軍は、自らのカリフに宛てて、エジプトは花粉の海で、甘い水の海にも、それから花の海にも姿を変える、と書いた。以上が、全体として〔エジプトの〕自然の状態である。農耕をすることの原理が、エジプト人の生活の主たる対象をなすものである。農耕は非常に広く行われていて、エジプト人はきわめて熟練した農耕民である。

さらに顧慮すべき第二のことは、インドと同様に、ここ〔エジプト〕にも見出されるカーストであるが、そのカーストは著述家によって異なる形で挙げられている。カーストは、主要には神官と戦士である。（ディオドロスは王のカーストも挙げているが、しかしそれは一つの階級でしかありえない。）それから、ヘロドトス〔『歴史』二・一六四〕によっては、第三と第四に牛飼いと豚飼い、第五に商人、第六には通訳と水夫といった別のカーストの名前が挙げられている。農民は欠けている。ディオドロスは、農民と芸術家を第三のカーストとして挙げている。それゆえ、考えられるのは、農業にはそれ以外のカースト、特に戦士のカーストも従事しており、とりわけ下エジプトでは戦士が一定の畑や所有地を耕作のために受け取っていた、ということである。このようにして、ここ〔エジプト〕では概してさまざまなカーストが見られはするが、しかしインド人に見られるような固定された区別が現れることはありえなかった。例えば、アマシス〔二世〕は下層の身分で、下位のカーストの出身であった。また、神官出身の王セトスは、〔アッシリアの王〕サンヘリブに対して戦うために行軍することを戦士が拒否したとき、農民のカーストや、かき集められた職人たちなどから成る軍隊をもって敵を打ち破ったのである〔ヘロドトス『歴史』二・一四一〕。

エジプト人が他の諸民族から自らをいかに遮断したかの証拠として、アプリエス*の治世下に見られるように、兵士や戦士が外に向けて戦うことや国境の外で衝突することをしばしば拒否した、ということがある。アマシスの先王アプリエスがキュレネ人に〔救援のための〕戦士を派遣したとき、戦士たちは憤慨してアマシスを〔王に〕指名した。そのことは、戦士たちがむしろ自分たちの持ち場にとどまろうとしたことを示している。このように、この民族は概して平和的であり、また農耕的であると思われ、したがってギリシア民族が戦いの助力をしたとも言える。その他に気づくのは、エジプトは外からの攻撃に力ではほとんど対抗しなかった、ということである。エチオピア人はこの国をしばしば征服したし、〔ペルシア帝国の〕カンビュセスも容易に征服することになったのである。

*アプリエス　エジプト第二六王朝の第四代の王（在位前五八九―五七〇年）。ヘロドトス『歴史』二・一六一によると、アプリエスが敗戦を予期しながら戦士たちをキュレネに送り込んで大敗したため、戦士たちはアプリエスに反旗を翻してアマシスを王に戴いた。

第三のことは、より身近な日常の生活様式と警察装置などである。ヘロドトスとディオドロスによれば、日常生活はギリシア人を大いに驚かせるものだという。ヘロドトスとディオドロスは、われわれに素朴な特徴を示してくれている。というのも、この二人はきわめて些細なことのうちに〔エジプト人の〕固有性を見出しては驚いているからである。ヘロドトス〔『歴史』二・三五―三七〕は、エジプト人がすべてのことを他の民族とは逆にすると述べて、外面から内面を認識しようとする人に、いくつかの特徴を挙げている。その特徴とは、例えば女性が立って小便をするのに男性は座ってするとか、男性が衣服を二枚もっているのに女性は一枚しかもっていない、というようなことである。ここ〔エジプト〕では清潔さが習慣になっていて、インド人とは逆に、何回も洗濯するのが一般的である。というのも、エジプト人は、インド人のように迷信からただ身体だけを洗って他は洗わないというのではなく、衣服をも洗濯するからである。エジプト人は身体上の健康には分別をもって気を配っている。エジプトの医者は特にそれぞれの病気について非常に熟練していることで知られている。それぞれの異なる病気に対して、それぞれ異なる医者がいた、ということである。

より重要なのは警察の指示で、そこから秩序が生じた。この秩序は卓越したものであった。エジプト人は、誰もが毎年、自分の名前を記入し、収入源の申告書を添えて管理責任者に提出しなければならなかった。死刑を科してでも、それは正しくなければならなかった。土地は規則正しく区分されており、そのために幾何学が発達した。裁判所は三〇人の裁判官から成っていて、一人の裁判長によって統轄されていた。訴訟は厳密に審理されて文書で取り仕切られ、また再審まで進むこともあったが、そのことによって弁護人と訴訟当事者の観点が混乱することはなく、また買収されるといったこともなかった。ディオドロス〔『歴史叢書』一・七五〕は、こうしたことを弁護人の能弁や裁判官の同情心に対して大変好ましいことだと評価した。裁判長は真実の象徴として首飾りをかけていた。真実の判決が裁判官の首にかけられた飾りによって無言で与えられるのは、その飾りが勝訴と認められるべき訴訟当事者の側に向けられた場合である。このような特徴の他に述べられているのは、王の生活がきわめて規制されていた、ということである。〔王が玉座から〕立ち上がること、祈禱を執り行うこと、公開の裁判に臨席すること、これらを運営することなど、すべてが神官の同席のもとで行われた。同じように、〔王からの〕伝達もまた、厳密に規制されたものであった。

その他にも、われわれは、エジプト人が多くの発明をし、また多彩な技能を有していたのを知っている。彼らの年の区分は、われわれ〔ヨーロッパ人〕と同様であった。すなわち、彼らは一年を三六五日に分けるが、その際に〔三六〇日に加えて〕五日を割り込ませる、というものであった。婚姻に関しては、エジプトの一部では、下エジプトだけではあるが一夫一婦制で、他の部分では一夫多妻制であった。ヘロドトスが言うには、男性は内に向かっているのに対して、女性は外に向かって仕事を調達し、したがって東洋的な内向性のうちにとどまっていたわけではない。怠惰という――ヴィンケルマンがしたような――非難は、彼らが自分たちの土地全体をいかにして芸術作品に作り替えたかを見るなら、エジプト人からは取り除かれなければならない。ディオドロス〔『歴史叢書』一・七四〕は次のようにも言っている。すなわち、エジプト人は、市民が国家の仕事に尽力することなく、自分の仕事にだけ気を配って、静かに自分だけの生活を送っている唯一の民族である、と。〔しかし〕ディオドロスは〔ローマ皇帝〕アウグストゥスの治世下に生きていたのであり、したがってもちろん共和制のことは考えもしなかった。ヘロドトスは、各人それぞれが自分の仕事に明確に特化して従事していると述べているが、そのことはあらゆる階級を通じて見られるし、また自分の仕事さえ法律によって決定していた王にまで通じるものである。

このように、われわれが見るのは、エジプトではすべてが明確な秩序のうちにあって、したがって王でさえ恣意のままに支配することはなかった、ということである。このことは完全に秩序づけられた警察の公正な状態であり、そこではすべてが恣意から引き離されていた。こうして、われわれが見るのは、明確に規定され、規準に則った状態であり、それは個別のことにまで及んでいる、ということである。

〔エジプト人の宗教〕

ところで、こうした状態には同じように平穏な宗教が付け加わるに違いないだろうし、何かより高いものに向かう衝動も宗教のうちで同じように平穏な仕方で満足しているようにも思われる。しかし、われわれがこのような〔より高い〕対象へと超えると、われわれは政治的な状態は一面でしかないことを理解して、きわめて対立した驚異的な現象を眼前にして驚くことになる。そして、ここでわれわれは自分のうちでうごめいている衝動や、ひしめき合って活動的で発酵しているような精神、すなわち一つのアフリカの民族と関わり合うことになる。その民族は、閉鎖性のうちにありながら、自分のうちで内面的に興奮して燃え立ち、激しい感情を抱いてはいるが、〔それでもその感情は〕非常に狭く、自分のうちに閉鎖的なままにとどまっている。その民族は、外界と関わり合うことがなく、むしろ自分自身の枠の中ではあるが、きわめて不思議な製作によって途方もない仕事を活発に行うのである。

われわれは、このような性格に宗教的な側面の中で気づくことになる。その性格をなすのは自分自身の枠内での欲求や仕事であり、それは自分のうちでの客体化の無限な欲求ではあるが、しかしその欲求が精神の自由な自己意識にまで至ることはない。それは今でもなお精神の目を覆う強固な束縛であり、そこでは精神の自由な把握はいまだ現れることがなく、むしろ精神はなお強固な束縛によって取り囲まれていて、したがって謎と呼ばれるものがただ生み出されるばかりである。そうして、エジプトという謎は多様なあり方を自分のうちに引きとめて一つにする具体的な個性ではあるが、しかしその統一が精神の自由な意識へと自分のうちで進展することはない。

われわれは、ピュタゴラス*が自分の〔教団の〕教説のためにエジプトの状態を模倣したと聞くと、時間的に過去に遡って結びつけることはまったくできなくなってしまう。というのも、ピュタゴラスが一面的にただ神官のカーストから観念を得てはいるが、その観念そのものがもはや成り立っていない、ということがその宗教から明白になるからである。その際、ピュタゴラスは〔当時の〕人間の活動や情熱や反省を何も顧慮していなかった、ということである。そうして、彼の教団は、もちろんすでに解消していた。彼の教団は、確かにあったにしても、しかし形式上からしても長くあったわけではない。〔教団の〕人間の枠がそれ自身に依拠するというのは空虚なイメージでしかないことが、まもなく明らかになった。したがって、明らかなのは、人間というものはいかにしてもそれ自身のうちに閉ざされて静的なままであるはずがない、ということである。

＊ピュタゴラス　イオニア地方のサモス島に生まれた古代ギリシアの数学者で哲学者（前五七〇頃―四九六年頃）。エジプトで宗教の密儀を学び、ピュタゴラス教団を作ったが、その教義は秘教的で不明である。

エジプトの宗教の性格をより詳しく考察するなら、われわれはいまだ自然宗教のうちにいることを心にとどめておかなければならない。エジプトでは、われわれはなおも自然直観のうちにいるのである。われわれが「神」と言うとき、われわれは直接的に観念の基礎の上で観念の本質を表象し、そしてこうした抽象的な観念からそれ以上の規定へと進んで、ただ特性に移行することになる。しかし、ここエジプトでは、われわれはこのような立場は完全に脇に置いて、自然的な直観にとどまらざるをえないし、また天地を超えた〔神の〕本質を考えるわれわれの習慣を抑えて、感覚的な目を見開いたままに保ち、感覚的な想像力を生き生きと働かせなければならない。

このような自然直観において、われわれは中国の普遍的な天も、インド人の普遍的で自然的な基礎をなすインドの自然霊も、ペルシア人の純粋な光も眼前にすることはない。われわれは受肉のことを考えたり、［あるいは］想起したりする必要もない。また、エジプトの神性は人間的な本性が基礎をなすような神人でもない。われわれがここで関わるのは、普遍的な自然直観ではなく、特殊な規定された自然直観である。エジプト人が生きているのはそもそも閉じられた世界であって、こうした世界がエジプト人の宗教における根本直観をなすものであり、それこそがエジプト人が自らの実体として、自らの本質として知っているものなのである。

このような閉ざされた特殊な世界が宗教的になることによって、その世界は感覚的なままにとどまることなく、むしろイメージへと促されることになる。さらにまた、同時に、エジプト人の内面的な活発さという開放性において、こうした直観の内面は、そこにおいて、より以上の意味が想起されることによって、またそれ以上の直観へと転じることにもなる。そのようにして、その意味がとりわけ象徴として明確に規定されるのである。そして、そのようにして、われわれはエジプトの宗教のうちでどこまでも象徴的なものの領域にいることになる。それゆえ、直接的な直観が意味を有している。しかし、この意味はいまだ思想にまで高まってはおらず、むしろその意味はまたもや形象という、かつて象徴だったものの象徴でしかない。形象とその〔意味の〕側面は紐帯によって結びつけられてはいるが、その紐帯はここでは思想としては現れておらず、個別的でまだ内的な点にとどまっている。その点は、これらのイメージを結合し、相互に結びつけはするけれども、思想という形で自分自身を開示することはない。

こうして、ここに異なる現象を結びつける個体性が存在することになる。その個体性には基礎があるとしても、しかしそれは思想という普遍的な基礎ではない。こうして、全体が空想的なものになる。なぜなら、この全体は多様なものや多面的なものを結合する〔だけの〕ものだからである。この全体の基礎には内的なものの内容があるにしても、それは空想的な結合によって暗示されているだけで、言い当てられるべく課された当のものが現実に指定されているわけではない。こうして、空想的なものは、この内的なものを把握するという課題を含んだものではあるが、しかしこの内的なものがその時に把握されているわけではなく、むしろただ象徴的に暗示されているにすぎない。そして、象徴が何であるかは自由に任されていて――別の象徴、すなわちそれ自身がある別のものの象徴でしかないようなものでもよいことになる。

より詳しいことに関しては、われわれは一般的に少なくとも象徴からイメージに立ち入らなければならない。最初に、かの閉ざされた物理的な自然領域が見出され、それがエジプト人にとっては全体としてすべてである。ナイル川、大地、太陽といったものは、エジプト人にとっては〔エジプト内に〕閉ざされたものであって、ヘロドトスはナイル川の源についてエジプト人の神官から情報を手に入れることができず、キュレネにいるキュレネ人からようやく手に入れたほどであった。神官の知識は、それほどこの〔エジプトという〕地域に制限されたものである。その後もまた、こうしてエジプト人のイメージはこの地域に制限されたままで、その地域からある特定の現存だけが称揚されてきたのである。

このような閉ざされた全体こそが本質であり、またエジプト人の主神であった。イシスと*オシリスという、このような二重のものが、ここでは主たる神性をなしている。オシリスが*ナイル川との連関のうちにある太陽であり、そしてイシスが太陽との連関のうちにある大地であり、同時に月である。このことが、エジプト人にとって基本的な神性として彼らに固有なことであり、そして彼らの宗教の最も主要なことである。こうしたイシスとオシリスは、それ自身が生み出されたものであり、それ自身がまた対立し合うものでもある。というのも、宗教が自然から始まるところでは、どこでも神は生成したものであって、思想の宗教におけるような絶対的に最初のものではないからである。まさにこのようなオシリスとイシスこそ、エジプト人の本質的な神々なのである。

＊オシリス　古代エジプト神話で冥界（死後の世界）を司る神。植物の死と再生に基づく豊穣と生命復活の神ともされた。　＊イシス　古代エジプト神話で大地の豊穣を司る女神。オシリスの妹で妻でもあり、セトに殺害されたオシリスを復活させて冥界の王とした。

こうした自然直観は、さらになお時の経過という物語にもなる。太陽は遠ざかりもすれば、再び戻ってもくる。ナイル川は、イシスである大地に氾濫し、肥沃にして、このイシス〔大地〕から引き返しもする。ナイル川は、太陽〔オシリス〕に対立して、太陽によって食い尽くされる場合、ティフォン*〔セト〕を太陽において自らの敵にしている。灼熱や熱風はティフォンとして〔ナイル川に〕敵対的に現れ、その時にはナイル川も海の中に失われて死んでしまうほどである。このような時の経過が神々の規定に移行して、〔オシリスとイシスの〕一対がこうした神性にとって、その〔時の経過の〕物語をなすことになる。すなわち、オシリスという太陽が生まれる、というわけである。われわれの場合にも、最短の一日〔冬至〕に見られるように、太陽は遠ざかったあと、再びまた近づいてくる。オシリスが春に生まれるというのは、あらゆる民族に、またわれわれ〔ヨーロッパ人〕にも、神〔の子〕キリストが最短の日のあとに生まれたという点で、時との連関があるのと同様である。オシリスは、その誕生後、〔エジプト人に〕幸福を与え、〔大地を〕肥沃にして祝福するものになる。ギリシアにおいてディオニュソスが世界を移動したように、オシリスも世界中を移動したはずである。こうして、ナイル川の水があふれる時、それがオシリスによって幸福が与えられる時期なのである。

*ティフォン　古代エジプト神話に登場する不毛の砂漠の神セトと同一視される。兄オシリスに嫉妬して殺害するも、のちにオシリスとイシスの子ホルスによって復讐される。

しかし、対立もまた入り込んでくる。太陽は戻ってきて、再びまた去っていく。大地は水で満たされもするが、その水は吸収されて消えてしまう。ナイル川は海のうちに消滅し、そしてオシリスの不在のうちでイシスのみが支配することになる。ティフォンは陰謀をめぐらせてオシリスを殺害する。そのときイシスの嘆きが始まって、イシスは切り刻まれた自分の夫を探し求め、その身体部分を集めることになる。エジプト全体が、死んだ神に対する嘆きの歌「マネロス」*を歌い始める。ヘロドトスによれば、その歌はエジプト人によって常に歌われ、またエジプト人の有する唯一の歌謡であるという。そうしたヘロドトスの指摘に反して、確かにエジプトの音楽については多くのことが語られ、複製された多くの楽器が見出され、またエジプトの歌謡について語られるのを聞きもする。しかし、ヘロドトスが言うには、ギリシア人が「リノス」と呼ぶこの嘆きの歌はエジプト人の唯一の歌謡だったということである。そうだとすると、エジプト人には詩も〔マネロス以外には〕歌謡もなかったということになろう。

＊マネロス　ヘロドトス『歴史』二・七九によれば、マネロスはエジプト初代の王の一人息子で、夭折したその子供を偲んでエジプト人は挽歌を歌い、それがエジプト人の最初にして唯一の歌謡になったという。

ところで、主たる要素は神に対するこうした嘆きであり、それはアドニス〔の死〕に対する嘆きとも一致するものである。人間的な苦悩が神の栄誉を支えていた。イシスはその後、オシリスを埋葬し、そしてエジプトの多くの場所にはオシリスの聖なる墓地が存在している。このことについて注目すべきなのは、次のことである。すなわち、インド人のバラモンのもとでは同様のことは何も見出されないが、しかしブッダの僧侶のもとで、ブッダの寺院ではどこでも、ブッダの遺物〔舎利〕を納めたピラミッドのようなもの〔ストゥーパ〕が見出される、ということである。こうした事情には〔エジプトの宗教と〕仏教との一致がある。

ところで、イシスはオシリスの身体部分をミイラにしたが、それはヘルメス*がしたことでもある。動物でさえミイラにするエジプト人は、そもそもミイラにするというやり方によって本質的にインド人から区別される。インド人は死者の身体に何ら敬意を表すことなく、死体をガンジス川に流してしまう。しかし、エジプト人は人間の魂を不死とみなした最初の人たちであり、死者に敬意を表すということは、人間的な性格をなす個体性がインド人におけるのとはまったく別の意味、まったく別の価値をここで獲得していることと関連している。そのようにして、オシリスは地下に埋葬され、死者の国の王、ハデス*という不可視の〔地下〕世界の審判者になる。同時に指摘できるのは、のちの時代、つまりアレクサンドロス〔の時代にも〕、さらには、のちにローマでも、セラピス*の神がオシリスの代わりにこうした役割を果たすことになる、ということである。そのようにして、不可視なもの、すなわち可視的なものを超える永遠なものという観念の基礎が大きな優位を得ることにもなった。こうした宗教上の歴史の経緯のうちには、人間の個人の歴史、すなわち個人の誕生、活動、世界の享受、そして死といった歴史が含まれるのである。

＊ヘルメス　ギリシア神話のオリュンポス一二神の一柱。商業と幸運の神、また死者の魂を冥界に送る神ともされた。＊ハデス　ギリシア神話の冥界の神。「目に見えない」という意味がある。＊セラピス　ヘレニズム期のエジプトでオシリスと同一視された冥界の王。その信仰は、アレクサンドリアから古代ローマにも広がった。

エジプト人の具体的な想像力には、〔そしてその想像力による〕イシスとオシリスには、農耕の導入という恵みが結びついている。ナイル川や太陽、そして大地は本質的に有用なものであり、欲求〔の実現〕にとって本質的な手段であった。そのようにして、イシスとオシリスは人類の恩人という性格を受け取ってきたし、役に立つ手段を提供してきた。イシスは穀物を、しかもスペルト小麦や小麦ではなく、大麦を発見してくれた。オシリスには、鋤《すき》、鍬《くわ》、役畜《えきちく》、そして雄牛の使役、さらには婚姻、法律、礼拝、そして公民としての秩序の導入といった功績が帰せられる。それからまた、同時にオシリスは〔大地に〕埋められて死んで、また発芽する種子そのもののイメージをもなしている。こうして、諸規定すべてがイシスとオシリスのうちで一つになっている。それゆえ、エジプトの神は一般的な恩人といった抽象概念ではない。こうした諸規定から観念が作られるのではなく、むしろナイル川、太陽、種子、人間の活動などの多くの自然直観が一つの結び目に結びつけられるのである。したがって、ある空想的なものが、ここに一なるものへと結びつけられていることになる。このようなイシスとオシリスは、そうしてあらゆるイメージや規定をそのうちに結びつけて結合するのであり、ある象徴は別のものの象徴にもなる。オシリスは、ナイル川と太陽の象徴でもあれば、同じ象徴が人間の生活の象徴にもなり、そしてまた逆に、この象徴がまた太陽やナイル川などの象徴にもなるわけである。こうして、それぞれの象徴が別の象徴でもある、という対照をなすのである。

しかし、それらの象徴のうちには、まだ普遍的なものが自立的に現れているわけではない。われわれは象徴について語るとき、そのイメージを一般的な表象としての像によって表現している。例えば、像としての〔軍神〕マルスは〔すでに〕戦争という一般的で抽象的な表象になっている。しかし、イシスとオシリスの場合には、この二つ〔の神〕が像という一般的で抽象的な表象という形であるわけではなく、むしろ象徴の一つの束があるだけである。その象徴そのものが、〔一つの〕抽象的な表象からではなく、それ自体が感覚的なイメージから成る別の象徴なのである。こうしたエジプト人の〔象徴という〕根本的なイメージは、彼らに固有のものである。

しかし、その他にもエジプト人にはより抽象的な神々もいて、それらは概して三種類の神々である。それらは、ヘロドトス〔『歴史』二・四三〕が語っているように、より古くは八神、中間には一二神、そしてより新しくはそれ以上の神々である。とりわけギリシア人が自分たちのもとに取り入れたのは、例えばポセイドンという海〔の神〕のような抽象的な神々である。ところで、これらエジプト人の特殊な神々や彼らの礼拝、そしてそれらの特殊な意味に関しては、われわれはわずかばかりの漠然とした情報しか持ち合わせていない。最古の神であるクネプ、[*]つまりクロノスは時間〔の神〕であり、プタ[*]ーは火〔の神〕である。惑星や星空のイメージが、これらの神々や、またイシスとオシリスと結びついている。年の経過とその規定のイメージがオシリスと結びついて、年の区分が生じることになる。その区分の観点に従って、エジプト人の祭りは完全に暦に基づいたものになっている。太陽でもあるオシリスは彼の率いる天空の群れの王となり、とりわけ黄道一二宮[*]の統率者と呼ばれている。これらすべては、象徴的なイメージという形で現れるのである。

＊クネプ　古代エジプトの神。一説では、イシスとオシリスの父とされる。＊プター　古代エジプトのメンフィスで信仰された造形の神。鍛冶職人らの守護神。＊黄道一二宮　古代の天文学で黄道が一二の帯域に区分され、それぞれに星座が割り当てられた。星座に動物の名前がつけられたところから「獣帯」とも呼ばれる。

さらに、動物崇拝について述べなければならない。エジプト人にとっての一般的な非有機的自然という一般的な基礎については、われわれはあれこれ論じてきた。その他に最も注目すべきなのは、エジプト人が非有機的自然の崇拝にとどまることなく、むしろ動物の生命を何か神的なものとして崇拝するところにまで移行している、ということである。エジプト的な自然の一般的なイメージにおいて与えられているのは、ナイル川の〔氾濫した〕水が引いたあとに人間の精励と並んで動物たちの活発さが始まる、ということである。そうして、大地に再び生命が甦るのにともなって小動物もまた目覚めるように、エジプト人の存在も大地に向けられることになる。しかし、精神はエジプト人には閉ざされたままである。そして、ここにわれわれが見るのは、次のようなことである。すなわち、エジプト人には精神の自覚した存在という思想が自らには閉ざされたままであって、そうしたエジプト人は自由で精神的な魂と同調するには至っておらず、むしろ生命のうちに閉じ込められたままにとどまっている〔動物の〕魂と同調しているにすぎない、ということである。というのも、エジプト人はまさに、単なる生命のうちに閉じ込められている魂を基にして、象徴的に空想しているにすぎないからである。こうして、われわれは動物の生命を崇拝するこうしたやり方について考察しなければならない。

われわれがこうしたことを理解しようとする場合、われわれはそもそも、われわれ自身の次のような習慣を忘れなければならない。すなわち、その習慣とは、より高いものを考え、より高いものを考察する際、このより高いものを思想とか表象を基礎にして求めようとし、感覚的なものや現在的なものや現実的なものには目を閉ざしてしまう、ということである。感覚的な直観のもとにとどまっているエジプト人は、生命あるもの、動物の本能、その本能から行動するこの驚嘆すべきものを理解し、こうしたものに従ってきた。このような動物的な利口さは、生命あるものが自ら生きるためのものであるが、われわれにとっては不可解なものと呼ぶこともできよう。というのも、人間は動物を観察して、その中に自分を入れ込んで想像することはできるかもしれないが、［それでも］動物の魂の中でそれがどのように見えているかなど、人間は思い浮かべることができないからである。犬や猫の本性の中に入り込んで空想することなど、人間にはうまくできない。動物は人間にとって何か疎遠なもの、不可解なものにとどまっているのである。

ところで、われわれが神的なものを、より高いものにして不可解なものと把握しようとすると、不可解なものがわれわれにとって生じる二通りの経路があることになる。その第一は、動物のうちにある生命性である。〔確かに〕われわれ自身も生命あるものではあるが、しかしわれわれの生命性は精神性によって規定づけられている。第二は、表象や反省や思想という基礎である。近代において不可解なものを神と名づけることが特に流行したが、そのような不可解なものにぶつかるのは、存在するあらゆるものについて、その存在するものの基礎を思想をもって探求するかぎりでのことである。まずは存在するものは自然的なものの生命性であり、それから反省の側面が生じて、そこに不可解なものがわれわれに現れることになる。そうして、われわれはこうした不可解なものを、われわれより以上の、より高いものとして規定するが、そこに生じる問いは、その不可解なものが、第一の場合か第二の場合かはともかく、より高い権利をもって、どこでわれわれに現れるのか、ということである。不可解なものが自然的なものの側面から、つまり自然の領域でわれわれに現れる権利をより以上にもっているのは、明らかに第一の〔経路〕である。というのも、精神は自分のことを理解し、自分のもとにあって自由なものだからである。ギリシア人は精神を解放して精神の本質を理解し、また神の本質がどのように規定されているのかを知る見地に立っており、そしてさらにキリスト教徒は神が何であるかを知っている。このようなキリスト教徒にとって、またギリシア人の慧眼にとって、不可解さといったものは精神の側では消え去って、精神のない〔自然の〕外面的なものの側に逃げ去っており、精神のない非精神的なものの側になおもとどまっているだけである。ところで、われわれが不可解さをより高いものとして規定するなら、エジプト人にとって抽象的なものは彼らにとっての彼岸であり、謎めいたものが動物生命のうちにあった場合には、われわれはエジプト人にその権利を認めなければならない。そして、そうであった場合には、われわれが不可解なものの側面を精神のうちに保持していると今〔考えている〕以上に、エジプト人は動物生命のうちに謎めいたものをすでに見出していたという、より大きな権利を有していることになる。

エジプト人にとって真なるものは、いまだ課題であり、いまだ謎めいたものであった。そして、確かにエジプト人には謎めいたものがあったが、それは動物を直観するという形で規定されていた。真なるものをいずれに関しても不可解なものとしてしか認識しないエジプト人は、〔精神ではなく〕自然的なものの側面に向かわざるをえない。というのも、精神はおのずと明らかで自由であって、精神〔自身〕に自らを啓示するからである。このことは、自分のうちに疎遠なものを何ももたない、ということでもある。しかし、自然は〔自分を〕隠すものである。〔そこで〕エジプト人は、その思想の不自由さの中で不可解なものと格闘しなければならず、そして不可解なものを動物生命の自然性のうちに見出すことになる。動物にとらわれたままで、エジプト人はこうした不可解なものを自分たちの彼岸として、つまりより高いものとして規定したのであり、精神にとってのこうした彼岸が、単なる生命、すなわち精神なきものとしての動物的なものなのである。こうして、以上のことがエジプト人のもとに見出される際立った側面である。

　動物生命のうちに低くはない、むしろ高い生命が直観されるという側面が〔エジプト人のうちに〕見出されるが、それはエジプト人だけに限ったことではない。むしろ、〔そうした側面は〕インド人や、その他に、知ったり見抜いたりする働きを鳥*のうちに見たギリシア人とローマ人にも現にある。その鳥は、人間に未来を知らせるものであり、したがって神託を与えることができるものでもあった。その主要規定は、人間が精神の自由にまでは達していないので、不可解なものをより高いものとして、そのより高いものを動物生命のうちに、むしろ精神の側面よりも首尾一貫したものとして求めよう、というものである。エジプト人は動物生命をより高いものとして直観し、そこでアピス*の崇拝に見られるような、きわめてつまらなくて非人間的な迷信にまで行ってしまっている。エジプト人は、アピスの他にも、なお別の二つの雄牛〔ムネヴィスとカメフィス〕を崇拝していた。カンビュセスは、エジプトにやって来たとき、優秀なペルシア人として、そのことに関してはエジプト人をたちの悪い頭脳と呼んだ。彼自らアピスを傷つけ、そして殺害させた。このような迷信は、エジプト人のもとで野蛮なナンセンスにまで至っている。アピスは特に一つの都市〔メンフィス〕で崇拝され、別の都市や地区は猫やトキやワニといった別の動物個体を崇拝していた。このような動物は屋内で飼育され、それらを養育するための大きな施設があった。それらの動物は、死後、人間と同じように手厚くミイラにして埋葬された。ミイラにされなかった動物については、骨が集められて保存され、また同じようにすべての猫の骨が船でブバスティス*に運ばれて埋葬された。それらの骨は大きな墓標の下に納められた。アピスには立派な墓標が捧げられた。ベルツォーニ*は、二〇〇〇年経って開かれた〔ギザの〕第二ピラミッドの中の主室に雪花《せっか》石膏《せっこう》で作られた柩《ひつぎ》を発見したが、その中には雄牛の骨が入っており、そのようにしてアピスはここに埋葬されていたのである。

＊鳥　ここではフクロウのこと。古代ギリシア神話の知恵と戦いの女神アテナ（古代ローマ神話ではミネルヴァ）にともなう知恵を象徴する動物とされた。＊アピス　古代エジプトで信仰された多産豊穣の聖なる雄牛。特にメンフィスで崇拝され、ナイル川の年に一度の増水に合わせて、その誕生の祭儀が行われた。＊ブバスティス　下エジプトのナイル川デルタの南東部分にあった古代エジプトの都市。＊ベルツォーニ　ジョヴァンニ・バッティスタ・ベルツォーニ（一七七八―一八二三年）。イタリアの探検家。一八一七年にアブ・シンベル神殿の入口を発掘したほか、ギザなどのピラミッドの発掘も行った。

さらに注目すべきなのは、そのように崇拝されている動物を殺した場合、それがある場合には確かに故意によるものであっても、また別の場合には故意によるものではなくても、死刑が科せられた、ということである。ディオドロス〔『歴史叢書』一・八三〕の語るところによると、誰かが故意にではなく猫を殺したとき、民衆の暴動によって、その殺害者は命をなくしたという。飢饉に際しては、動物の蓄えに手をつけることなく、崇拝されている動物を畜殺する代わりに人間を飢え死にさせた。このことによって、動物の偉大な生命性のほうが増大した。このように、動物の偉大な生命こそが無限により高いものとみなされていたのである。こうして、純然たる生命性それ自体が、エジプト人によって、それほどまでに高く崇拝されていたことになる。いくつかの動物の特殊な生命性だけでなく、抽象的な生命性もまた崇拝されていたのである。そうしてまた、エジプト人においても男根の礼拝が重要なものであったが、ヘロドトス〔『歴史』二・四八―四九〕の語るところによれば、この礼拝はエジプト人によってギリシアにもたらされ、ギリシア人もまたこの礼拝を模倣したという。また、男色のような他の罪も、エジプト人ではふつうのことであった。以上のような生命性の崇拝が一つの側面をなしている。

　ところで、生命性それ自体が高いものとして認められていたにせよ、動物の形態は崇拝の絶対的な対象のままあるのではなく、また何ものかにとっての象徴に転じるということも生じる。象徴とは、それ自身がイメージされるべきものではなく、それによってただ別のものが暗示されうるのである。このような〔象徴の〕側面は、よく知られたことであるし、また本質的なことでもある。そして、こうしたことを顧慮してみると、タカ*、ハイタカ*、センチコガネ*、タマオシコガネ*が想起されうる。それらはそれだけで崇拝されたが、しかしそれらがただ表現するだけの意味をそれら自身のうちにもつ、というように引き下げられてしまった。それにしても、それらが何を意味しているはずなのかは知られていないし、象徴のより詳しい規定が示されることもない。センチコガネは生殖能力や、それから太陽の運行などを表しているはずだという。そのことは、われわれにとって、まったくもって理解しがたいことである。しかし、こうした象徴的な表象において、普遍的な表象が現にあり、それからある象徴がその表象のために探し求められた、というような道筋が考えられてはならない。むしろ、最初にあったのはそのような動物の直観であり、それから普遍的なものとしてのそうした普遍的な表象がその直観のうちに移し入れられて想像された、というように考えなければならないのであって、その逆ではない。表象の普遍的なものである類が、そうした動物の形態から作り出されるべく探し求められた、ということである。生命あるものへの敬意の痕跡が古代のあらゆる諸民族に見られ、それゆえ『旧約聖書』でも、血の中には動物の生命である魂が含まれているということで血を飲むことが禁じられたのである。

＊タカ　猛禽類の一種で、古代エジプトでは最も神聖な鳥とされ、ホルスを象徴した。＊ハイタカ　タカの一種で、古代エジプトの太陽神殿の境内で飼育された。＊センチコガネ　コガネムシの一種で、金属光沢のある羽をもち、牛や馬の糞を餌にする。交尾をしたメスは、糞を球状にして卵を産みつける。＊タマオシコガネ　コガネムシの一種で、動物の糞を球状にして転がすことからフンコロガシとも呼ばれる。古代エジプトでは、スカラベとして日の出の太陽神ケプリを象徴した。

こうしたことは、生命崇拝の痕跡である。不自由な精神にとって、神的なものは、あちら側のことである。すなわち、不自由な精神は、真なるものを、ただ彼岸としてしか知らない。自由な精神は、独立した精神であって、別のもののもとにあるわけではない。それに対して、東洋人は不自由な者として、精神とは別のものである特殊化されて規定された生命性に関係していた。東洋人は、彼らにとって本質的なものを、こうした生命性のうちに想定するわけである。このような特殊な生命あるものは、そのように精神にとって別のものであり、理解しがたいものである。自らの本質をこうした理解しがたいもののうちにもつということが、精神の不自由さということになる。総じて、生命は一般に、また人間の牛命や普遍的な生命性は、もちろん理解することができる。しかし、動物の特殊化された生命は、人間の概念を欠いた恣意と同じように、理解しがたいものである。〔人間の〕不自由な恣意は、動物の生命性と同じように理解されなければならない。不自由な精神とか皮相な意志は、自らを特殊なものと同等なものより以上には扱おうとせず、特殊性をもって自己満足してしまう。そして、われわれがそこに見るのは、動物とうまく折り合っている人間である。それは猫とも理解し合い、犬とも感覚を同じくする魂をもって、それらとともに生活している年配の未婚女性のようなものである。しかし、より深い精神にとっては、そのような〔動物の〕特殊性は〔精神とは〕別のものであり、精神はそのような特殊性のもとに強いられて、いまだまったく不自由な精神として現れることになるのである。

ここで、さらに述べておかなければならないのは、エジプト人が動物を直観することにとらわれ、決定づけられている頑《かたく》なさにしっかりと対抗して、そうしてこのように〔直観に〕とらわれているあり方を、何か別のものを表象するべきものとして縮減させた、ということである。すなわち、エジプト人は動物的なものを象徴に転じたのである。そして、その象徴は、それを解明することがそれだけで重要なのではなく、むしろ動物的なものの形をとりながら、それが直接的にあるものとはなお別のものになっている、ということである。そうして、われわれがそこに見るのは、エジプトにおける動物の形態が象徴に置き換えられ、そのようにしてイメージという単なる外面的な実在性ではあるが、こうした直接的な動物の形象とはすでに異なっているはずの意味にまで縮減されている、ということである。そのようにして、センチコガネやハイタカは象徴になっている。しかし、象徴はいつも何か不透明なものである。言語のうちには自由な明瞭さがあるのに対して、象徴のうちでは表象が人間を介して表されるものの、感覚的なものがただ不透明なまま表されているだけである。表象が完全に明瞭になることはなく、単に象徴を利用しているだけのことである。そうして、センチコガネという象徴によって、生殖能力や太陽の運行が表現されているはずだ、というわけである。ここにまずあったのは自然直観であり、その自然直観が普遍的な意味を生命あるもののうちに移し入れてイメージしたのである。表象はこうして、ただ直接的なイメージからそれ以上のものへと進んでいくことになった。そのような形象を象徴とみなすことには、すべて根拠がある。とりわけ、動物の形態が直接性という形で現れるままに委ねられることなく、その形態が転じて別のものとして立てられる場合には、形象ははっきり象徴として据えられている。その中には、例えば雄牛や雄羊の頭をもつ蛇とか、ワニの尾や雄羊の頭をもつライオンの肢体などのような、動物の形態の合成もまた属している。

しかし、よりはっきりと動物の形態が象徴に縮減されているのは現実のスピンクスにおいてであり、女性や男性の頭部をもったライオンに見られるように、動物の肢体から人間の形態が抜け出している。スピンクスには、そこから人間が現れ出るハイタカもある。動物の形象は、そこから人間の顔が覗いて見える、いわば兜《かぶと》のようなものであり、したがって動物的なものが、むしろ装飾や〔人間の〕符号として役立っている。そこで思い浮かべられるのは、動物的なものから精神的なものが抜きん出ている、ということである。動物のうちに沈潜していた人間が、そこにおいて、なおいっそう人間的な感覚をもつことになる。そのような二重存在のうちで、普遍的なものが抜きん出始めるのである。精神的なものはまだ自由ではないけれども、自らを動物的なものから引き離して自由にするという課題のうちに、すでにそのようにしてまさに精神的なものが現れている。しかし、逆にまた別の形も現にあって、それは人間的な形態のうちで精神的なものがイメージされる、というものである。すなわち、人間的な形態をとる人間的なものは、もはや象徴ではなく、むしろ直接的で感覚的な表現として精神的なものの独特な形態になっている。〔そこに〕人間的な形態が、すなわち精神的な魂がそこに内在する顔が現象することになる。こうして、精神的なものの感覚的な形態が、人間的な形態をなす。ところが、エジプト人はこのような形態をした精神的なものを眼前にするところまで歩み出ながら、またもや動物の形式によって、この人間的な形態を動物の顔に転じ、その形態を損なってしまった。というのも、人間的な形態に性格の自由で明確な表現として生気を与えるには、より高度な芸術を必要とするからである。エジプト人は、このことをまだ成し遂げることができず、形態を特殊化するために、またもや動物的なものという動物的な形態を用いて、雄羊やハイタカや雄牛やライオンや猿の頭部をもった人間をイメージしたのである。ギリシア芸術は美そのもののうちで精神的にして特別な表現を実現できることを理解していたのであり、そのようにして人間の顔そのものがそれだけで独立して理解できるものになっている。他方、エジプト人においては、動物の形態を介してしか理解力が働かないようになっている。エジプト人は人間の身体にもきっと動物の仮装をしたであろうし、それから神官もどのような神に仕えるかを暗示し、示唆するために、そのような動物の仮面をつけたに違いない。

さて、こうしたことが、生き物を直観するエジプト人の仕方である。その直観の仕方は、自然直観に即して自然的なものによって束縛されながらも、その束縛を突き破る、というものでもある。すなわち、矛盾へと移行して、精神的なものが動物的なものに転じもするし、またその逆にもなる。そのことが、自分自身を意識するようになるという精神の課題をなす。しかし、人間にとって精神的なものはまた、それ本来の現実存在のうちに、すなわち人間が自ら創作し、熟達する精神的な能力のうちにあるものである。エジプト人の意識である精神の興奮と力がこのことを見落とすことはなく、むしろエジプト人の意識は自然の諸力を崇拝すべきものとして、また本質的で実質的なものとして立てたのだった。そして、このことがまさにエジプト人の宗教のもう一つの側面をなしている。そうして、人間の手腕が〔作品として〕具体化され、重要で価値あるものとみなされた。しかし、その際、精神的なものは、自由な精神という普遍的なものとして対象になっていたわけではなく、むしろ自然力と並んで、ただ特殊な力として、その特殊な内容から見ても特殊なものとして現れていたにすぎない。こうして、エジプト人が精神的な実効性や活動性を存在とする神々を有していたとしても、しかしその神々の存在は特殊な個別性に制限されたものであり、引き下ろされ、象徴に縮減されて、自然的な事物に結びつけられていた。こうした精神性の側面は、われわれに、とりわけヘルメス*やテイト、つまりトト*（ヘロドトス）という名前でも伝えられている。このトトはエジプト人にとって、アヌビス*の神としてオシリスの友人にして〔冥界への〕同行者であり、またトトが行ったことはヒエログリフ文字、測量術、天文学、音楽、医学、宗教、聖域の規範などの発明である。イアンブリコス*はエジプト人のあらゆる慣習や神官の発明にヘルメスの名前を冠していた、とエジプト人たち自身が語っている。

*ヘルメス　古代ギリシアの神で、神々の伝令役として商業や策略などを司る。また、死者の魂を冥界に導く神として古代エジプトのアヌビスや、トキをともなってトトとも同一視された。　*トト　古代エジプトでトキの頭部をもつ姿で表され、死者の審判を記録する書記の神、医療の神、ヒエログリフの発明者などとされる。古代ギリシアではヘルメスと同一視された。　*アヌビス　古代エジプト神話でオシリスの遺体を葬ったことから死者を冥界に導く神とされ、犬の頭部をもつ姿で表される。古代ギリシアではヘルメスと同一視された。　*イアンブリコス　シリア出身の新プラトン主義の哲学者（二五〇頃―三二五年頃）。著作に『エジプト人の密儀について』がある。

この〔トトの〕精神は、特別に特殊な発明の考案者ではあるが、自由な思想の考案者ではない。ところで、この神的なものの内容は、すでに述べたように人間の技術や発明という特別なものをなしていて、ここでは〔知恵という〕一つの共通のものに結びついている。〔しかし〕その共通のものは、純粋な精神性として把握されているわけではなく、むしろ特殊な存在という形で把握されているだけである。その精神は、またもや自然‐象徴に引き下げられ、自然の形態と結びつけられている。その精神は、すなわち犬の頭部をもった〔アヌビスの〕神で〔も〕ある。この神は、自然の感覚的な〔犬の〕仮面の他に、別の側面でもシリウス（天狼星）という自然物に結びつけられている。この神の精神的な活動の内容はこのように制限されており、その現象やその存在のあり方もまた制限されている。こうして、スピンクスにも現れる動物の象徴における混合が、〔それぞれの象徴〕より以上の関係をもって、部分的には最高にどぎついあり方で現れることにもなる。そうして、例えば人間の目的や関心の領域、すなわち人間が自然的なものを扱わなければならない場合にどのように扱うべきか、また人間はどのようにして自らを規定しなければならないか、といったことが、またもやある種の混合されたものになる。それは、ある時には人間の行為にもなるし、自然の圧倒的な力によって制限されたものにもなるのである。

例えば、医学では身体の病気についての忠告が、きわめて多様な迷信と結びつけられ、また占星術や月の影響、霊的共感に基づく魔術的な知恵と結びついている。同じように、人間が別のことに〔運勢を〕定めたい場合には、家を建てたり旅をしたりする決断において星座の影響が頼りにされる。また、エジプト人は、このような偶然的な物事すべてにおいて神託に救いを求め、とりわけアメン*の神託に尋ねて、きわめて特別な仕方ですべてをそれに託した。それは〔エジプト人に〕固有の分別や考えと、それとは別の影響力への信仰との混合である。外的な偶然性がそこに働くということは、ここではわずかなことに縮められている。アメンの神託はきわめて有名であった。ある都市では、宝石のついた盾が、〔馬車で〕走る際にその宝石が振動したか否かによって、神託になった。

＊アメン　古代エジプトの「神秘」を意味する神。太陽神ラーと混交して、アメン・ラーとしてその崇拝は全エジプトに広がり、ファラオの父ともみなされた。

自由な学問といった精神的なものは、制限された形でしか意識されていなかったので、エジプト人に求めることはできないし、それゆえ謎を解明するという自由な意識にも至っていなかった。ギリシアの賢者や哲学者がエジプト人の思想や知恵をエジプトからもってきたと考えるなら、笑うべき思い込みというものである。ピュタゴラスは〔確かに〕エジプトにいたことがあるが、しかし彼がそこから持ち帰ったものを、われわれは知らない。それでも、ピュタゴラスがエジプト人にピラミッドの大きさを影から測ることを教えたのを見てみると、エジプト人が幾何学からそう隔たっていたわけではないのは確かなことである。ピュタゴラスがエジプト人から持ち帰ったものは、わずかであった。ピュタゴラスが彼らから哲学上の学説をもってきたと仮定してみたくても、われわれがピュタゴラスに見るのは、彼自身がまだ自由の思想には至っておらず、むしろ精神的なものを数という抽象のうちで理解していたことによって、ただ数にのみ至っていた、ということである。また、エジプト人がそのような哲学上の学説をもっていたと仮定してみたところで、彼らはまだ純粋な思想に到達していたわけではない。エジプトの神官が思弁的に考えていたということは確かにありうる。しかし、別の人たちが彼らからもってきたものを顧慮してみると、それは純粋な思想などといったものではなく、そうしたものでさえ、この民族の観点とはなおも異なるものである。

こうして、以上のことがエジプト人の宗教の主たる特徴であり、その主たる契機をなすのは自然直観から自らを際立たせようとする精神の衝動である。このような盲信はエジプト人自身にとって過酷な運命であり、ここでは精神はなおも厳しく過酷な隷属状態にある。精神は、こうした隷属状態から抜け出ようと求め、それでもまさにそうした闘いの中にある。インド人もまた外に向けて憧れはするが、しかし彼らは否定のもとにとどまり、〔否定という〕自己目的のもとにあるだけである。インド人は自ら滅却するが、そのような過酷さに耐え、かつ克服しようとするのが、このアフリカ的な精神の原理である。エジプト人は、衝動に耐えて、衝動のうちに生きるのである。今や、エジプト人の宗教の内容は、表象の主観的な内容でありうるだけでなく、その内容がとてつもない衝動そのものなのである。そして、その内容がそうした過酷な活動なのであるから、したがって衝動は主観性を脱却して、自ら客観的になって自らを表現し、その一面性を廃棄して、とらわれを克服しなければならない。それゆえ、エジプト人の宗教は、一面では表象のこのような内容でありながら、また表象の単に主観的なものを廃棄し、それを対象として生み出そうとする衝動でもあることになる。

〔エジプト人の芸術〕

こうして、われわれは労働者としてのエジプト人の精神を偉大な工作者として見るのであって、その素晴らしい作品は三〇〇〇年経った今でも、なお驚嘆に値するものである。

芸術は、エジプト人の主要な側面であり、とりわけエジプト人の宗教のうちに現れた。芸術は抽象的な一者の宗教のうちには生じえないが、それはまさに〔そのような宗教の〕対象が、ただ無規定なもの、不可視なものにすぎないからである。ここで無規定なものである抽象的な一者のこうした表象は、排他的なものであるはずなだけに、芸術はよりいっそう罪深いものになる。キリスト教のような精神のより高い宗教においては、芸術は絶対的なあり方ではなく従属的なものであり、そのことによって、理解しようという欲求がその内容を表象できるようにするし、精神が自らを表象にまでもたらすこともできる。それに対して、われわれがエジプトで目にする眼前にあるという形式、すなわち自然的なものにとらわれた精神にあっては、精神は衝動であり、いまだ自分自身に到達することはできない。ここでは、そのような観点から、芸術こそが自分を知り、自分自身を意識にもたらしてイメージ化する必然的なあり方をなしている。精神をそのようにイメージできるようにするものが、われわれがすでに見た〔エジプト人の宗教の〕内容そのものなのである。

〔エジプト人の〕精神が自らをイメージ化する素材は、思想ではありえず、ただ感覚的に自然的な素材、つまり自然性の素材でしかありえない。ここで、その精神は石に自らを彫り込み書き込む工作者であって、したがって工作者にはこのような素材しかない。工作者が今やそのように自らの意識の対象として生み出し、そしてこのような〔工作者の〕精神がその知にまでもたらすものこそが、ただこうした衝動であり、課題であり、また謎そのものでありうるヒエログリフなのである。こうして、ヒエログリフは、このような衝動が生み出すものである。このような途方もない衝動の威力には、このような芸術作品のうちで、またその力学のうちで、われわれは感嘆するばかりである。エジプト人は、自然の石塊を克服するその運動において、その精神がそのうちに知ろうとする形式をその石塊に刻印することをどれほどまでに実現したことか。そのように、エジプト人において力学の知性は最高度に形成されている。近代になって、人々はオベリスク*をローマに、スピンクスの頭部をイギリスに運び出すことで騒ぎ立て、エジプト人の力学をめぐって大騒ぎした。というのも、われわれ〔ヨーロッパ人〕のこの種の作品はどれも、石塊を加工し、圧倒することに関してエジプトで成就されたことに比べれば、取るに足らないものばかりだからである。

＊オベリスク　古代エジプトで神殿門前の両脇に建てられた石柱の記念碑。側面には神々への賛辞などがヒエログリフで刻まれている。

エジプト人がきわめて硬い石に刻み込んだ形式は、一面では本来の〔文字としての〕ヒエログリフであるが、このように刻印された形式が巨大な壁に描かれて壁を覆っていると、その形式はプリント模様のコットン布片のようにも見える。このようなヒエログリフは、主観的な表象により多く関係してはいる。しかしまた、他面では、石に刻まれた作品、つまり彫刻であり、［あるいは］また絵画という形でも多かれ少なかれヒエログリフである。このようなヒエログリフは今日に至ってもなお解読されていない。その大方のイメージは、宗教的で謎めいていて、多かれ少なかれ、ただその謎を解くという課題と欲求を示しているにすぎない。近年〔一七九九年〕の〔ロゼッタストーンの〕大きな発見によってもなお、われわれはエジプトのヒエログリフを理解できるにはまだ至っていない。〔エジプト人の〕固有の言語作品を望むことは、われわれにとって、まだ不要にはなっていない。しかし、固有の言語作品があったとしても、その内容でさえ、芸術作品がわれわれにイメージさせるようなものでしかないであろう。エジプト人の精神が作り出した謎は、われわれにとって、いつまでも謎のままでしかなく、またそれが完全に明らかになることはないであろう。建築や彫刻という、こうした芸術作品がエジプト人の主たる作品をなす。他の諸民族にあっては、彼らが苦労してなした仕事は他の諸民族に対する制圧と支配である。それに対して、エジプト人がなした偉大にして豊かな領域は、彼らの芸術作品のうちにこそある。

破壊された作品は、記憶の中にある。エジプト人の作品は、廃墟という形でしかないにしても、なおわれわれのうちにある。トロイア戦争*では一〇万人もの人々が一〇年間にわたって活動し、そして彼らがなしたトロイア戦争の労苦はトロイアの滅亡に終わった。その主たる結末は、負けた者も〔勝った〕戦士も、双方ともに無に帰した、ということである。それよりもはるかに高く肯定的な作品は、エジプト人が表現して遺したものである。それは廃墟という形ではあっても、それでも多かれ少なかれ、破壊されることなく長く持続するものである。これらの作品は大規模なもので、ギリシア人の作品はエジプト人の作品に比べれば、特に例えば地上に三〇〇〇、地下に三〇〇〇もの部屋があった迷宮に比べれば、ヘロドトスにとってても確かにちっぽけなものであるように思えたわけである。城壁についても同様である。こうした作品は、素晴らしくもあるし、また魅力にあふれてもいる。また、建築もギリシア建築と同じように、その目的からして素晴らしく美しいものでもある。こうしてエジプト人の精神は労働者〔の精神〕であり、そしてこのことが概してエジプトの主たる特徴をなしている。

＊トロイア戦争　古代ギリシア人に伝承されたギリシアとトロイアの間の戦争。その経緯は、ホメロスの英雄叙事詩『イリアス』に描かれている。

こうした作品のうちにあってもなお、死者に捧げられるという新たな側面が重要である。エジプト人が死者に捧げた地下の作品のうち大部分は今も残っているが、それは偶然からというだけでなく、こうした地下の作品がエジプト人の労働の意図のうちでも本質的で大きな部分をなしていたからである。神殿のうちでも数えきれないほど多くの神殿は、とりわけギリシア人やアラブ人の活動の場であったデルタ地帯では消えてしまっている。〔ナイル川の〕谷間の丘陵に面したテーベ周辺には同じような墓所があって、〔ここには〕最大の墓所ドーム〔アメン大神殿〕が保存されてきた。ピラミッドもまた、ベルツォーニによって確認されているように、死者に捧げられたものである。最近になって、ピラミッドが開けられた。ベルツォーニは〔ギザの〕第二〔カフラー王の〕ピラミッドに入れるようにして、その障壁を調査し、規則的な結晶体を発見した。それはきわめて規則的な結晶体で、有機的ではなく、分かりやすく直線的に区切られた建造物であり、それは遺骸以外のものを収納したものではない。王の墳墓は感嘆すべきものである。ベルツォーニは墳丘に建造された王の墳墓〔アブ・シンベル神殿〕*の一つを開けて、その中を徹底的に調査した。彼はそれでも、おそらくは丘陵の別の側にある、もう一つの最奥にまで到達することはなかった。ここにはエジプト人がアメンテスという不可視なものである死の国〔冥界〕に想定した重要なことが示されており、エジプト人はその不可視なものという表象をアメンテスに結びつけたのだった。このことは人間そのものの本質についての彼らの表象とも関連している。というのも、死者の国のこうした側面は人間個人にも関係するものだからである。ここに人間の表象が人間のあらゆる偶然性と時間性が取り払われて現れており、そこからエジプト人が彼らの霊魂の不死性を考えていたことが垣間見られる。

＊カルナック神殿　古代エジプトの第一二王朝から第一九王朝にかけてテーベに建てられた世界最大の神殿複合体。その中心をなすアメン大神殿には、多数の円柱から成る壮大な列柱室がある。＊アブ・シンベル神殿　エジプト南部のナイル川流域にある第一九王朝ラムセス二世の建造による岩窟神殿。太陽神ラーを祀る大神殿と小神殿から成る。一八一七年にベルツォーニによって入口が発見された。

〔霊魂の不死性〕

死者の国のこうした側面については、エジプト人が彼らの霊魂の不死性ということで何を考えていたかに関する特徴をざっと見ておかなければならない。

最初に注目すべきは、ヘロドトス〔『歴史』二・一二三〕が語っているように、エジプト人が人間の霊魂の不死を最初に信じ、また教示した、ということである。中国人における祖先崇拝やインド人の輪廻転生（インド人は多くの自然物を経めぐる霊魂の大きな転生を夢想していた）からすると、ヘロドトスは不案内や無知からそのように語り、また間違っていた、という考えにも至りうる。しかし、ヘロドトスの報告や彼の言葉の意味を理解するには、霊魂が不死であるという考えが何を意味しているかについて明らかにされなければならない。諸民族には、すべて霊魂の不死性についての表象がある。しかし、そうした表象にはきわめて多様な規定の余地があり、したがってわれわれがそのように〔霊魂の不死性と〕名づけるものがその表象と一致しているかどうかについては、よく確認してみなければならない。死者に示される敬意といった単なる表象は、それ〔霊魂の不死性〕ではない。

東洋的な観念のうちでは、個人にいかなる自由も認められていない。そうして、われわれが〔東洋のうちに〕見たのは、主観は無限に自由なものとか独立して存立するものとして認められているのではなく、ただ消滅するものとして認められているだけだ、ということである。インドのスピノザ主義〔的な汎神論〕は、主観性が無限に自由で独立して存立する、ということを許容しない。むしろ、実体がある点で変容するにしても、それはただ表面的な変容にすぎない。中国人において、われわれは死者に大きな敬意が示されてきたのを見るし、息子は彼のなすすべてを自分の祖先のおかげだとする。そのことで敬われるのは、息子ではなく祖先である。こうして、ここには、祖先は根強く続くものであるという観念が見られるが、しかしこのことは霊魂の不死性を信じるには十分ではなく、むしろその反対である。皇帝が名誉を与えるべき者の父親をより高い位階に昇格させれば、そのことが〔霊魂の〕不死性への信仰の証拠だと考えることもできよう。しかし、この霊魂の不死性が〔本来〕意味しているのは、霊魂というこの内面的なものが無限にそれだけで独立してある、ということである。このような内面的で個人的で内密なものは不死性であるはずで、それに現世の名誉が与えられたり表明されたりすることはありえないし、それは現世をすでに脱している。皇帝は［昇格］によってこの父親に名誉を証し立てることはできない。そして、このことは中国人において、ここには霊魂の不死性という霊魂の絶対的に自由で内面的な独立存在などありはしない、ということの証拠なのである。こうして、そこに現世における昇格にはそれ以上の意味は何もないことになる。むしろ、霊魂は世俗的な名誉では達することのできないところに住んでいるのであって、霊魂がそこ〔世俗的な名誉〕に達しているとするなら、そのことこそが不死の霊魂が意味している当のもの〔不死性〕は現にない、ということの証拠なのである。

こうして、東洋的な性格のうちでは、このような霊魂の絶対的に自由で内面的な独立存在は縁遠いものである。『旧約聖書』、つまりユダヤ教においてさえ、不死性の痕跡はわずかしかなく、霊魂の不死性が支配的であるのも見出されず、ここでもまた霊魂の不死性の現前は明らかではない。ところで、これ〔霊魂の不死性〕が東洋人のもとに見出されないとすれば、それはエジプト人のもとに求められうるのかどうか、またそこでは霊魂が時間性から抜け出た独立存在として見られているのかどうか、といったことが問われなければならない。われわれ〔ヨーロッパ人〕において、不死性の観念には、人間は永遠なものとして定められており、精神である霊魂はその有限な目的や時間性とは異なる永遠の目的をもっている、という規定が本質的にある。霊魂のこのようなより深いことが言及されない場合には、持続として現象しうるものも脆弱で興味を欠くものでしかない。人間生活にとって信仰のうちで与えられる、こうした〔霊魂の不死性という〕より高い規定は、持続への信仰という真の関心をなすものである。より高い目的があるというそのような意識は、エジプト人のうちにはまだ生じていない。

ところで、エジプト人において霊魂が不死として語られていたとすれば、それがどのような観念だったのかを正確に知る必要がある。ヘロドトスがエジプト人について語っているのは、こうしたより高い規定の意識の始まりである。不死性についての直観はエジプト人においてはただ始まりのうちにしかなく、精神がより高い永遠の目的をもつということと、また自分のうちに反省して自分のうちで無限であることという両側面からして、〔エジプト人の〕精神はまだ満たされるには至っていない。エジプト人のもとで、不死性は抽象的な一なるものとしてのアトム〔個体性〕という意味で、ようやく理解できるものである。しかし、これでは精神の概念という規定にとっては不十分である。エジプト人は、アトムというこのような一なるものを、永続する不死なるものとして考えた。しかし、それは永遠に普遍的なものではなく、特殊化された現存においてのことであり、したがって霊魂は動物の肢体のうちに移ることになる。エジプト人は霊魂を、それ自体で独立した無限なものとは考えていなかった。このような自我としての一なるものと、霊魂の実在性が表象されるあり方とは、区別をなすものである。

精神の客観性が、永遠の規定をなす。霊魂がこのような精神として〔表象され〕ないとすれば、その規定もただ特殊なものでしかない。そうして、アトムとしての霊魂は、確かに永続するものではあっても、特殊な現存のうちに拡散されてしまうことになる。

ここに属するそれ以上の表象と特徴は、オシリスが死んで埋葬され、〔そして〕そのまま再び復活することはない、というものである。そうして、オシリスには多くの墓があることになる。さらにそれ以上のことは、エジプト人が腐敗防止を施し、ミイラにして死者を永続させることである。［そのように］身体は現在まで保存されてきた。そのように保存された身体とともに霊魂も永続し、その身体においては朽ち果てることはない、という民族の信仰があったはずであるということによって、こうした〔身体の保存の〕努力のうらに真の不死性への信仰の証拠があると考えられている。それでも、こうしたことは歴史的に立証されたものではない。しかも、この近代にも、また現代にも見られる説明の仕方は、非歴史的であるし、馬鹿げた考えでもある。むしろ、まさにエジプト人が身体を持続させようと試みたことのうちでこそ、彼らが不死性について真の意味を知らなかったことが明らかになる。というのも、そこでは身体や身体的なものは〔霊魂と比べて〕あまり価値のないものであり、また身体にとってただ外面的な栄誉に浴するだけのことだからである。しかし、このように〔死体に〕腐敗防止を施すことは、特殊で有限なものである亡骸《なきがら》、すなわち身体として霊魂をもつ身体的なものをエジプト人が限りなく尊重していることを、よりいっそう立証していることになる。というのも、真の不死性においては、身体の保存はまったく非本質的なことだからである。したがって、このように〔死者を〕ミイラにすることは、不死性の真の意味を示すことにはならないのである。

さらなる事情は、死者の裁きが文書〔死者の書〕*という形で、［また］歴史家の言うようにに文書のうちにエジプト人によって遺された絵画という形で見出される、ということである。実際に歴史的に見て、私人や王の埋葬に先立って公開の裁きが行われ、［そして］生涯の物語と徳の称賛をともなった弔辞が述べられたが、その際には誰もがその集まりで異を唱えることができた、ということである。手助けした人が〔死んだ人の行いに〕賛成でなければ、その人は死んだ人を告訴することができた。〔エジプト人の〕死者の裁きは、ギリシア人（ミノスなど）におけるように、またなおさらわれわれの〔キリストの〕最後の審判のように、冥界で行われるものとしてイメージされているわけではない。そもそも、このようなイメージのもとでわれわれの最後の審判を思い出してみれば、そこには何の正当性もないことになる。なぜなら、〔エジプトでは〕死者を裁くのは生きている者であって、あの世の審判者ではないからである。こうした裁きは、生きている者が死者に対して行うようなものとして理解されなければならない。

＊死者の書　古代エジプトで死者のミイラに添えられた副葬文書。パピルスなどにヒエログリフと絵で死者の霊魂が冥界で受ける審判などについて描かれている。

さらにもう一つの事情は、ヘロドトス〔『歴史』二・七八〕が語っているように、饗宴に際してはすでに死んだ血縁者の肖像画が「食べ、かつ飲みなさい。おまえもそういう者〔死者〕になるのだから」という訓戒を添えて掲げられていた、ということである。このことは、死を想起すれば今生きている者を思い出して、そこでより高い使命を知るきっかけにもなる、というようなものではない。むしろ、死者の肖像は、現在あるものを活用して生活の感覚的な享受を得ることができる、というように利用されたのである。こうした視線は、より高い使命を想起させるためではなく、この〔現世の〕生活を感覚的に享受する刺激として利用された、ということになる。われわれがエジプト人のもとで人間と霊魂の観念について見るのは、以上のようなことである。

〔エジプト人の個性〕

〔エジプト人の向かう〕方向は現在する生命性であり、われわれはその生命性のうちに、エジプト人が一面では力強く自力のある知性をもって自然に対峙するのを見る。その知性は自分自身を信頼するものであり、建築物の力学と技術に見られるように、国家メカニズムにおいても感嘆すべきものである。また、他面でわれわれはエジプト人のうちに特殊で有限なものを転じる力を見る。われわれはすでに、自然的な特殊性を象徴的なものに〔転じる〕、すなわちあるイメージを別のもので表現する、という性格を見た。そのように、エジプト人は感覚的なイメージを別のもののうちで表現し、そうして一つの象徴がその別の象徴の代わりになるのである。〔自然的な〕特殊なものの力とその特殊なものを〔象徴に〕転じるその転換の精神的な力、その思慮深さと精神的な強さ、そうした分別は、一面でけ感覚的なものである特殊性に沈潜して、それと固く結びつきながら、しかし他面ではこうした特殊性を脱して、これを〔象徴に〕転じる力をも有している。しかし、この分別は、精神的なものである普遍的なものへと、そのように際立ったものとして自由に思想にまで進むこともなく、むしろ別の特殊性に転じるだけである。ただ分別ある考えも、この特殊性を別の特殊性に転じるだけにすぎない。したがって、われわれがここに見るのは、普遍的なものが今もなお内的なものという別のものにとどまっている、ということである。その中にあるのは、特殊性に束縛されているという性格であり、そして特殊性とこれを突破しようとする力なのである。

このことをエジプト人の個性や通常の行動様式に適用してみると、その態度はこうした思慮深さや適合的なものとして見出されるが、しかしまた王アマシスの向こう見ずで大胆なものとしても見出される。この王は〔ペルシア帝国の〕カンビュセスに先王〔アプリエス〕の娘を送り出す、ということをしている。王アマシスは、一面では自分の娘の名誉を守るという目的に固執しながら、他面では自分の娘をすでに殺された者〔アプリエス〕の娘と取り替えるという向こう見ずなところもある。

さらにヘロドトスの語る物語で、人目を引き、また注目すべきものがある。彼はランプシニトス王*について〔次のように〕述べている〔『歴史』二・一二一〕。ランプシニトス王は、自らの宮殿の石造りの宝蔵に大量の黄金をもっていた。この宝蔵の大工は、彼が死ぬ時に臨終の床で自分の息子たちに彼らが裕福な生活ができるよう取り計らったと告げた。すなわち、それは、この大工が宝蔵の石を一個はめ込むことによって、誰にも気づかれることなく、その石を容易に抜き取ることができる、というものであった（自分の息子たちにそれほど配慮するという特殊な目的のためのこうした深い考えは、まことにエジプト的である）。息子たちは、これを利用して黄金を奪取した。王は黄金がないことに気づき、不審に思って罠を仕掛け、そして窃盗犯のうちの一人が再犯の際に罠に引っかかった。そこで、この窃盗犯は、もう一人の兄弟を呼び出して、自分の首を切り落とすように命じた。この窃盗犯は自分が助かることは断念して、もう一人の兄弟のことを配慮して彼に首を切り落とさせたのである（このことは情け容赦のない知性の並外れた首尾一貫した考えの特徴であるが、その知性はどうしても必要なことを認識して、有限な目的につながるものを情け容赦なく実行するものである）。王は〔首のない〕胴体だけを発見して〔犯人への〕関心をますます強め、首のない亡骸《なきがら》をさらし者にした上で、そのそばに見張りを立て、その見張りが通り過ぎる者たちの挙動に注意を払うようにした。ところで、息子たちの母親は〔胴体が〕吊されていることに大変憤慨し、生き残っている〔息子に〕兄弟の死骸をとってきて、その身体を恥辱から解放させるように命じ、そうしなければ〔犯行の〕すべてを王に打ち明ける、と脅した。その息子、つまり〔生き残った〕兄弟は、命じられたことを次のように実行した。すなわち、彼はワインの入った革袋をロバに背負わせ、番人たちの近くでその革袋の口を解いて開いたところ、番人たちはそこにやって来て、〔ワインを〕汲んで飲み、上機嫌になって、ついには酔い潰れてしまった。そこで、兄弟は亡骸を奪い返し、番人たちの右の頬の毛を剃り落とした。王はなおさら腹を立て、捨て鉢になって自分の娘〔王女〕を〔娼婦として〕犠牲にすることにした。すなわち、〔娼婦になった娘の客の〕誰もが彼女に、生涯のうちでなした何が最も思慮があり賢明なことで、また同時に最も邪悪で神をも恐れぬ罪深いことであったかについて語らなければならないようにした、というわけである。そのとき、かの窃盗犯もまた近寄ってきて、彼女に盗みの物語を語ったところで、王女はその窃盗犯をつかまえようとした。しかし、かの窃盗犯は、すでに兄弟の身体から腕を切り取っておいて、その腕を王女に差し出し、そして〔王女がその腕を握っている隙に〕自分は逃げ去った。そこで、王は大胆不敵なこの窃盗犯に特赦と自分の娘との結婚を〔お触れで〕約束した。その窃盗犯は出頭し、その娘を妻として手に入れたという。

＊ランプシニトス王　エジプトの架空の王。ヘロドトスが盗賊の兄弟の物語を記した時に、その王の言動を語っている。

こうして、われわれはここに、〔エジプト人〕本来の性格が貫かれており、また目的の特殊性が完全に保たれているのを見る。私は、この物語を読む際、これは『千夜一夜物語』*に由来すると考えてきた。この〔エジプト人の〕物語は、一面では空想的だが、他面では特殊な情念に完全に制限されていて、それ以上の反省や許容限度を欠き、内面の変化の可能性もない。それと結びついて、あらゆる合法性や普遍的な倫理が一般的に欠けている。というのも、情念の特殊性である完全に特殊な目的が究極のものとされ、その特殊な目的には目先のわがまま勝手な分別や場当たり的な偽装がついてまわって、その目的が実現されてしまうからである。〔エジプトの物語と〕アラビアのお伽話との類似性は驚くべきもので、ハマー氏*の語るところによれば、『千夜一夜物語』はまったくアラビア的ではなく、厳密には完全にエジプト起源であるという。というのも、『千夜一夜物語』の関心のうちには、勇気、馬、剣、愛、女といった、はるかに単純な情念を含むアラビア的な性格は何もないからである。こうして、この物語のうちにはエジプト的な性格がはっきりと貫かれているのが見られ、そのことによってエジプト的なものが確定されうるであろう。

＊『千夜一夜物語』　ペルシア、インド、エジプト、アラビアから集められたアラビア語の物語集。ペルシアのシャフリヤール王に妃シェヘラザードが多彩で興味深い物語を毎夜語って聞かせる、という筋書きになっている。　＊ハマー　ヨーゼフ・ハマー（一七七四―一八五六年）。オーストリアの外交官にして東洋学者。『千夜一夜物語』のドイツ語訳も出版している。

エジプト人のこうした個性的な性格を彼らの宗教や国家生活や労働への無限の衝動と比較してみると、そこにわれわれは一定の規定性を見出すことになる。すなわち、それは抽象的な不死なるものであり、アトムという個体性の不変なものである。それでも、それはいまだ具体的なもの、具体的な個体性にはなっていない。そして、その不変なものが具体的なものになり、特殊なものに沈んで、それゆえいわば動物の姿をとって固定的になる場合、〔われわれがそこに見出すのは〕固定的な悟性である。その悟性は、さまざまな意図や直観という特殊なもののうちで運動するが、しかしまたそれは無限な衝動でもあり、しかも気骨のある慎重さと緊張感をともなったものでもある。また、〔その悟性は〕特殊な目的のためにすべてを賭けるし、あらゆるものを転換し、そして何ものによっても束縛されてはいない。そこでわれわれが見るのは、エジプト人の魂を推し進めるこのような力がいまだ普遍的なものに方向づけられておらず、そしてこの普遍的なものそのものも認識されておらず、したがって魂は自分自身をいまだ認識していない、ということである。というのも、魂〔そのもの〕は独立した単一のものであり、普遍的なものだからである。普遍的なものを把握するということは、自我という排他的な一なるものが自分自身を把握し、いまだ抽象的なものであるこのような普遍的なものに自ら関係するということと、そのまま同じことである。魂が自分を認識することは、まさに魂が自分自身を内容にすることである。エジプト人の精神である悟性は、ともかくも特殊性のうちにあって、いまだ自らの内面に立ち戻っておらず、自分自身を普遍的なものとして把握して自覚的になるところにまで自らを高めてはいない。このような〔エジプト人の〕精神は、自ら〔の特殊性〕にこのようにとらわれながらも、同時に自らが自由で、向こう見ずで大胆であることを証し立てるのである。〔この精神は〕自らの自然的な直観を象徴化し、普遍的なものを〔直観と〕媒介する位置に自らを据えてはいるが、しかしその普遍的なものはそのようなものとして現れるには至っていない。それは〔特殊性への〕とらわれとそれに対する「一つの」闘いであり、それ自体として特殊性に対する支配を獲得しようとする闘いであるが、しかしそれはいまだ観念的な特殊性としてあるわけではないし、それが自覚的になっているわけでもない。〔それでも〕それは自体的にはすでにそのようなものになっている。というのも、エジプト人の精神はそのとらわれを止揚して、そのとらわれを別のとらわれのために利用するからである。〔しかし〕その精神は、その肯定的な結果である普遍的な自己を、いまだ自覚的に目的にしているわけではない。このような特殊性がまた自覚的に観念的でもあるということ、このことが今や快活で自由で明朗な精神として立ち現れなければならず、そしてそれがギリシアの精神なのである。

エジプトの神官がヘロドトスに、ギリシア人はいつも子供だと語った。しかし、われわれはより適切に、エジプト人こそ突き進もうとする少年で、青年になるには観念性が欠けているし、観念的な形式を介してようやく青年になるのだ、と言うことができよう。

東洋的な精神は、自然のうちに沈んだままにとどまっている精神であり、自然のうちに沈んだ混じりけのない一体性である。エジプト人のうちに、われわれは精神が〔自然に〕とらわれているのを見るが、しかしこのようなとらわれのうちで自らを保持することがもはや不可能な状態になっている。むしろ、そこには、そのとらわれを破壊する衝動がある。インド人は、そのとらわれに、ただ否定的に逃避するような形で関係するだけである。しかし、エジプト人は、そのとらわれの中にありながら周囲に働きかける。ここにあるのは、闘いと弁証法の国であり、課題の国である。課題は、かの無関心な同一性よりも高くにある――課題のないところには解決もない――。そして、課題が発見され、明確になれば、そのことによって同時に、おのずと解決が与えられる。エジプト人の精神は、普遍的な内面を解放するものである。特殊性が闘いの対象となって、〔そこに〕ただ普遍性の形式だけが現れ出るはずだし、また生じなければならない。エジプト人の意識が課題という形式において自分たちの精神をどのように思い浮かべていたのか、その歴史的な兆候を研究し、考察するとすれば、それは興味深いことかもしれない。

このことを顧慮してみると、サイスの女神についてのギリシア語の碑文を思い起こすことができる（その女神はエジプト語でネイト*、ギリシア語でパラス〔アテナ〕という）。その碑文には「私〔ネイト〕は今ここにあるものであり、またかつてあったものであり、そして私の覆い、〔私の〕ヴェールをいかなる人間も取り去ったことはない」とある。ここには、このように未知であること、より高いものを予感し、想像することが言い表されており、さらに覆いが取られないことが付言されている。プルタルコス*はこの碑文をそのように引用しているし、またプロクロス*は自らの『ティマイオス注釈』の中で「私〔ネイト〕が産んだ成果は、太陽、つまりヘリオス*である」という付言とともに、この碑文を引用している。ヘリオスは、精神の太陽である。よく知られた光の王は、サイスでの〔ネイト〕〔パラス〕のランプ祭〔とともに〕祝われ、その祭りはわれわれ〔ヨーロッパ人〕の聖燭祭、中国人のランタン祭とも一致するものである。ネイトの所産は光であるが、それはネイトの属件であり、ネイトに与えられる述語であって、また夜を暗示し、夜に関係づけられうるものでもある。そして、ネイトは〔エジプトに〕限定された意味であるのではなく、〔一般にギリシア化されて〕パラス、つまりアテナ〔知恵と戦いの女神〕でもある。ネイトは、イギリスでもナイト、つまり夜を意味している。夜は太陽を産み出すものでもある。

＊ネイト　古代エジプトの初期神話で戦いと機織りを司る女神とされ、サイスの守護神として祀られた。時

に太陽神ラーの母親ともされる。　＊プルタルコス　ギリシア出身の帝政ローマ時代の伝記作家（四六―一二〇年）。主著に『対比列伝』がある。　＊プロクロス　新プラトン主義の哲学者（四一〇―四八五年）。プラトンの後継者として、アカデメイアを主宰した。プラトンの対話篇『ティマイオス』でネイトとアテナが同一視されていることにも注釈を付している。　＊ヘリオス　ギリシア神話の太陽神。アポロン神と同一視された。

〔ギリシア世界への移行〕

前述の覆い隠された女神〔ネイト〕が産んだこのような太陽、つまりヘリオスは、ギリシア的な精神、ギリシア的な光であり、それはまた太陽の余韻を残すポイボス・アポロン[*]である。ギリシアのこの光の神アポロンについては、その〔デルポイの〕主神殿の銘文「人間よ、汝自身を知れ！」が知られている。アポロンは知る神である。自己認識とは、ここでは人間知の表面的で心的なあり方ではなく、むしろそこには、精神はその本質において認識されて把握されるべきである、という最高の自己認識と絶対的な要求が言明されている。これは世界の働きとあらゆる宗教がそこに向かう第一のものであり、これ以上に気高い銘文は存在しない。ギリシア的な精神のこれより明確な言明はないし、またエジプト的な精神に対するギリシア人の対立がこのように完全に言い表されている。

＊アポロン　古代ギリシア神話のオリュンポス一二神の一柱。音楽や光明や予言を司る神とされる。ポイボスは「輝ける」を意味する。

　このような際立った傾向のうちに〔エジプトからギリシアへの〕明確な移行が表されているが、われわれはよく知られた物語〔ソポクレスの悲劇『オイディプス王』〕を、なおよりはっきりと想起することができる。すなわち、それはテーバイ*においてエジプトの像であるスピンクスが、朝には四本足で、昼には二本足で、そして夜には三本足で歩くのは何者か、という謎を出したが、誰もその謎を解くことができず、その国民と国に破滅と不幸がもたらされた、というものである。カドメイア〔テーバイ〕のオイディプス*が「その存在は人間である」と言うことで謎を解き、スピンクスは岩山から転落したという。エジプト人の精神の課題は、人間が自分自身を把握するような思想が現れるべきである、ということにある。思想が把握されることによって、人間は理解されるのである。われわれは〔オイディプスの〕物語をより詳しく考察してみると、オイディプスにおいて自分自身についての最大の無知が〔謎を解く〕精神的な明断さと結びついているのが分かる。精神の明断さは、この〔テーバイの〕王家のうちに現れはするが、しかしなお身の毛もよだつような無知と結びついている。ここには〔テーバイの〕最初の古い家父長的な支配があるが、〔真実を〕知ることはその支配にとって異質な原理であり、そして知ることによってその支配が解体することになる。東洋的なものは脇に退かなければならない。このような古い知は、〔ギリシアの〕政治的な自由によって、ようやく明瞭になる。このような古い知は、政治的な原理によって初めて純化されるが、直接的には危険をもたらすものでもある。最初の知は災いをもたらすものだが、その知もようやくわれわれがギリシア的なもののうちに見るようなものにまで形成されるに違いない。こうして、このことがギリシア的な精神への移行を規定づけるものであり、また〔ギリシア〕神話の前兆をなすものである。

＊テーバイ　ギリシア南東部に位置する古代ギリシアの都市国家の一つ。ギリシア神話に登場するカドモスによって創建されたことから、もとは「カドメイア」と呼ばれた。＊オイディプス　テーバイの王ライオスとその妃イオカステの子として生まれたが、父を殺すという神託を恐れた王によって捨てられる。コリントスで成長したオイディプスは、旅の途中で実の父とは知らずにライオスを殺し、さらにテーバイでスピンクスの謎を解いて王となり、実の母とは知らずにイオカステを娶って子供を作った。その後、真実を知って、自らの目をえぐり、放浪の旅に出た。

われわれは同時に、エジプトが巨大なペルシア帝国の一属州だったこと、そしてまたエジプトだけでなくギリシアがそのペルシア帝国に対峙していたことを想起しなければならない。ペルシア帝国のうちには、ペルシア部族という山岳民族の力をもった政治的な統一点があった。この統一点は、宗教的なあり方としては、絶対的なものの知としての純粋な光という形式をもって、またその純粋な知の定在という形で規定された。ペルシア人は、このような物理的な一なるものを彼らの対象と内容とし、また異なる諸民族の言語や習俗や他の特殊性の多様なものを〔そのうちに〕有していた。したがって、一面では抽象的で確固たる統一点が自分のうちにある。〔しかし、他面で〕その統一点がとりまとめるのは、さまざまな

〔諸民族の〕特殊性の非有機的な多様性でしかない。これらの特殊性については、すでに名前を挙げておいた。一面にはペルシア人の光の直観があり、また他面には裕福な暮らしや精励の気持ちがあり、さらにはエジプト人の衝動があった。こうしたことがペルシアの巨大な全体をなしており、その全体がギリシアに対してある。ギリシアとは、ペルシア人のうちではただ非有機的で取り集められただけの諸要素が、精神の深化によって真に相互に浸透し合うような国である。そこでは、特殊なものがそのようにして相互に結びつけられ、精神がその特殊なものを観念化することによって最高の統一にまで高められる。あらゆる素材や要素はペルシア人のうちにあるが、ただ精神的な統一とこれらの素材の精神における再生を欠いているだけである。これらの素材からの精神の再生こそ、ギリシアに固有のものである。

　ペルシア人に関しては、それでもなお、山岳民族の新鮮な力に言及しておかなければならない。ペルシア人の固有性は被征服民も認めるところで、ペルシア人は美しく気高い関係として現れた。しかし、その関係は、純粋な形では長く持続することがなかった。というのも、単純な勇敢さは、アジア的な放埒さに抵抗できず、それに対峙することも自覚できずに、アジア的な原初のあり方に思いがけず落ち込んでしまったからである。ペルシア人の単純な感覚は、アジア的な〔自然のままの〕豊穣さのうちに思いがけず立ち入ってしまって、自分のうちに抵抗力をもつことがなかった。ペルシア人の宗教は狂信的ではなく、その光の直観はなおも単純な自然存在として絶対的な根本直観であった。そして、ただの狂信であれば、多様性の原理である豊穣さに対抗して自らを保持しえたであろうが、しかしその時にはまた気高く考えを保つこともなかったであろうし、寛大であることを示すこともありえなかったであろう。ペルシア人の単純さは、アジア的な多様性の中に置かれたとき、まさにこの単純さによって失われてしまったのである。というのも、ペルシア人は諸民族を統合する政治的な知性や有機的な体制を持ち合わせていなかったからである。そのような有機的な体制のうちであれば、それぞれの特殊なものは、それなりの適切な位置を得たであろう。〔しかし〕ペルシア人は有機化された政治状態を見出すことはなかったし、彼らは無際限な多様性の状態に直面することで（しかも、それは満州族がすでに形成された状態を受け取ることができたのと違って）、これらの諸民族を〔多様性のままに〕支配する関係のうちに、ただとどまるしかなかった。ペルシア人にとっては野蛮人のままで十分であった。彼らは広大なアジアの広がりの中で、こうした〔諸民族の〕多様性に対して、それだけで切り離され、孤立した民族のままにとどまっていたのである。

例えば、ヘロドトスが語るには、マギの失脚後、八人の王侯貴族*たちのうちオタネス*は民主制を、メガビュゾス*は貴族制を、ダレイオスは君主制を望んだという。ここでは、多くの諸民族に対する支配や多くの諸国民の広がりについての顧慮は何も示されていない。ここで顧慮されているのは、完全にただペルシア民族だけである。各人が気にかけようとしているのは、まったくもって隔離されたペルシア人そのものだけである。そこには他の諸民族にも共通する法律も権利もなく、かといってペルシア人がこれら諸民族の特別官史として姿を見せたわけでもない。むしろ、ただ租税と兵役だけが〔ペルシア人と諸民族の〕つながりの主たる契機であった。ペルシア人の支配が、これら諸民族のもとでの内的な正当性、すなわち支配される者にも共通する権利や法律を手にすることはなかった。ペルシア人はそのように自らを隔離するように規定づけて抽象的な支配者のままとどまり、そしてそのような関係が必然的に暴力性や不法、また抑圧をもともなうことになったのである。

＊八人の王侯貴族　ヘロドトス『歴史』三・七〇―八二によれば、キュロスの子カンビュセスが病死したのに乗じてマギたちが政権を掌握したのに対して、王侯貴族たちが王権を奪還してマギたちを追放し、その後のペルシアの政体について議論を闘わせたとされる。＊オタネス　前六世紀のアケメネス朝における最上級の貴族のメンバー。＊メガビュゾス　前六世紀のアケメネス朝における貴族のメンバー。

このような関係がペルシア人の力の内的な弱化をもたらすことになり、ギリシア人はそこに出くわすことになる。ギリシア人とペルシア人という両民族の出会いは、偉大な〔歴史的〕時点、すなわちヘロドトスによってそう呼ばれたメディア戦争〔ペルシア戦争〕の時期にあたる。ここから、われわれはすぐさまギリシアに移り、この国の形成をこの時点に至るまで考察することにしよう。

＊本書は、講談社学術文庫のための新訳です。

G・W・F・ヘーゲル
1770-1831年。ドイツ観念論を代表する哲学者。弁証法を創始し，壮大な哲学体系を構想した。代表作は『精神現象学』など。

伊坂青司（いさか　せいし）
1948年生まれ。東北大学大学院文学研究科博士課程満期退学。現在，神奈川大学教授。専門は，哲学。著書に，『ヘーゲルとドイツ・ロマン主義』，『市民のための生命倫理』ほか。訳書に，『シェリング著作集』第３巻，『ハイデッガー全集』第42巻（共訳）ほか。

講談社学術文庫

定価はカバーに表示してあります。

世界史《せかいし》の哲学講義《てつがくこうぎ》（上）

ベルリン　1822/23年《ねん》

G・W・F・ヘーゲル
伊坂青司《いさかせいし》 訳

2018年10月10日　第１刷発行

発行者　渡瀬昌彦
発行所　株式会社講談社
東京都文京区音羽 2-12-21 〒112-8001
電話　編集（03）5395-3512
販売（03）5395-4415
業務（03）5395-3615
装　幀　蟹江征治
印　刷　豊国印刷株式会社
製　本　株式会社国宝社
本文データ制作　講談社デジタル製作

ISBN978-4-06-513336-1

「講談社学術文庫」の刊行に当たって

これは、学術をポケットに入れることをモットーとして生まれた文庫である。学術は少年の心を養い、成年の心を満たす。その学術がポケットにはいる形で、万人のものになることは、生涯教育をうたう現代の理想である。

こうした考え方は、学術を巨大な城のように見る世間の常識に反するかもしれない。また、一部の人たちからは、学術の権威をおとすものと非難されるかもしれない。しかし、それはいずれも学術の新しい在り方を解しないものといわざるをえない。

学術は、まず魔術への挑戦から始まった。やがて、いわゆる常識をつぎつぎに改めていった。学術の権威は、幾百年、幾千年にわたる、苦しい戦いの成果である。こうしてきずきあげられた城が、一見して近づきがたいものにうつるのは、そのためである。しかし、学術の権威を、その形の上だけで判断してはならない。その生成のあとをかえりみれば、その根は常に人々の生活の中にあった。学術が大きな力たりうるのはそのためであって、生活をはなれた学術は、どこにもない。

開かれた社会といわれる現代にとって、これはまったく自明である。生活と学術との間に、もし距離があるとすれば、何をおいてもこれを埋めねばならない。もしこの距離が形の上の迷信からきているとすれば、その迷信をうち破らねばならぬ。

学術文庫は、内外の迷信を打破し、学術のために新しい天地をひらく意図をもって生まれた。文庫という小さい形と、学術という壮大な城とが、完全に両立するためには、なおいくらかの時を必要とするであろう。しかし、学術をポケットにした社会が、人間の生活にとってより豊かな社会であることは、たしかである。そうした社会の実現のために、文庫の世界に新しいジャンルを加えることができれば幸いである。

一九七六年六月

野間省一

高田珠樹著
ハイデガー 存在の歴史
現代の思想を決定づけた『存在と時間』はどこへ向けて構想されたか。存在論の歴史を解体・破壊し、根源的な存在の経験を取り戻すべく、「在る」ことを探究したハイデガー。その思想の生成過程と精髄に迫る。
2261

ヴィクトール・E・フランクル著／中村友太郎訳（解説・諸富祥彦）
生きがい喪失の悩み
どの時代にもそれなりの神経症があり、またそれなりの精神療法を必要としている――。世界的ベストセラー『夜と霧』で知られる精神科医が看破した現代人の病理。底知れない無意味感＝実存的真空の正体とは？
2262

木田　元著
マッハとニーチェ 世紀転換期思想史
十九世紀の物理学者マッハと古典文献学者ニーチェ。接点のない二人は同時期同じような世界像を持っていた。ニーチェの「遠近法的展望」とマッハの「現象」の世界とほぼ重なる。二十世紀思想の源泉を探る快著。
2266

鷲田清一著
〈弱さ〉のちから ホスピタブルな光景
「そこに居てくれること」で救われるのは誰か？　看護、ダンスセラピー、グループホーム、小学校。ケアする側とされる側に起こる反転の意味を現場に追い、ケア関係の本質に迫る、臨床哲学の刺戟的なこころみ。
2267

コーラ・ダイアモンド編／大谷　弘・古田徹也訳
ウィトゲンシュタインの講義 数学の基礎篇 ケンブリッジ1939年
後期ウィトゲンシュタインの記念碑的著作『哲学探究』に至るまでの思考が展開された伝説の講義の記録。数を数えるとは。矛盾律とは。数学基礎論についての議論が言語、規則、命題等の彼の哲学の核心と響き合う。
2276

中島義道著
差別感情の哲学
差別とはいかなる人間的事態なのか。他者への否定的感情、その裏返しとしての自分への肯定的感情、そして「誠実性」の危うさの解明により見えてくる差別感情の本質。人間の「思考の怠惰」を哲学的に追究する。
2282

菅野覚明著
再発見 日本の哲学 吉本隆明 詩人の叡智

初期の詩「固有時との対話」に、吉本の思想の本質がすべて含まれていると著者はいう。初期の論考から主著、そして最晩年の思索にまで通底する思想の姿を一篇の詩から鮮やかに描ききった吉本論の決定版！

2313

加地伸行著
論語のこころ

『論語』はこう読み、こう教える！ 大人から子どもまで万人に贈る入門書。仁と礼に基づく理想社会とは何か。人間の幸福とは何か。実践的な読み方と、その魅力の伝え方を中国哲学史研究の泰斗が平易に説く。

2320

保苅瑞穂著
モンテーニュ よく生き、よく死ぬために

「もっとも美しい魂とは、もっとも多くの多様さと柔軟さをもった魂である」。モンテーニュは宗教戦争の時代にあって生と死の真実を刻んだ。名文家として知られる仏文学者が、その生涯と『エセー』の神髄を描く。

2322

木村 敏著（解説・野家啓一）
からだ・こころ・生命

精神病理学と哲学を往還する独創的思索の地平に「生命論」は拓かれた。こころはどこにあるのか？ 「からだ」と「こころ」はどう関係しあっているのか。「生きる」とは、そして「死」とは？ 木村生命論の精髄。

2324

小泉義之著
ドゥルーズの哲学 生命・自然・未来のために

「反復」とはどういうことか？ ドゥルーズをファッションとしての現代思想から解き放ち、新しい哲学への衝迫として描ききった、記念碑的名著にして必読の入門書！ 『差異と反復』は、まずこれを読んでから。

2325

D・P・シュレーバー著／渡辺哲夫訳
ある神経病者の回想録

フロイト、ラカン、カネッティ、ドゥルーズ＆ガタリなど知の巨人たちに衝撃を与え、二〇世紀思想に不可逆の影響を与えた稀代の書物。壮絶な記録を明快な日本語で伝える、第一級の精神科医による渾身の全訳！

2326

西洋の古典

アルキビアデス　クレイトポン
プラトン著／三嶋輝夫訳

ソクラテス哲学の根幹に関わる二篇。野心家アルキビアデスにソクラテスは自己認識と徳の不可欠性を説く（アルキビアデス）。他方、クレイトポンは徳の内実と修得法を教えるようソクラテスに迫る（クレイトポン）。

2408

死に至る病
セーレン・キェルケゴール著／鈴木祐丞訳

「死に至る病とは絶望のことである」。この鮮烈な主張を打ち出した本書は、キェルケゴールの後期著作活動の集大成として燦然と輝く。最新の校訂版全集に基づいてデンマーク語原典から訳出した新時代の決定版。

2409

星界の報告
ガリレオ・ガリレイ著／伊藤和行訳

月の表面、天の川、木星……。ガリレオにしか作れなかった高倍率の望遠鏡に、宇宙は新たな姿を見せた。その衝撃は、伝統的な宇宙観の破壊をもたらすことになる。人類初の詳細な天体観測の記録が待望の新訳！

2410

自然魔術
G・デッラ・ポルタ著／澤井繁男訳

イタリア・ルネサンス末期に活躍した自然探究者デッラ・ポルタ。地中海的な知の伝統のなかに生まれ、実験と観察を重視する研究態度は「白魔術」とも評された。プリニウス『博物誌』と並び称される主著の抄訳。

2431

比較史の方法
マルク・ブロック著／高橋清徳訳

歴史学に革命を起こした「アナール派」の創始者による記念碑的講演。人はなぜ歴史を学ぶのか？　そして、歴史から何を知ることができるのか？　根本的な問いを平易に説いた名著を全面改訂を経た決定版で読む！

2437

宗教改革三大文書　付「九五箇条の提題」
マルティン・ルター著／深井智朗訳

記念碑的な文書『九五箇条の提題』とともに、一五二〇年に公刊され、宗教改革を決定づけた『キリスト教界の改善について』、『教会のバビロン捕囚について』、『キリスト者の自由について』を新訳で収録した決定版。

2456

西洋の古典

言語起源論
ヨハン・ゴットフリート・ヘルダー著／宮谷尚実訳

神が創り給うたのか？　それとも、人間が発明したのか？——古代より数多の人々を悩ませてきた難問に果敢に挑み、大胆な論を提示して後世に決定的な影響を与えた名著。初めて自筆草稿に基づいた決定版新訳！

2457

書簡詩
ホラーティウス著／高橋宏幸訳

古代ローマを代表する詩人ホラーティウスの主著。オウィディウス、ペトラルカ、ヴォルテールに連なる韻文による書簡の伝統は、ここに始まった。名高い『詩論』を含む古典を清新な日本語で再現した待望の新訳。

2458

リュシス　恋がたき
プラトン著／田中伸司・三嶋輝夫訳

美少年リュシスとその友人を相手にプラトンが「友愛」とは何かを論じる『リュシス』。そして、「知を愛すること」としての「哲学」という主題を扱った『恋がたき』。「愛すること」で貫かれた名対話篇、待望の新訳。

2459

メタサイコロジー論
ジークムント・フロイト著／十川幸司訳

「抑圧」、「無意識」、「夢」など、精神分析の基本概念を刷新するべく企図された幻の書『メタサイコロジー序説』に収録されるはずだった論文のうち、現存する六篇すべてを集成する。第一級の分析家、渾身の新訳！

2460

国家の神話
エルンスト・カッシーラー著／宮田光雄訳

稀代の碩学カッシーラーが最晩年になってついに手がけた畢生の記念碑的大作。独自の「シンボル（象徴）」理論に基づき、古代ギリシアから中世を経て現代に及ぶ壮大なスケールで描き出される怒濤の思想的ドラマ！

2461

七十人訳ギリシア語聖書　モーセ五書
秦　剛平訳

前三世紀頃、七十二人のユダヤ人長老がヘブライ語聖書をギリシア語に訳しはじめた。この通称「七十人訳」こそ、現存する最古の体系的聖書でありイエスの時代の聖書である。西洋文明の基礎文献、待望の文庫化！

2465

《講談社学術文庫　既刊より》